国家出版基金项目
NATIONAL PUBLICATION FOUNDATION

社区心理健康服务丛书
黄希庭　顾问 | 陈红　总主编

留守儿童社区心理健康服务

主　编　毕重增　任志林
副主编　额尔德妮　李子萱
　　　　张然　单燕杰

西南大学出版社
SWUP　国家一级出版社　全国百佳图书出版单位

图书在版编目(CIP)数据

留守儿童社区心理健康服务 / 毕重增, 任志林主编
. -- 重庆 : 西南大学出版社, 2023.11
(社区心理健康服务丛书)
ISBN 978-7-5697-2019-8

Ⅰ. ①留… Ⅱ. ①毕… ②任… Ⅲ. ①农村－少年儿童－心理健康－健康教育－中国－指南 Ⅳ. ①G444-44

中国国家版本馆CIP数据核字(2023)第230883号

留守儿童社区心理健康服务
LIUSHOU ERTONG SHEQU XINLI JIANKANG FUWU

主　编　毕重增　任志林
副主编　额尔德妮　李子萱　张　然　单燕杰

策划组稿: 任志林
责任编辑: 郑先俐　任志林
责任校对: 扶　瑶
装帧设计: 殳十堂_未氓
排　　版: 杜霖森
出版发行: 西南大学出版社(原西南师范大学出版社)
地址: 重庆市北碚区天生路2号
网址: http: //www. xdcbs. com
邮编: 400715　市场营销部电话:023-68868624
经　　销: 全国新华书店
印　　刷: 重庆愚人科技有限公司
成品尺寸: 170 mm×240 mm
印　　张: 17.25
字　　数: 305千字
版　　次: 2023年11月第1版
印　　次: 2023年11月第1次印刷
书　　号: ISBN 978-7-5697-2019-8

定　　价: 68.00元

总 序

社区是社会的基本单元,“社区是基层基础,只有基础坚固,国家大厦才能稳固”。十八大以来,随着社会经济的发展和人民生活水平的提高,民众的心理健康问题越来越受到社会各界的广泛重视。党中央、国务院相继出台了一系列相关文件、政策和通知,如2016年由中共中央、国务院印发的《“健康中国2030”规划纲要》,由国家卫生计生委、中宣部等22部门联合印发的《关于加强心理健康服务的指导意见》,均强调了加强心理健康服务的重要意义。

习近平总书记在党的十九大报告中明确提出“加强社会心理服务体系建设,培育自尊自信、理性平和、积极向上的社会心态”的要求。为了认真落实党中央、国务院关于社会心理服务体系建设的决策部署,打造共建共治共享的社会治理格局,推动社会治理重心向基层下移,实现政府治理和社会调节、居民自治良性互动,国家卫健委、中央政法委等十部委联合印发了《全国社会心理服务体系建设试点工作方案》,该方案是为了通过试点工作探索社会心理服务模式和工作机制而制定的,强调建立健全社会心理服务网络,加强重点人群心理健康服务,探索社会心理服务疏导和危机干预规范管理措施,为全国社会心理服务体系建设积累经验。工作方案的目标是,到2021年底,逐步建立健全社会心理服务体系,将心理健康服务融入社会治理体系、精神文明建设,融入平安中国、健康中国建设。建立健全党政领导、部门协同、社会参与的工作机制,搭建社会心理服务平台,将心理健康服务纳入健康城市评价指标体系,作为健康细胞工程(健康社区、健康学校、健康企业、健康家庭)和基层平安建设的重要内容。

可见,社会心理服务体系建设已成为国家重大需求和战略选择,也是满足人民日益增长的美好生活需要的必然要求。但是,我国的社会心理服务体系建设尚存在不少问题和难题，主要表现为：(1)心理服务体系构建不健全，如基层心理服务平台、教育系统心理服务网络、机关和企事业单位心理服务网络等方面；(2)心理服务人才队伍建设亟待加强，如心理健康领域社会工作专业队伍、心理咨询人员队伍、心理健康服务志愿者队伍等方面；(3)心理健康服务不够优化，如心理健康科普宣传网络、社会心理服务机构发展规范性、医疗机构心理健康服务能力和心理援助服务平台等方面。

为了响应党中央、国务院对社会心理服务体系的战略要求和决策部署，并为解决上述问题尽一份心力，西南大学心理学部、中国社区心理学服务与研究中心组织国内相关领域专家，撰写了这一套符合我国国情的“社区心理健康服务丛书”，旨在更好地为相关工作人员提供通俗易懂、简易可得的开展社会心理服务的基本理论和实践指导。概括来看，本套丛书具有如下特点：

第一，鲜明的中国特色。“社区心理健康服务丛书”是我国第一套成体系、有特色的社会心理服务指南丛书，根植于中华传统优秀文化，涵盖残障人士、空巢老人、公职人员、失能老人、留守儿童、婴幼儿、社区老人、军人以及党政干部等人群。众所周知，中国社区与西方社区截然不同，中国文化与西方文化差异巨大。优秀传统文化是中华民族的精神命脉，是最深厚的文化软实力，是涵养社会主义核心价值观的重要源泉。社会心理服务是实施中华优秀传统文化教育的重要抓手，本丛书充分挖掘中华传统文化中的社区和社会心理服务素材，培育社会居民深厚的民族情感、社区氛围素养和人文素养，充分发挥社会心理服务的综合育人效应。丛书以心理学理论指导社会心理服务体系建设，切实提升广大居民的幸福感、获得感和生活质量。

第二，注重实用性。本套丛书通俗易懂，具有突出的实用性和科普性特点。坚持预防为主、突出重点、问题导向、注重实效的原则，强调重点人群心理健康服务，注重探索社会心理服务疏导和危机干预规范管理措施。书中设置常见的社会生活情境，从社会居民的生活实例出发，引导他们自己动手和实践探索，从身边的小事做起，主动养成健全人格塑造和健全行为培育的生活习惯，从而达到培育自尊自信、理性平和、积极向上的社会心态的最终要求，为我国社会治理能力的提升和现代化提供切实可用的心理学知识和技巧。社会心理服务体系的核心内容包括建立健全社会心理服务网络、加强心理服务人才队伍建设、保障措施等。本丛书的出版，能够为实现上述目标提供理论素材和理论保障，能够为社会心理服务人才队伍建设和培训提供通俗易懂、切实可用的各类资料素材，也有助于宣传党的社会心理服务体系建设的方针政策和提高社会居民的心理健康科学知识水平。

第三，彰显国家治理能力现代化。社会心理服务体系建设不仅是新时代国家治理体系的重要内容，也是新时代社会治理能力创新的重要手段。国家治理体系和治理能力现代化的三个维度：一是国家权力掌握资源及对其进行合理配置和有效使用的能力；二是国家治理的组织架构解决政治经济社会面临的突出问题的能力；三是社会组织和个体的自治能力。一个现代化的国家治理体系必须具有具备自治能力的社会和个体，体现为社会具有良好的自我组织和自我管理能力，社会公众个体具有较强的自主性和自律性，是具有较高公共理性和法治精神的好公民。本丛书有助于推进国家治理体系和治理能力现代化，是努力建设更高水平的平安中国，促进公民身心健康，维护社会和谐稳定的理论保障和党中央政策落地的心理学途径。

希望本丛书能为我国社会心理服务体系建设、相关政策的制定和社会实践提供心理学思路和科学依据，助力解决宏观社会心理问题，建设强大的国民心理，运用心理学规律和手段实现社会的“柔性治理”，使每位社会公民成为自尊自信、理性平和、积极向上的幸福进取者。

是为序。

陈红

2022年4月25日

前 言

因为父母的缺席，留守儿童会在生活中遇到一些独特的压力，会在成长中面临诸多挑战。近年来，大量关于留守儿童负面事件的相关报道，吸引了人们对留守儿童的关注与思考。人们对该群体的安全问题以及心理健康的关切与日俱增。

最重要的一个事实是，留守并不是被抛弃，留守儿童不等于问题儿童。大多数留守儿童坚强乐观，活泼上进，他们懂得父母的辛苦，关心家人，能够为家庭分担自己力所能及的事情。他们的坚强、善良和乐观值得所有人尊重。当然，也有部分留守儿童因为父母情感关注和呵护的匮乏，在成长过程中容易遇到某些心理困扰，产生一些心理社会适应问题。对于这些儿童，我们要积极关注，创造条件，帮助他们健康成长。

父母固然是每个人成长过程中最重要的引导者、支持者和帮助者，但青少年的发展与教育却是在更大的系统里完成的，是由家庭、学校和社会共同承担的。关爱留守儿童，我们可以鼓励各种社会力量的参与，共同创造条件、投入力量，形成良好的氛围、采用有效的方式对他们进行呵护。我们还可以在他们的心中栽培希望，鼓足他们的信心，促进其健康成长。

本书采用系统、生态的观点，运用社区心理学中的理论框架，针对留守儿童的生活环境、价值观念、人际交往、情绪情感等方面，从宏观到微观、从消极到积极、从理论分析到实践应对，介绍了留守儿童在成长过程中面临的挑战、可能遇到的一些问题，并从家庭、学校和社区的角度提出了预防以及应对的建议和措施。

留守儿童的家长和老师，以及所有关爱和帮助留守儿童的工作人员，可以从本书中所介绍的主题和视角更加了解留守儿童，更有效地帮助他们。

目 录

第一章 绪论

随着全球化经济贸易的发展,资本与劳动力的全球化流动加速。发达国家拥有富足的资金条件,却缺乏劳动力,而菲律宾、印度尼西亚、泰国和越南等发展中国家拥有富裕的劳动生产力却缺乏资金条件,因此,成千上万的人出国,跨区寻觅薪酬更高的工作。由于户籍、经济等条件的限制,外出工作的父母迫于无奈必须把儿女留在家乡,这就形成了一个长时间见不到父母的群体——“留守儿童”。在我国,由于现代化的发展而导致大批农村剩余劳动力向城市转移,留守儿童问题已经引起公众广泛而长期的关注。

一、留守儿童在减少,但仍然是个需要关注的群体

出现“留守”现象的起点是人口流动。改革开放以来,我国社会经济发展速度加快,粮食产量得到了提高,粮食供应不足的问题不复存在,原先的农业劳动力逐渐变得富余。同时,沿海城市的工业化、城市化进程日益加快,这使得经济快速发展地区对劳动力的需求猛增。为了适应经济发展的需求,中共中央在1985年《关于进一步活跃农村经济的十项政策》的“一号文件”中打破了农民外出务工的政策性限制,农民为了谋求更好的经济条件,选择外出到城市务工经商得到政策的支持。这是20世纪80年代中后期我国人口流动的图景。

然而,城乡二元制度使广大进城务工的农民没有办法和能力带着孩子一起走进城市。城乡二元制度是指把全体公民区分为农业户口和非农业户口,形成农民和市民两种不同身份的制度体系,实行区别对待的户籍制度。户籍与多方

面的权利挂钩,包括子女的教育、就业以及一系列的医疗、住房等生活保障与社会福利。因此,由于户籍的限制,自发向城市迁移的大多数农村人的户籍只能留在农村,他们的儿女无法在城市获得相关的社会福利保障。并且,多数外出打工的父母无法担负过高的城市生活成本,打工的性质也令他们难以将时间和精力用于照顾未成年的子女。最终,将孩子留在家乡或寄宿在农村亲戚家中成为大多数进城务工农民不得已的"最佳选择"。

在此背景下,我国产生了一个规模庞大的特殊群体——留守儿童。留守儿童数量在21世纪的最初十年迅速增加,根据全国妇联发布的《我国农村留守儿童、城乡流动儿童状况研究报告》,全国有6102.55万留守儿童,占农村儿童的37.7%及全国儿童的21.88%。这意味着,全国每5名儿童中,就有1名农村留守儿童。这六千多万留守儿童在缺乏父母照顾及家庭教育的情况下,面临各种人格或心理障碍的风险,有可能被社会边缘化,引发各种社会问题。因此,关注留守儿童问题刻不容缓。

近年来,在政府和社会各界的共同努力下,留守儿童数量迅速下降。一是年轻一代父母倾向于把孩子带在身边,进城务工人员随迁子女的数量有所增加。二是随着一系列城市落户政策的改变,大多数城市降低了落户门槛,越来越多的流动人员通过落户政策将家庭整体的户口进行迁移。三是"就地城镇化"促进了当地的产业经济发展,农民可选择前往地理位置更接近的城镇进行发展。但是,农村留守儿童数量的减少,不代表这个群体的消失,为了实现乡村的振兴以及经济的可持续发展,对农村留守儿童身心健康的关注仍是十分重要的社会命题。

留守儿童因其父母双方或者一方外出,其监护人或照看人多是祖父母、外祖父母、亲戚、同辈等。不同的监护类型对留守儿童的影响不同。一般情况分为以下几种。

1.单亲监护

指父母双方中一方外出,另一方留在家照顾儿童。这一类监护类型家庭在经济改善和子女成长之间做出权衡,为了更好地照顾儿童留下父母中的一方。单亲监护类型中,大多数情况是父亲外出,母亲留在家里照顾儿童,这也是数量最多的一种留守儿童监护类型。单亲监护的儿童虽然没有得到父母双方完整的关爱与教育,但也好于父母双方均外出的情况。母亲能提供细致的生活照料,能作为儿童心灵的港湾,但如果家中需要母亲独立支撑家务、承担所有的农活,那也可能会导致对儿童的教养、陪伴时间和精力不足,难以在儿童成长中扮演有效的角色。

2.祖辈监护

指父母双方均外出的情况下,由祖父母或外祖父母照顾未成年子女,这是绝大多数留守儿童的监护类型。这类监护类型中,祖辈的照顾大多能给孩子家庭的温暖,但因自身年迈,精力有限,对儿童的教养是心有余而力不足。同时,因文化水平、思想观念等不能很好地适应发展迅速的现代社会,很多祖父母或外祖父母与孙辈之间有明显的代沟,难以提供有效的亲子互动,这会使得儿童在和家长、成人的关系中自觉不自觉地选择封闭,不愿与他人表达内心的想法。有些儿童在祖辈的溺爱中长大,缺乏独立自主的能力,表现出偏执、自私、倔强的行为问题。

3.亲朋好友或邻居的监护

亲朋好友或邻居的监护指父母双方外出,将未成年子女委托给亲朋好友或邻居照顾。这一监护类型相对于前两种类型来说对儿童的影响更加不利。由于监护人本身也有自己的家庭需要照顾,孩子与这类监护人之间的关系,一般不如与自己父母或祖辈亲密,儿童很难对寄养家庭产生归属感。另外,监护人对儿童的管教力度很难把握,多是限于照料生活起居,其余方面的管教容易失之宽松。

4.同辈或无监护

同辈或无监护是指父母双方外出,留守儿童由较年长的哥哥姐姐照顾或是自己照顾自己。一般只有家里至少有一个孩子能够“独当一面”的情况下,父母才会不得已选择这种监护方式。这种监护类型中,较年长的哥哥姐姐需兼顾学习与家庭,尽早承担家庭责任,这会使他们更快地成长起来,但也因经验、精力有限,这对同辈监护人来说有很大的压力。至于只能自己照顾自己的留守儿童,他们大多被送往寄宿学校,难与亲人见面的他们更是缺乏家庭与亲情的关爱。总的来说,没有长辈监护对儿童的发展是极其不利的。

二、关爱留守儿童成长，需要更新观念，创新以社区为依托的关爱模式

与父母分居异地，缺少父母长期的陪伴和教育，对于正处于成长、发展关键期的儿童来说是一把“双刃剑”。从积极方面看，这有利于锻炼和培养儿童的独立意识和生活的能力，但从消极方面看，父母亲情的缺失会对儿童的安全和身心健康发展带来威胁。

虽然政府和社会各界在留守儿童问题上投入了资源和关注，但留守或曾经留守带来的挑战仍然是威胁留守儿童发展的一个重要因素。公益组织“上学路上”发布的2020年度《留守儿童蓝皮书》暨中国留守儿童心理发展报告显示，有超过40%的“缺少双亲留守”的儿童每年见父亲或母亲的次数超过9次，有12%—13%的留守儿童一年都没有见过父亲或母亲，这些儿童与父母间存在亲子关系问题，有些儿童甚至怨恨父母。在学习成绩方面，对自己的成绩“不太满意”和“比较满意”的留守儿童占绝大多数，分别占43.1%和38%，还有4.3%对成绩持“无所谓”的态度，这反映出留守儿童消极的学习动机和态度。

随着脱贫攻坚任务的完成，国家已进入全面实施乡村振兴的新时代。在此背景下，乡村振兴对留守儿童问题的解决提出了更高的要求。关爱留守儿童成长，不仅需要社会各界的共同努力，还需要更新观念、结合乡村治理创新以社区为依托的新模式。这旨在改变“单兵作战，各自为战”的情况，立足于核心问题的解决，通过整合社会力量给予留守儿童以连续、系统性的支持，形成并强化家庭、学校和社区三方面的密切配合、齐抓共管的良好格局，覆盖到留守儿童学习、生活的各个方面，唤起儿童内心的希望，建立儿童对生活的信心，从而切实解决好农村留守儿童问题，促进儿童健康成长。

第二章 “留守儿童问题”的形成与发展

对留守儿童的理解，决定了家长、学校、社区对待留守儿童的方式方法。留守儿童群体的形象与特征经历了一个较长的形成过程才逐步清晰起来。改革开放以来，中国出现了历史上规模最大的人口流动潮，一批批农民进入城市务工，社会上出现了一个特殊的群体——农村流动人口，常被称为“农民工”。广大农民工受制于城乡二元户籍制度，工作也不稳定，以至于无法平等地享有城市公共服务，再加上城市学校的教育资源分配不均等，农村户口的儿童在城市中受教育难、费用高，因此绝大多数农民工子女不得不留在农村生活，与祖父祖母或者父母一方生活，形成了留守儿童群体。1992年国务院印发的《中华人民共和国义务教育法实施细则》中，首次针对这类儿童的教育问题提出解决方法：“适龄儿童、少年到非户籍所在地接受义务教育的，经户籍所在地的县级教育主管部门或者乡级人民政府批准，可以按照居住地人民政府的有关规定申请借读。”同时，对留守儿童教育问题的探讨也开始让留守儿童群体进入公众视野。

一、留守儿童的出现

（一）留守儿童何时成为“社会问题”

留守儿童在我国作为一个社会问题，出现于2004年左右，是城市化进程中所特有的社会问题。随着留守儿童群体数量的迅速增加，由于父母不在身边，留守儿童在生活、学习、身心健康等方面缺少关心与监督，各类严重的问题也逐渐浮出水面。媒体开始报道与留守儿童有关的各种负性事件。从2009年11月广西贺州市平桂镇爆炸事故中13名非法雇佣的留守儿童的死伤，到2012年11月16日毕节市5名平均年龄10岁的男童因在垃圾箱内生火取暖导致一氧化碳中毒而死亡，再到2015年6月9日，毕节市4名留守儿童在自家服农药自杀，再到2021年3月19日，安徽省霍邱县城西湖乡一名11岁的留守男童于中午在家中上吊自杀。这些负性事件极大地震惊了社会各界人士，也引来人们对留守儿童这一特殊群体的持续关注。

(二)留守儿童何以成为“社会问题”

自从进入人们的视野，留守儿童就一直是焦点话题，关注热度持续至今。各地区、各有关部门也在积极开展富有成效的农村留守儿童关爱保护工作，这对促进广大农村留守儿童健康成长起到了积极作用，但存在一些薄弱环节。对留守儿童的系统性探究以及直接、有效的解决措施仍需要大力推进，对于一些没有得到妥善解决的深层次问题，仍要持续关注。

留守儿童是祖国的未来和希望，需要全社会的共同关心。做好留守儿童的关爱保护工作，关系到未成年人的健康成长，关系到家庭幸福与社会和谐，关系到全面建成小康社会大局。加强留守儿童关爱保护工作、维护未成年人合法权益，是各级政府的重要职责，也是家庭和全社会的共同责任。关注留守儿童，解决由此产生的社会问题，对于其健康成长和经济社会可持续发展具有重大意义。儿童期是身心发展的黄金时期，是建立人生观与价值观的关键时期，也是社会化过程中面临各种危机与挑战的重要时期。留守儿童在这个时期没有得到足够的关爱与正确的引导，加上长期的亲子分离，缺失父母的教养和关爱支持，没有足够的情感交流，在这样的缺失型成长环境中，他们成长过程中遇见的问题较非留守儿童更为突出。

(三)政府对留守儿童的政策

党中央、国务院对做好农村留守儿童关爱保护工作高度重视。2004年5月31日教育部针对农村留守儿童问题在北京召开了“中国农村留守儿童问题研讨会”，众多教育界专家从多层面对留守儿童问题进行了研讨。2006年3月，国务院印发《国务院关于解决农民工问题的若干意见》中第一次明确从政策层面提出解决留守儿童问题的思路要求:“输出地政府要解决好农民工托留在农村子女的教育问题”。2016年2月14日,国务院召开联席会议,确定民政部为留守儿童问题的牵头部门,印发《国务院关于加强农村留守儿童关爱保护工作的意见》,明确划分并强化了家庭、学校、社会以及各级政府部门的责任,指出通过推动社会力量为农村留守儿童提供监护指导、心理疏导、行为矫正、社会融入和家庭关系调适等专业服务。2019年民政部、教育部、公安部等十部委共同出台了《关于进一步健全农村留守儿童和困境儿童关爱服务体系的意见》,就进一步健全农村留守儿童关爱服务体系提出了较为全面的政策指导。这一系列政策文件的发布,不仅反映了政府对留守儿童问题的深切关注,也表明了对留守儿童问题进行精准施策、标本兼治的科学态度。

(四)社会各界对留守儿童的关注

与政策推进解决留守儿童问题几乎同步,社会组织、新闻媒体与学术界也同样关注着留守儿童问题。众多专家学者就农村留守儿童问题进行实地考察,对留守儿童群体各方面进行了研究。2005年5月,中华全国妇女联合会和中国家庭文化研究会召开了“中国农村留守儿童社会支援行动研讨会”,重点探讨了留守儿童的现状、面临的问题以及问题解决的有效途径,引起社会各界对此问题的关注。2005年,学术界对留守儿童的探究也首次突破了教育学的局限,转向更广阔的多学科视角,探究留守儿童问题的成因、现状与解决措施等。研究显示,从2006年开始,新闻媒体对于留守儿童的关注呈显著上升趋势。同时,在心理学、教育学和人口学等学术研究领域,对于留守儿童的研究也在逐年增加。

二、社区在留守儿童工作中发挥的作用

(一)社区能够落实有关的法律、政策

留守儿童父母及其他监护人如果对留守儿童关爱服务政策文件缺乏关注或者理解不到位,会失去很多获取帮助和支持的途径。关爱保护的难点往往在"最后一公里"。针对有关法律和政策,社区举办政策宣讲进村活动,可以强化各部门及社会各界对留守儿童关爱帮扶工作的重视程度,引导各部门及社会各界共同联动,形成留守儿童保障网,增强留守儿童父母及其他监护人的监护责任意识,依法履行监护职责和抚养义务,对引导全社会共同关心留守儿童有重要意义。

同时,对于落实留守儿童有关的法律、政策,社区除了发挥宣传和协调功能,也在实施和监督方面扮演着重要角色。例如,《关于进一步健全农村留守儿童和困境儿童服务体系的意见》(以下简称《意见》)指出,要设立儿童主任,在村道处设立儿童督导组,及时了解农村留守儿童的生活保障、家庭监护等基本信息,完成留守儿童及其家庭的信息排查和报送工作,督查、协助儿童福利各项政策的落实,建立健全发现报告和应急干预机制。

《意见》明确规定,社区开展农村留守儿童信息采集和录入更新工作,实现一人一档动态管理,针对留守儿童脱离监护单独居住、监护人不履行监护责任、疑似遭受家庭暴力、不法侵害等情况,实施应急干预救助,不让留守儿童失管。

(二)社区能够补充家庭功能的缺失

家庭是儿童社会化的主要场所,其中父亲的父性角色代表着社会规范的权威,母亲的母性角色起着引导情感的作用,这两个角色的分工能够对儿童的基本生活技能、社会规范、个性特征等各方面起培养塑造作用。然而,长期外出打工的父母与子女之间的沟通和联系少,沟通内容单一,彼此缺乏情感支持。家庭的教育功能缺位导致孩子社会化不足,留守儿童在行为和心理发展方面会出现一些困境。

社区作为儿童社会化的一个场所，代理家长、儿童班主任等角色的稳定存在，一方面可以在组织活动的时候侧重社会规范和权威的知识输入，另一方面也可以在参与不同的活动时，通过互动的方式让儿童熟悉社会规范。同时，社区打造的儿童之家等也可以为留守儿童提供情感支持和关心。留守儿童能够通过参与社区组织的活动体验到社会支持，构建稳定的社会关系，培养归属感，丰富支持系统。

（三）社区能够联结家庭和学校，形成教育的合力

大部分留守儿童年龄偏低，自律能力较差，其父母或其他监护人的文化水平不是很高，无法对孩子的学习、心理和行为进行有效的教育和引导，这使得留守儿童缺乏成人的有效监督。从学校的角度来说，虽然学校也认为家长外出会对学生的学习和心理发展带来一定的影响，但没有余力去将这个影响作为专门的“问题”来进行研究和探讨。这是因为农村学校也面临着多重困境，首先，农村学校尤其是偏远的农村学校办学条件有限，很多教学活动无法全面开展。其次，学校没有能力开设专门的心理课程并配备专业的心理教师，缺少对留守儿童心理健康的教育。再次，农村教师承担的教学任务重，一位老师可能身兼多门学科教学，需要管理好几个班级，对于留守儿童的心理、情感需求做不到面面俱到，无法及时将情况反馈给学生家长，这在一定程度上也影响了对留守儿童的有效教育和管理。

社区作为一个纽带，可以联结家庭和学校，推动家庭教育支持体系的建设。社区可借助学校的教育专业性，组织开设家长培训班，定期召开家长座谈会，引导家长为孩子的成长负责任。同时社区可以以心理支持为重点，建立留守儿童关爱及保护的责任机制，用多种形式了解留守儿童的心理需要，针对留守儿童监护人的状况，为家长提供家庭教育指导服务，为学校教育提供情感支持。

三、有待解决的留守儿童问题

那么，留守儿童到底有哪些需要关注和解决的问题呢？从社区心理学的角度来看，留守儿童缺少了完整的家庭结构，这容易对他们的成长造成许多负面影响。首先，父母外出务工本身是因家庭经济状况较差，能给儿童提供的物质资源有限。随着父母外出辛勤工作，他们能给儿童提供的物质资源虽有所改善，但儿童的生活状况却不一定很好，特别是父母双方均外出，留在家乡的孩子往往是由祖辈照顾，受经济条件和传统观念的影响，留守儿童不一定能受到很好的照顾，儿童的学习、安全等方面也会受到很大的影响。其次，父母外出会直接影响到亲子关系。亲子关系是每个人生来就需要建立的第一个人际关系，对儿童的情感和人格的发展等都存在重要影响。如果留守儿童与其父母之间难以建立良好的亲子关系，则容易形成孤僻、沉默、自卑等性格，不利于今后的人际交往与社会适应，这会进一步影响他们一生的发展。父母作为儿童的第一任老师，对儿童的行为具有示范和引导的作用，所以父母应该发挥榜样作用，以正确的方式或方法引导儿童的价值观与行为规范的形成。但如果父母在儿童成长过程中角色缺失，儿童容易出现人格偏差，形成错误的思想观念，产生不良行为。

关于留守儿童面临不同方面的问题，有很多研究提出了针对性的解决策略。但是留守儿童的问题，是家庭问题，也是社会问题，它的出现不是单方面因素导致的，而是在多种因素共同作用下产生的结果，这一群体所处的整个成长大环境都是解决留守儿童问题的重要成分。

2016年国务院发布《关于加强农村留守儿童关爱保护工作的意见》，将留守儿童问题上升到国家治理层面。在全社会的共同努力下，留守儿童的物质需求基本得到满足。现阶段，留守儿童的生存问题逐渐转变为发展问题。关爱保护和促进发展并重，是解决留守儿童问题的根本。建立“减少问题”与“促进积极发展”相结合的留守儿童关爱新思路，关注留守儿童的自身优势和发展资源，创设更加丰富、支持和温暖的家庭、学校和社区环境，使他们在多重保护下走出属于自己的积极发展的人生道路。

尽管各级政府、家庭、学校和社会力量已经投入留守儿童关爱的保护工作中，但整个服务体系的构建与协同运转还需要进一步完善，从而形成健全合理的新机制。

四、留守儿童是不是问题儿童

人们一旦被赋予某种身份结论，就像商品被贴上了某种标签，可能会使自己的行为与所贴的标签内容相一致，这种现象被称为“标签效应”。留守儿童问题是学术研究、社会舆论等多方面作用的产物。对留守儿童问题过分渲染，夸大事实，容易使“问题儿童”成为留守儿童的标签，而且大多数的个案研究以偏概全、缺乏实证数据支撑，得出的结论通过媒体的发酵形成留守儿童是问题儿童的基调。与留守儿童联系在一起的更多是负面的标签，而这些非客观的评价和标签可能对留守儿童产生不可磨灭的负面影响。现今不论是从科研还是从日常生活的角度去研究或探讨留守儿童，大都是从留守经历对留守儿童的负面影响出发的，这进一步强化了社会对留守儿童片面的、负性的刻板印象，甚至在社会环境、大众心里形成留守儿童等同于问题儿童的错误观念。我们需要理性地反思对于留守儿童的情感和道义关怀是否掩盖了留守儿童问题的本质，留守儿童的问题化特征还需要进一步考证。

但留守儿童真的是问题儿童吗？又或者他们本身就比其他儿童差吗？答案是否定的。由于留守儿童问题一开始便作为“社会问题”提出，相当多的科学研究倾向于从问题视角来揭示留守儿童的负面问题,其研究结果似乎在一定程度上支持了"留守儿童是问题儿童"的负面媒体印象。然而,近期另外一些研究却有新发现,例如,留守儿童与非留守儿童在学习成绩、学习兴趣等方面并没有显著差异;在问题行为上不存在显著差异等。这些研究的矛盾之处使研究者开始意识到,留守儿童发展中存在的某些问题并不是其独有特征,留守儿童即使在很多风险因素中也有可能得到较好的发展。

留守儿童不是问题儿童,只是相对其他儿童来说在成长过程中面临更多难题。从积极发展的视角来看,虽然他们处在亲情缺失等不利环境下,但他们仍然具备健康发展的潜力,只是我们需要挖掘和培养留守儿童的积极品质,提供给他们成长与发展所需要的资源,他们就能有效抵抗不利环境带来的影响。留守儿童不是问题的承载者,他们有自己的价值,也有自己的思维和抗逆性。儿童是社会生活环境中主动适应的有机整体,留守作为影响儿童发展的一个环境因素,必然会与其他影响儿童发展的相关因素共同作用于儿童,简单地将留守儿童等同于问题儿童,忽略个体差异,不符合留守儿童的实际情况。

留守儿童问题的媒体渲染让社会将更多的视线投向这个群体,这些视线聚焦在留守儿童本身可以让社会倾斜部分资源帮助他们,但是当越来越频繁地从问题角度报告留守儿童的现状,长期接受这些负向评价的留守儿童群体会如何定义自己的身份?是否会将负面评价内化成不健康的自我认知,从而形成自卑、不自信的消极心理倾向呢?

心理叙事

多年来,留守儿童一直是频现报端的热词。作为一名在农村地区从事一线教育教学工作的教师,我对留守儿童这个词的感受比较复杂——一方面,这个词的确很直观地描述了我们社会长期存在的一个问题,也很易于传播;另一方面,这个词也越来越成为一个刺眼的标签。

很多人在谈到农村孩子时,都会突出他们的留守儿童身份。在很多媒体报道中,农村儿童的形象都有一些负面,甚至在一部分人眼里,留守儿童几乎已等同于问题儿童。这种思想让我深感忧虑,有意无意地把那些不能和父母一起生活的孩子当作"问题人群",并不利于农村儿童的健康成长。

坦率地说，有“问题意识”不是坏事，正是因为有社会各界的关注，农村的留守儿童问题才得到了一些解决。但我担心的是，一旦留守儿童被当作问题儿童的近义词，有些人会戴着有色眼镜看待农村孩子，或避之不及，或做出一副悲天悯人的姿态。事实上，媒体报道的一些与农村孩子有关的“负面”新闻，都有非常具体的原因，应该就事论事地对个案进行分析，而不是将所有农村孩子视为一个群体。

我接触到的很多孩子，都不乐意别人说他们是留守儿童。有个学生在作文中写道：“听到别人说我是‘留守儿童’，心里就觉得好像爸妈不要自己了一样，特别难受。”如果媒体不断强化留守儿童这一身份标签，会让那些暂时不能和父母一起生活的孩子，在同龄人中被“隔离”出来。

我知道，即使不用留守儿童这个标签，农村学生面临的很多问题都客观存在。但是，撕掉这个标签，至少能让那些农村孩子感受到更多的平等。

（人民网2015年11月3日报道）

案例分析

本案例是以一位在农村地区从事一线教育教学工作的教师的视角去看待留守儿童的，它揭露了一些错误的标签对于留守儿童身心健康的影响。标签加重了对留守儿童的错误认知。摆脱标签的印象，撕去社会刻板印象对于留守儿童认知的错误意识和观念，就是从环境和个人性格成长中去除一个无形的负向心理效应。虽然留守儿童在成长的过程中会遇到一些无法逃避和暂时解决不了的问题，但由于留守儿童大都由祖辈或其他亲戚照料，特殊的成长环境使他们养成了一些优良的品质。比如，他们更明白艰苦朴素的意义。由于生活的不易，他们在很小的时候就主动承担了家务活和农活，生活自理能力和独立性都很强。当看到爷爷奶奶的辛苦，他们逐渐明白父母外出打工是为了自己更好地生活。他们懂得好好学习以回报父母的恩情。此外，很多年纪较小的留守儿童参与一些家庭重要决策或自己决定应对生活和学习中遇到的问题时，会表现出干练果断的优秀品质。生活中他们可能会比其他的孩子更成熟、自强、会照顾老人以及保护弱小。各种研究表明：留守儿童与非留守儿童在学习成绩、学习兴趣等方面并没有显著差异，在问题行为上不存在显著差异，在焦虑、抑郁、孤独等情绪适应方面差异并不显著。由此可见，留守儿童在很多方面并不比普通儿童差，只是由于“标签效应”的存在过多地放大了他们存在的问题和现状。

就心理健康而言，结合留守儿童与非留守儿童的对比研究、追踪研究，以及对研究的系统回顾和综合发现，留守儿童的整体心理健康水平仍在正常范围之内，虽然留守经历给留守儿童带来了一定的影响，增加了他们成长过程中的脆弱性，但并不是直接导致心理不健康的原因。如果家庭、学校或社会对他们多一些适当性的关注，这些问题也很容易避免，甚至促使问题向良性方向发展。

事物都存在双面性，同样，当我们在关注留守经历对儿童的影响的时候，可以换一个思路，留守经历对儿童来说也可以是一笔宝贵的教育财富。留守儿童能从父母外出打工的无奈与艰辛中渐渐学会理解父母、更懂得尊重父母，并将其转化为学习的动力；留守经历也可以帮助磨砺他们的身心意志，使他们比一般儿童学会更多的生活技能，也更早地学会独立、学会承担责任，学会照顾自己、照顾家庭，在未来的逆境中也拥有更好地抵抗挫折的能力。因此，需要本着客观的态度看待留守儿童问题，而不是将留守儿童视为问题儿童，因为这种负面标签会通过暗示给他们带来额外的心理压力，影响他们的健康发展，对其价值观以及人际交往能力都会产生不同程度的影响。

老师、家长、社区工作者等要引导留守儿童勇于打破标签化，不要被“问题儿童”“困难儿童”等标签所束缚，外界的评价不代表自身的表现，要学会合理利用自身以及外界的各种资源，积极正确地处理问题以及客观地对待发生在身边的各种人和事。

心理叙事

茂密的树林和竹丛掩映着几间木瓦房，那就是竹坪乡陈家河向阳沟陈丹娜同学的家。其中有一间木瓦房，虽然外边墙壁显得干净整洁，但室内却寒酸得很——屋子中间是一只小蜂窝煤炉子，靠屋子左边的木板墙壁下堆着四五十坨蜂窝煤，楼枕上挂着几串玉米，用几块拆开的蛇皮塑料袋遮着。虽然摆放着几件陈旧的家具，但都没有上漆。一面墙壁上的奖状倒成了她家里唯一的亮色。巧妙的是，在这面贴满奖状的墙壁边放置了一个可供攀登的楼梯，似乎带给人们一些有益的启示。陈丹娜的奶奶向老师讲述了陈丹娜的情况。奶奶说：“这个娃儿命太苦了。几年前她的母亲去世，她的父亲常年外出打工。留下我一人照看，这孩子两岁多就来这里跟着我一起生活。娃儿很懂事很听话，农活干得很不错，读小学时就学会打猪草喂猪。她每次跟着我干农活都要背起书包去地里，一得闲就看书……”

（快资讯2017年12月17日报道）

案例分析

陈丹娜同学是一个品学兼优的留守儿童。她会帮忙做家务、干农活，同时在空闲的时间努力学习，不耽误自己的学业。她用自身经历证明外界的评价并不能决定自己的命运，生活掌握在自己的手里。以后无论是去大城市工作，又或者是在自己的家乡搞建设，都可以用自己的能力做出贡献，实现自己的人生理想和价值。

总而言之，留守儿童不应该过多地被标签化，过多地弱化他们的能力和夸大他们的劣势。无论是作为研究者、教师还是社区工作人员，都要客观地看待留守儿童，不要因为外界的刻板印象而失之偏颇，需要去贴近他们的生活，了解他们的心声，帮助他们解决成长路上遇到的困难，提高留守儿童的心理适应能力。多年前，心理学家罗森塔尔已经证实了教师期望对儿童发展的重要作用，教师对学生的期望和评价不仅会影响到教师对待学生的方式，还会影响到学生的心理和行为。社会如果在关注留守儿童发展过程中遇到的问题的同时，强调儿童自身具备积极发展的潜力，他们会在社会的期待与信任中充分发挥积极成长的力量。

给予留守儿童鼓励与期待的方式也值得我们关注。部分媒体和社区工作人员开始意识到留守儿童不等同于问题儿童后，他们注意到留守儿童优秀的品质，赞扬他们在逆境中成长的经历，这些积极的肯定对于留守儿童来说是一种社会支持。留守儿童并不希望获得“优秀留守儿童”的称号，这种类似的称号强调留守儿童的身份，会给他们带来一些负面影响，一方面他们并不希望同龄的同学都知道自己留守儿童的身份，另一方面这种称号本来就将留守儿童与非留守儿童划清界限区别对待,优秀的品质在留守儿童与非留守儿童身上出现都值得肯定,不应该因为留守的身份而被特殊对待。

我们对留守儿童内心的呼声应给予关注,从而洞悉留守儿童真正的生活状态和了解他们的真实感受。特别是作为留守儿童身边亲近的人,更要学会倾听他们内心世界真实的想法,让他们体会到尊重、关怀和友爱,用细心、爱心和关心对留守儿童的内心和生活给予关注,让他们体验到积极的效能感,满足他们的情感需要,从而给他们的成长提供滋养的环境。

心理叙事

在"先天不足"的环境中,他们顽强地向上生长。湖南耒阳的18岁留守女孩钟芳蓉,以优异成绩填报北京大学考古专业,多次登上"热搜榜",最近更是收到了多家考古所和博物馆寄来的礼物。这位性格内向的女孩,回应专业选择的问题时坚定而有力:因为热爱,所以选择。

"为什么选择冷门专业""穷人家的孩子不要去学什么当诗人"……对于钟芳蓉选择北大考古专业的热议,一定程度上来自人们对于"留守儿童"的刻板印象。

比如,人们一般会认为,留守儿童要考出好成绩很难,应该珍惜机会填报更好的专业,留守儿童的家庭比较贫困,应该选择更加赚钱的职业。然而,钟芳蓉代表了留守儿童的另一种形象:成绩好、有主见、有理想,会为了"纯粹的热爱"去做某件事。正如钟芳蓉就读的学校校长所说,留守儿童没有安逸、"被宠着"的成长环境,反而可以朝着自己的目标,心无旁骛地学习。

以前很多留守儿童只看到眼前,觉得爸妈是打工的,自己顶多读个技校,通过教育引导,现在大部分孩子在精神层面上发生了蜕变,敢于梦想,并努力实现。

(新华每日电讯2020年8月24日报道)

案例分析

以湖南省文科高考第四名的成绩选择考古专业,钟芳蓉身上留守儿童的标签让她的选择在各大媒体上引起热议。大家对留守儿童的刻板印象是留守儿童成绩差,拼命学习是为了未来挣更多的钱。留守儿童被标签剥夺了追求梦想的权利，甚至有人进行道德绑架，认为留守儿童出身贫寒，父母艰辛工作，他们应该通过高薪回报父母。

鲜有人关注留守儿童内心深处的声音，倾听他们真实的想法。钟芳蓉像一束光，照亮了庞大的留守儿童群体，让大家听见梦想的回声。父母不在身边照顾，从小形成自律、坚强的习惯帮助她在高考的战场上赢得胜利，独立自主的品质也让她能够坚定地追随自己内心真正的热爱。

留守儿童的价值体系也是丰富多样的，不是唯金钱论，他们所生长的环境会帮助他们形成自己的价值观，留守儿童的标签让媒体和社会窄化留守儿童的价值取向，限制他们的成长方向。留守的主体是人，留守儿童的发展具有很高的异质性和个体差异性，长期生活环境的亚文化和生态环境也并不相同，社会要以发展的眼光看待留守儿童。教师、家长等重要他人要勇于帮助留守儿童撕下标签，社区要提供无标签化的环境让儿童顺从成长规律去发展，以宽容和接纳的态度去保护每个儿童内心的梦想。相信未来我们能看见更多的困境儿童坚定地追求自己的初心。

五、留守儿童的心理发展阶段及特点

留守这一经历或者是困境放在一个人的不同阶段，对其人生产生的影响是不同的，开始留守的年龄意味着他们生命发展的哪个阶段开始经历留守带来的风险压力。根据埃里克森的“心理社会”阶段理论，每个阶段都有一个特定的受文化制约的发展任务，都有一个核心的冲突或矛盾要解决，如果解决得较好，自我的力量会增强，从而更利于适应环境顺利进入下一个发展阶段；如果没有妥善处理，则会发生心理社会危机，削弱自我力量，阻碍个体适应环境。下面是留守儿童发展关键期的任务。

1.婴儿期前期：信任对怀疑

这一阶段，儿童心理发展处于信任和不信任的心理冲突期，当孩子哭或饿的时候，父母的存在是建立信任感的关键，具有信任感的孩子怀抱希望、富有理想，具有强烈的未来定向，反之则不敢抱有期望，时时担心自己的需要得不到满足。这一阶段被留守，父母不在身边，孩子发展信任的能力容易受阻，内心在焦虑与恐惧中挣扎，对周围环境的不安会被放大。但如果周围的环境和监护人能够及时关注孩子的需求和哭闹并给予积极关注，也可以对其心理发展多一些保护因素，从而顺利度过这一发展阶段。

2.婴儿后期：自主性对害羞

这一时期，儿童开始学会爬、走、说话，开始有意识地决定做什么或者不做什么，这时候监护人与留守儿童的冲突会激烈，一方面监护人必须承担起控制儿童行为使其符合社会规范的任务，养成良好习惯；另一方面，儿童开始有自主感，例如坚持自己的进食和排泄方式，所以训练良好的习惯不是一件容易的事情。儿童会反复使用“我”“我们”“不”来反抗外界控制，如果监护人心疼留守儿童父母不在身边，百依百顺听之任之，会不利于儿童的社会化。如果监护人在留守儿童父母的督促下过分严厉地训练，又会伤害儿童自主感和自我控制能力。如果监护人对留守儿童的保护或者惩罚不当，留守儿童会产生怀疑，并且感到愧疚。因此，监护人在这一阶段要把握“度”，才能有利于留守儿童形成意志品质。

3.幼儿期：主动性对内疚

这一阶段的儿童需要自主探索周围环境、自主要求完成一些简单的任务，这一时期如果儿童表现出的主动探究能力受到鼓励，儿童就会形成主动性，但是如果身边的重要他人不能给儿童提供自主探索的机会，儿童就会形成内疚的特点，认为自己是无能的、做不好的。留守儿童在内疚中逐渐失去自信心，缺乏自己创造幸福生活的主动性。随着儿童年龄的增长，身边的重要他人不仅是监护人，还转变为老师、同伴等，此时父母对他们的社会性发展影响力会变弱，如果其他重要他人能够帮助挖掘儿童内在资源，鼓励其主动尝试和探索，留守经历就不会对他们造成太大的威胁。

4.童年期：勤奋对自卑

这一阶段的儿童都应在学校接受教育，如果他们能顺利完成所学课程，他们就会获得勤奋感，使他们在今后的独立生活和承担工作任务方面充满信心。反之，就会产生自卑。留守儿童在学业资源受限的情况下，缺乏父母的监督及引导，当面临学业困难的时候比较容易退缩，从而发展受阻，当他们无法在学校体验到成就感，会逐渐形成自卑的心理。发展到后期开始内心封闭、敏感脆弱，从而影响到心理的健康发展。

不仅是留守儿童会经历上述几个发展阶段，只是留守儿童在这些阶段缺乏父母在身边的支持和关注，所以需要监护人能够意识到留守儿童在关键期的发展任务，从而更好地保护儿童的健康发展。对于留守儿童来说，开始留守年龄太早，儿童需要经历的发展风险就包括了婴儿期、幼儿期、童年期等。条件允许的情况下，鼓励母亲推迟外出务工时间，与孩子共同度过“生命最初的1000天”。

当然，这些发展阶段的冲突和问题也并不一定成为留守儿童难以迈过的关卡，若只关注心理冲突和问题，又会回到问题视角看待留守儿童，甚至出现标签效应。积极心理学认为人的生命系统不是由问题构成的，而是一个开放的、自我决定的系统，既有潜在的自我内心冲突，也有潜在的自我完善的内在能力。留守生活带来的冲击和矛盾能构建起留守儿童特有的积极心理成分，留守儿童会发展出怎样的“积极心理机制”对于他们的发展具有重要的意义。例如留守生活较为落后、艰苦，存在较多的缺失、混乱、孤独、打击，但在带来内心自我冲突的同时，与所有人一样，留守儿童也能进行主动的意义构建，发展韧性、希望、顽强、承诺等积极的人格特质，关于留守儿童心理韧性以及心理复原力的研究就能证明留守儿童在此方面的优势。

六、“流动”儿童与“留守”儿童

2020年全国流动人口总数为3.76亿，进城务工人员随迁子女中义务教育阶段儿童为1429.73万，占全国城市义务教育阶段学生的23.4%。大量留守儿童也越来越多地转为流动儿童。流动儿童是指随着父母迁移的农民工子女。流动儿童与留守儿童本质上都因人口流动而产生。对于留守儿童而言，父母外出打工一定程度上可能造成家庭基本功能的丧失，尤其是家庭情感功能；对于流动儿童而言，他们跟随父母离开生长的地方到不熟悉的城市环境，虽然家庭成员并没有发生太大的改变，但是家庭外部的环境却截然不同，儿童需要做出较多的改变去适应全新的生活环境。

与城市儿童相比，流动儿童由于资源条件的限制以及学前教育的劣势，使他们在教育、发展等方面处于相对弱势的地位。频繁的流动会使流动儿童的社会适应力出现一定的困难，加上父母忙于工作缺乏关心等因素，流动儿童的自尊感和自我认知会降低，更难以融入集体，人际互动缺乏，也导致他们缺乏安全感和归属感。流动儿童的文化教育背景、经济水平、生活方式、价值观念等和城市儿童有着较大的差别，在适应城市生活时面临较多挑战。

外出务工的父母通过将留守儿童带在身边的方式，期望孩子获得更多的陪伴，获取更好的教育资源，为未来发展提供更好的平台。带着这样的初衷，留守儿童父母承担着更大的经济压力，投入更多的时间和精力，在忙碌的打工生活间隙，为留守儿童撑开一把父母之爱的保护伞。孩子们完成了留守儿童到流动儿童的身份转换，那他们的教育资源、心理发展和社会适应功能是否也能华丽转身呢？

心理叙事

流动儿童这个称谓，很好地说明了这个群体的状态——他们虽然随父母进城，多数也能就近接受教育，但在权利上大多处于一种不确定性的“流动”状态。虽然从2003年开始，我国就提出对接收流动儿童的民办学校在办学用地和办学经费上提供支持，但很多地方政府实际支持有限，这导致大部分流动儿童只能在一些办学条件不足的打工子弟学校就读。而且，由于学籍和户籍门槛，多数流动儿童一般在初三之前就要被送回原籍就读。媒体报道中提到一种“初二优生转学”现象：到了初二，很多成绩好的学生开始转学，因为大城市异地中考政策限制多，成绩优异的学生就被家长送回户籍地考学。

过去，舆论用“留不下的城市、回不去的故乡”来形容那些虽进城工作却不能留在城市的务工者。其实，流动儿童在小小年纪，便随父母一起遭遇了这种“难留难归”的尴尬。在城市之中，他们虽与父母住在一起，但迫于生计，父母一般并无太多时间陪伴孩子，一些流动儿童处于半留守状态。一些流动儿童随父母在城里长大，在语言和生活习惯上都脱离了故乡，但朋友圈基本限于流动儿童，由于标签化严重，他们相当缺乏身份认同，由此引发了一系列心理问题。

从心理到权利的漂浮状态，在流动儿童群体身上打上了深深的烙印，也对他们的人生产生了不可逆的影响。针对北京10个区50所打工子弟学校的1866名学生从初二开始连续5年进行的调查显示，在1493名被成功跟踪调查的学生中，仅有不到6%的学生上了大学，其中一半是三本或专科院校。仅就受教育程度来说，他们明显落后于同龄人。

（光明日报2017年6月12日报道）

案例分析

这篇报道把流动儿童的处境形容成处在高低不同的“夹心层”里，处于难留难归的现实困境中，他们在城市里找不到归属感、认同感和存在感。流动儿童虽然生活在父母的身边，但是似乎和留守儿童相比也没有幸运很多。对于从农村到城市的流动儿童来说，生活在城市给他们的发展带来了新的契机，扩大了视野，接受了更好的教育，为未来的发展提供了更好的平台。但流动儿童并不能享受平等的权利与社会福利，他们与城市儿童的差异也使得他们容易在城市中受到歧视和偏见。一些流动儿童会因此而感到无助，没有安全感、平等感，缺乏身份认同和城市归属感，对生活感到悲观，对前途感到迷茫。如果不加以合理引导，他们可能会扭曲人格、敌视城市等。有研究表明，尽管流动儿童由于年龄小、阅历浅等尚未对城市社会抱有直接的对抗态度，但他们的心理健康已经开始出现问题。

流动儿童在进入城市之后，还不能很好地规划自己的学习生活，虽然满怀期待地来到父母身边，但面对陌生的环境，未来好像还是一片茫然，再加上一些制度的要求，流动儿童可能在求学中途转学回故乡，则又需要经历再一次的适应与调整，这对他们的心理健康无疑是不利的。学校教育应该加强关注对流动儿童未来规划的指引，增强流动儿童对学校乃至对城市的归属感。

对于流动儿童来说，最大的问题可能是如何适应城市、融入城市。当对外来务工人员子女的刻板印象越来越弱化，两群体界限消失，让他们逐渐向一个群体融合，流动子女才能真正融入城市。

心理叙事

“2008年上海开始实行的纳民学校模式，既缩小了与公办学校的差距，也并未导致流动儿童盲目涌入上海分享优质教育资源。”到了2015年，刘明俊隐隐开始觉得学校未来会被关闭。他想起校长多年前的判断：在上海这个国际大都市，纳民学校的存在可能不会长久。

胡军的妻子担心出现新的循环：返家—教育跟不上—早早辍学—回上海打工—生娃—返家。

“不想回家的孩子就辍学，跟着父母打‘游击’？”一位七旬老人发言后，研讨会略显沉闷的气氛变得高扬起来，“而回家的孩子就从流动儿童变成留守儿童！”

2018年6月10日，上海大学一间小会议室里坐满了人。没有闪光灯，没有背景音乐，屏幕上不时出现一些有关流动儿童的数据：截至2015年10月1日，全国流动人口总量已达2.47亿，作为流动人口子女的随迁子女和留守儿童两个群体，占其中约1亿。

“政府的难处，我们理解。但入学政策捉摸不定，仿佛在玩弄我们、家长和孩子。”

说话的是张正国，上海市青浦区一家纳民学校的校长。张正国二十多年前到上海办学，如今他的学校即将走到终点——2018年6月30日，青浦区仅有的15所纳民学校将全部关闭，符合入学条件的学生将分流到公办学校。

所谓纳民学校，指的是上海2008年启动的一项包容性教育政策实验——将外来工子弟小学“纳入民办教育管理体系”。这是纳民学校名称的由来。

离研讨会场二十公里外，青浦区民主民办小学（下称“民主学校”）门口人头攒动。一群接小孩放学的父母，已经没有了刚接到消息时的愤怒，剩下的就是互相诉苦。

一名安徽籍的男性家长在旁没有答话。他的孩子符合入学条件，9月将进入公办小学，但他仍有烦恼：“读完小学，孩子还是得回老家。”

（新浪新闻综合2018年6月29日报道）

案例分析

正如材料中所涉及的那样,如果流动儿童从城市辍学返乡,可能经历“返家——教育跟不上——早早辍学——回上海打工——生娃——返家”的可悲循环。这一循环体现了流动儿童及其父母的悲哀,流汗流泪又流血。父母把儿童带在身边,除了能够方便照顾外,更为主要的是想为下一代提供更好的教育,让他们以后可以选择更多的路。但由于种种条件的制约,导致他们即使到了大城市也没有学上,即使有学上也不能一直上下去,最后又被迫成了留守儿童。频繁的环境改变对于儿童的认知发展和人际关系的建立也会产生影响,新的环境可能会使他们适应不良,再加上和父母的分离,导致儿童内心的空缺、缺乏安全感,对自己的生活和学习产生不同程度的不确定感,导致从流动到留守身份的转变过程,从而对其心理产生一些无法估计的负面影响。

儿童本来是可以和自己的父母一起生活在城市里,享受较为优质的教育,但是现实却如此残酷,频繁的身份转变使流动儿童的适应问题同样不可忽视。生活方式的打乱,生活习惯的变化,对他们的适应能力、身心健康以及人际交流等都形成了挑战。从客观角度来看,曾经生活在城市中的流动儿童,感受过现代化的教室、智能的多媒体和繁华的街道,回到家乡后质朴的环境、课程结构的差异、教材的衔接都会给他们带来不小的冲击。同时,还有一些隐性存在的问题,学校的人际环境改变让他们再一次失去归属感,从而可能使他们封闭内心、拒绝交流,严重的情况甚至遭遇校园欺凌,产生焦虑和恐惧的心理,最终因恐惧而回避上学,改变学习态度。

因此,无论是城市里的流动儿童还是从流动转变的留守儿童,都要积极关注他们的身心健康。个体发展是遗传和环境交互作用的结果,为了儿童的身心健康发展,要努力为儿童创造一个良好的成长环境,不要让小小年纪的他们一直处于奔波的路上,而是让他们拥有可以提升自我能力的地方,让他们有发展自己人际圈子的场所,让他们有机会创造和谐的生活空间。

七、“三位一体”的合作关系

少年儿童的发展与教育通常是由家庭、学校和社会共同承担。随着我国经济社会建设进入新时代，解决农村留守儿童问题也进入了新阶段。2016年2月14日，国务院下发《关于加强农村留守儿童关爱保护工作的意见》(以下简称《意见》)，第一次明确了“民政部”为牵头部门，至此才形成“政府领导、民政牵头、相关部门和群团组织共同参与的组织领导”的机制。《意见》在总结提炼各地区、各部门开展农村留守儿童关爱服务工作实践经验和有效做法的基础上，依次明确了家庭、政府、学校和社会责任，构建了家庭、政府、学校、社会齐抓共管的关爱服务体系。

在关爱留守儿童的具体工作中，家庭、学校、社区等传统力量还较多存在“单兵作战，各自为战”的局面，缺乏有效的沟通和交流，偏重解决短期问题，缺乏对儿童连续性、长期性的关注。这种工作模式减弱了自身优势与特点，无法形成合力，进而影响了关爱留守儿童工作的成效。现在的留守儿童将来大部分是新型农民的后备军和建设新农村的主力军，所以，关爱、教育农村留守儿童是培育新型农村，服务新农村建设的前期工作和基础性工作，也是维护社会稳定的需要，是化解矛盾、促进和谐的良好举措。

若要打破“单兵作战”的局面，首先，要树立家庭、学校、社区是教育共同体的观念。家长和社区要转变教育是学校的职责这种旧观念，要意识到各教育系统之间是相互补充、相互并存的共同体关系。只有建立共同体观念，才能将有限的资源放大，协同发展，确保留守儿童教育工作有效进行。

其次，建立家庭、学校、社区之间的教育共同体，要立足于本地的实际情况。在资源匮乏的情况下，我们要创新、寻找新的解决方案。在制订可实现的目标理念和确切的领导方向时，要与当地社区的实际情况相结合。过高的目标或过低的目标都不利于解决方案的实现。

最后，积极发展。改善社区生活的最直接方式是创建积极的社区组织和快速反应的行政管理机制，提供更多更好的资源，形成和睦的邻里关系。学校、家庭和社区之间融合互动，充分协调与利用家庭、社区资源，强化学校自身建设，扩大教育空间，优化教育环境。

少年强，则国强。儿童从来都是一个国家和民族的未来和希望，也代表着我国未来的人口素质与发展实力。留守儿童问题不仅关系到留守儿童自身的健康成长，也关系到广大农村地区经济社会发展的稳定，还关系到社会主义和谐社会的构建。儿童"留守"这一现象是我国社会历史变迁的产物，在未来一段时间仍会继续存在。因此关注留守儿童、解决留守儿童问题是非常现实且迫切的。要解决这一问题，促进留守儿童的健康教育，必须构建好学校、家庭、社会"三位一体"的教育网，充分协调和发挥家庭、学校和社会的力量，三方齐抓共管，让关爱覆盖到儿童学习、生活的各个环节，共同担负起留守儿童教育的重任，切实解决好农村留守儿童问题。

在留守儿童成长的各个环节，教师、社区工作人员、监护人都希望呵护他们的健康成长，但是站在不同的角度，不同的角色对他们关注的方面也有差异。在承担留守儿童教育重任的时候，教师是主体，而教育的范围又不仅包括学习，还包括身心成长、人格健全、生命安全等。教师的关注点比较分散，监护人和社区工作人员应主动承担起责任，配合教师完善对留守儿童的教育工作。

心理叙事

与留守儿童的监护人沟通，在很多老师看来是很头痛的事。围仗村完全小学教师邹义旺对记者说，很多农村老人都觉得，孩子能吃饱饭就够了，其他事情都不重要。这使得他们常常把老师们的嘱托当作"耳旁风"。

老师们的嘱托包罗万象，如要求必须看着孩子把作业"做满了"；叮嘱孩子不要看肥皂剧，多看新闻节目；不要让孩子晚于9点睡觉。但最主要的是反复告知监护人要注意保护孩子的人身安全。

"这几年村里发生过两三起意外事故，都与监管人的疏忽有直接关系。"邹义旺告诉记者，有个孩子在暑假时由奶奶带去种地，中途溺水身亡；还有孩子在家吃饭后发生食物中毒。跟留守儿童家长打电话也常遇到难题。张新锋说，有一次他发现班上一名留守儿童有自杀倾向，给孩子父亲打电话，一直无人接听，好不容易接通后却说"不碍事"。这种情况不止出现一次。

在寄宿制学校里，没有专职的生活老师，而是由任课老师轮流值班，与寄宿生一起住校。在大石头初级中学,每晚都有老师巡查,每位老师每月需要值班4次,津贴为每月20元;而在围仗村完全小学,值班老师没有任何津贴。

邹义旺向记者介绍值班时承担的主要工作:在操场看护进行课余活动的孩子的安全,自习课前辅导功课,自习时看守学校大门,下自习后安排学生洗澡、睡觉,半夜起床巡视一次,早上6点打开学校大门。

"很多乡村学校的老师们已经在扮演保姆的角色。"在成巧云看来,这不仅承担了很多本该由留守儿童家人应该承担的事务,也影响了教学质量。她通过调研发现,农村学生辍学最大的原因并非贫穷,而是学习成绩不好。教师应立足于提高教学质量这项本职工作。

这些农村教师承受的压力越来越大,相比之下,职业地位却每况愈下。《农民日报》近期刊登的一篇评论指出,在西部某偏远地区乡村,留守儿童对乡村教师有一种"瞧不起""不屑",甚至"鄙夷"的态度。这种扭曲态度的形成,很大程度上来源于他们所看到的乡村教师地位低、待遇差的尴尬现实。

邹义旺对记者说,家长们习惯于让学校和老师背负全部安全责任,又不认真对待老师们的要求,这让他感觉身为农村老师"只有义务,没有权利"。张新锋也认为,教师已经做了太多本该由父母做的事情。他认为,应对留守儿童问题,仅靠学校和老师是不够的,需要家庭、政府、社会一同努力,特别是家庭教育要真正做到与学校教育有效衔接。

(人民网2015年12月16日报道)

案例分析

留守儿童发展与教育的责任不仅仅是学校一方承担就足够了。父母将孩子送到学校,并不是把全部的责任转移到学校,尽管为了家庭生计不得不外出,但也必须委托好有抚养能力的监护人,同时父母依旧是法定监护人,应对留守儿童的行为承担相应的后果。如果无法与孩子共同生活,父母应不断加强与监护者、老师之间的联系,及时掌握孩子在生活、学习、人际交往、心理等各方面的状态,积极与他们探讨解决问题的方法,尽到父母的责任。承担监护责任者也需要提高自身的监护能力,多渠道了解孩子的现状,配合教师教育引导留守儿童。如果父母不仅是空间上的缺位，又在留守儿童的生活中完全扮演旁观者，这不仅会给学校教育带来很大压力，导致教师无法集中精力处理学生学业发展与成长的问题，而且也会让学生有被忽视感，影响亲子关系，从而以自我攻击的方式来寻求父母的关注。

在留守儿童家庭教育缺失的情况下，学校在应对留守儿童教育问题上应担当“主角”，教师在学校具有关注留守儿童身心健康发展的责任，同时也应当积极与留守儿童的父母及监护人沟通，寻求留守儿童的家庭在校外的支持和帮助，共同引导和保护留守儿童成长。教师对于留守儿童的学业、生活、身心健康状态进行初步评估，为家庭教育提供指导和建议，承担了大量教学之外的工作量，如果辛苦的付出得不到父母的回应、社会的认可，他们很容易产生习得性无助的心理，从而影响教师的职业价值感。

留守儿童发展与教育的问题也不仅仅是学校和家庭的问题，还关系到整个国家和社会的发展，仅依靠学校和家庭的力量很难彻底解决，需要社会各方力量的介入。营造一个关爱留守儿童的环境对于家庭、学校和全社会来说，都是义不容辞的责任。社会如果能够提供稳定的环境，分担对于留守儿童生活管理和健康发展的责任，让教师集中更多的精力提高教学质量，学校教育也能回归正位。

第三章　留守儿童的生活环境

社区就是多个在生活上有联系的社会群体所组成的大集体。人们在社区中进行各种生计和文化活动。它不仅包括基于地域的接近而形成的“邻里街坊”，更是当地经济政治状况、文化历史环境、社会组织、设施以及关系网络体系的综合性体现。对于留守儿童来说，家庭、学校与社区(除家庭、学校外留守儿童的社会生活区域)就是他们的基本生活背景。基于社区心理学的视角，可以从更广范围的视域，即从留守儿童所处的环境理解他们的处境，同时综合利用各方面的资源为留守儿童的成长提供更有力的保护，做好留守儿童出现各类心理问题的预防工作，为发展留守儿童的个人潜能保驾护航。

一、家庭、学校和社区

留守儿童心理和生理都处于成长期，是处于人生情感、品德、性格形成和发展的关键时期，对处于该阶段的儿童来说，心理的关爱尤为重要，这些关爱理应来自家庭、学校和社区，但现实的留守环境却带来了挑战。

就家庭而言，留守儿童不仅缺少来自父母的关爱，还要面对家庭结构性功能的滞后。一方面留守儿童长期与父母分离，缺少父母的直接关爱与亲子间的情感联系，他们既不能跟父母进行正常的情感互动，也不能在遇到挫折和困惑时及时地与父母交流遇到的问题和自己的想法。另一方面有的祖父母需要务农维持生活而没有时间照顾留守儿童，有的体弱多病没有更多精力来陪伴留守儿童、督促儿童学习，有的知识、观念陈旧，对于学习辅导无能为力，跟随时代的主动家庭教育意识较为淡薄，往往缺少有效的、及时的教育和引导。由此，就谈不上良好的家庭教育氛围和家庭教育功能。

就学校而言，从教育机会、教育资源和教学效果方面，都面临着种种现实的困难。在农村偏远地区，学校比较分散，这给留守儿童接受学校教育增加了空间上的困难。学校是留守儿童获取心理支持的主要场所，而教师在教育过程中扮演着重要的角色，起着主导作用。儿童视老师为榜样，渴望获得老师的关注，留守儿童缺乏父母关爱，自然更期待从老师那里获得关心爱护。但农村学校师资力量往往不充足，一个教师同时教授几门功课的现象比较普遍，无法实现老师对每个儿童进行有效、高效的教学与辅导，更不用说专业的心理健康教育。这种情况下，老师给予的关爱往往是朴素的，是基本功能的维护，教育过程和教育效果无法与城市优质的学校比较。另外，农村地区教师老龄化带来的影响也不容小觑——教师老龄化的年龄结构往往导致教学质量的下降。这些状况对于留守儿童的全面发展明显不利。

社区是留守儿童接受宏观教育的场所，在补足家庭教育的缺失、学校教育的不足方面占有重要的地位。对留守儿童来说，生活中有许多跟社区相关的人或事，如直系亲属和其他亲属、同班同学与志同道合的朋友、学校的老师和教职工、现居住地的邻居和以前的邻居等等。在这些列举的跟社区相关的人中，留守儿童能够体验到共享的情感联结。这种联结是彼此愿意在一起的情感，是一种信任或关怀、照顾的感觉。社区心理学家把这种感觉命名为社区感。社区感把个体与集体联结起来，对个体的价值起到平衡和补充作用。也就是说，处在社区中的留守儿童，常常与社区中的其他人与事物相互联结，并且受到来自社区的精神与物质上的支持。从这个角度来看，社区感有助于留守儿童的心理健康，因为留守儿童的生活质量实际上是与社区的生活质量相互交织、密不可分的。

虽然随着经济社会发展，农村社区条件正在飞速地改善，但总体上发展水平还是较低，留守儿童获得的社会资源仍然较少。农村社区的基础设施、专业人员、系统有效的留守工作都还有很大的发展空间。在留守儿童较多的社区，民政、妇联、公益组织等在一定程度上帮助解决了留守儿童的一些生活中的困难，但仍旧存在一些有待解决的问题。有些村庄和乡镇中心的一些宣传展板上甚至会醒目地标识出“不自信、不合群、悲观消极、抑郁自卑”等字眼来形容留守儿童。这使得留守儿童在得到关注的同时也因此承受了更大的心理负担与压力。有研究指出,学校的管理者、教师、生活在留守儿童身边的人们以及一些研究者大量地描述了“留守”的负面作用,留守儿童被“污名化”,这极易对留守儿童的心理健康发展产生消极影响。“留守”确实会使儿童更容易受到环境的负面影响,但留守儿童的生活环境也可以使得他们有较强的适应能力。

留守儿童的生活环境中,家庭、学校和社区都扮演着不可缺少的角色,承担着重要的责任,但也都有种种局限和不足。在有限的条件下,就更应该转换针对留守儿童的工作思路,强化家庭、学校和社区的合作,从总体上来改善、提升对留守儿童成长的现实支持度。由此,留守儿童与环境之间建立起一种相互信任、相互促进的关系,发挥团体的力量,使留守儿童和社区成员双方都为社区的建设和发展做出力所能及的贡献。

二、为何父母不回家

提起留守儿童,大部分人脑海里对他们父母都有“我抱起砖头就没法抱你,放下砖头就没法养你”的印象。截至2020年底,全国大约有1289.7万留守儿童,他们最盼望在一年一度的春节与父母团聚,事实上,春节期间很多服务岗位增加,待遇翻倍,对辛苦务工的留守儿童父母来说,也是一种两难的选择。将近50%的留守儿童一年跟父母见面的次数只有1—2次。在外务工的父母们摆渡于城市和乡村之间,大部分父母减少回家次数都是为了省去来回的开支和误工费用,为孩子创造更良好的生活和学习环境。尽管他们父母对亲子分离的影响逐渐有所感知,也尽力尝试各种方式去弥补,但是对留守儿童来说依然远远不够。

根据依恋理论,从婴儿期到幼儿期是依恋形成的敏感时期,孩子与父母分离时会出现明显的悲伤和焦虑,会大哭、发脾气、寻找父母。分离的时间越久,这些抗议的行为就越容易被转化为惶恐和绝望,让孩子变得无助和孤僻。在没有安全感与归属感的环境中成长,父母的物质弥补无法动摇孩子心中的呼唤和质问:你们为什么不回家?

心理叙事

来自江苏的毛叔叔，已年近半百，除了头发花白，看上去还很壮实。他是两个男孩的父亲，大儿子刚刚大学毕业，正在找工作；小儿子9岁，在上小学。毛叔叔在外打工30年，一直做建筑工人，开始在上海干过四五年，之后就一直在北京。

毛叔叔的妻子在大儿子上小学后曾经和毛叔叔一起在北京的工地务工4年，在儿子小升初时回到家里。她身体不好，吃了很多药花了很多钱也没治好，听人说生二胎能把身体“带”好，但生了小儿子后，身体更糟糕了，现已生活不能自理，小儿子主要由爷爷奶奶看管。她是农村代课教师，没有退休工资，全家唯一的经济来源就是毛叔叔的打工收入。为了节省开支，30年来，毛叔叔每年只在春节回家一次，每次待一个月。他现在就盼着儿子都长大娶媳妇，自己结束打工生活回家。

他说，建筑工地的收入不太稳定，要看活多活少。平均下来，每年他有五六万元的收入，租房花去三四千元，吃穿、交通、通信等所有生活开销一万元以内，最后能寄回家三万多元。孩子上小学、初中花钱不多，主要是高中开销大。

“我们那重点培育就是高中。学费也多，一般的我们那要是上到高中的话，高中考得好一点的话，基本上都在城里租个房陪着孩子。我家孩子考到高中的时候，他爷爷就专门在学校门口租了一套房，每日放学10分钟到家。那时候开销大，基本上一年顶不上一年的，要借钱的。”

说到孩子，毛叔叔直言：“大儿子跟我基本上没什么感情，因为我一直没在家，这个小的还好一点，因为现在的电话联系，通信条件好了。”没有电话时，毛叔叔与家里联系主要靠写信，跟大儿子没有什么沟通。现在联系方便了，和小儿子基本每天都打电话。他的父母耳朵不好了，爱人身体也不好，他最担心的是孩子学坏。父子俩说得最多的是日常生活情况和学习，大多数时候是小儿子给爸爸打电话。

提到为什么不回家，毛叔叔说：“家里虽然有地，但种一亩地还赔钱呢，只要老家能挣钱谁出来？谁也不愿意出来。老家市场太小，挣钱的机会也少、‘等着老’。”

（《中国青年报》2016年4月）

案例分析

案例中毛叔叔辗转于上海与北京的建筑工地，他是全家唯一的经济来源，为了节省开支，只有每年过年才回家。当见过城市中的高楼，意识到孩子教育问题的重要性之后，对教育的投资加重了他肩上的经济负担。对于自己没有陪伴孩子的成长，毛叔叔说："父亲在家的孩子总归像有靠山一样，父亲不在家总归差一点，一般吵架吵不赢别人，打架也打不过。"

父亲的在场与否对于留守儿童的成长有比较大的影响。毛叔叔提到的"靠山"也是农村里讲的"势"，这种力量可以支持留守儿童更安全地成长，避免同辈欺凌等威胁到留守儿童的安全感。父亲缺位可以分为两种具体的表现形式：一是躯体层面的缺位，即父亲不在身边，二是心理层面的缺位，即与儿童情感疏远，父亲职责的功能性出现缺失。父亲在位理论认为"父亲在位"是子女的"心理父亲在位"，即子女感知和体验到的父亲在心理上的亲近性和可触及性。根据该理论，父亲在位的概念不局限于客观层面父亲与子女是否共同居住、一起生活，而是转至子女的视角来探讨子女在心理层面上对父亲的感知和体验，子女与父亲之间的关系和子女对父子关系的感受是"心理父亲在位发展"过程中最为核心的部分。留守儿童的父亲出于现实压力大多处于"躯体缺位"，接下来主要讨论"心理缺位"。

父亲的心理缺位

由于社会分工和角色期待的差异，父亲和母亲在儿童性别角色意识形成过程中发挥的作用不尽相同。与同龄人相比，留守儿童失去了父亲的有力庇护，弱势的母亲或者祖辈常常无法解决他们遇到的挫折或困难，加之社会支持网络相对单一，导致留守儿童无法凭借自身力量战胜挫折，会强烈地希望父亲在身边。父亲缺位造成留守子女不仅丧失了强大的心理支持来源，也失去了社会化的发展方向和具体参照，随着外出务工的时间增长，父亲外出前的核心和权威地位动摇，子女就会失去甄别社会规范和价值观的能力。

留守儿童的“心理父亲在位”也能发挥父亲的功能，降低躯体缺位给留守儿童带来的消极影响。留守儿童家庭需要意识到“心理父亲在位”的重要性，一改男性挣钱供养家庭，抚养和教育的责任交给母亲的模式。但目前留守儿童的父母奔波于生存，不一定能在关注物质需求的同时意识到留守儿童对父亲在位的需求，如果社区工作人员能够组织线上培训引导留守儿童家庭更多地关注父亲在留守儿童成长过程中发挥的功能，促进父亲远程参与留守儿童的发展与教育，就可以恢复父亲在留守儿童生活中的“心理在位”。

目前社区的志愿者和工作人员大部分承担了陪伴妈妈的角色，但是忽视了父亲缺位对留守儿童带来的影响，社区组织活动时可以尝试更多男性角色的介入，留守儿童在与男性志愿者互动的时候可以短暂地体验到父亲在位的感受，也从男性志愿者的行为模式中寻找社会化的发展方向和具体参照，同时强化留守儿童对社会规范的认识。

心理叙事

13岁的露露是安徽的一名留守儿童，她的爸爸妈妈要远赴杭州打工。露露追车跑了200多米，直到载着爸爸妈妈的车消失在视线之外。尽管她的父母也于心不忍，但因为在家务农的收入远不能与城市里面的工资待遇相比，她的父母还是跟同村绝大多数的中青年一样，选择将自己的孩子交给奶奶抚养，而自己去往大城市谋生计。

露露还有一个8岁的妹妹和6岁的弟弟，年迈的爷爷常年卧床不起，懂事的露露从小就学会给家里分担各类家务，除了上学时间，露露还要为弟弟妹妹洗衣做饭，在奶奶从地里忙完回来之前，露露就要做好一家人的饭菜，并为家里的两头猪准备好食物，在睡觉之前还要照顾好弟弟妹妹洗脚睡觉之后才能去完成自己的家庭作业。有时候想妈妈想得厉害的时候，她就悄悄跑到衣柜拿出妈妈留在家里的几件衣服抱在怀里，不停地闻上面的气味。

因为平时很少有时间跟同学出去玩，放学一回家就要回去照看弟弟妹妹，她跟其他同学的交流非常少，性格也非常内向，也习惯于将自己的悲伤藏在心里。最近一次妈妈打电话回来时表示，爸爸妈妈发生了一些争吵，她可能过年的时候不会再回来了。本就敏感的露露内心开始更为恐慌，更不愿意与他人交流，不知道是不是自己做得不够好，越发沉默的露露感觉生活的希望越来越渺茫，成绩也随之一落千丈，甚至想要结束生命，而此时奶奶却表示露露反正也学习不好，不如跟着那些大一点的孩子早点出去打工，还可以给家里减轻负担……

露露身边也没有朋友或者家庭外的支持。她家在一个人烟稀少的半山坡上，她仅有的一个伯伯家里也刚遭遇变故，无法为她提供任何一点的支持。

案例分析

案例中的露露已经出现了抑郁症的一些早期表现，例如情绪持续低落、回避社交、自我否定、无望及无助感。露露的支持系统比较薄弱，父母不仅距离很远，而且对于露露的情感需求保持忽视的态度，强烈的不确定感和缺乏归属感让露露感到没有希望。

布朗芬布伦纳的社会生态系统理论强调个体的成长和发展与环境密不可分，我们可以通过露露所在的不同维度的系统去考察她产生心理问题的原因。具体的系统包括三个维度，从个体微观层面来看，留守儿童处在心理成长和发展的快速期，处在勤奋对自卑的心理冲突中，想逐渐增加对世界的控制感，通过互动获得勤奋感，在这个过程中期待获得来自父母、亲人和小伙伴的关注和支持。由于父母在外务工，露露难获得足够的支持和关注，她通过照顾弟弟妹妹和帮家人做家务来获得关注，当她意识到她的付出并不能换得父母回家时，她出现了失控感和恐慌感，并且怀疑是不是因为自己做得不够好。

从露露所在的家庭、学校和同伴的中观系统来看，露露的家庭关系疏远，情感淡化，露露虽然对母亲有强烈的情感依恋，但是母亲对这一部分依恋是忽视的态度，其他监护人（如爷爷和奶奶）和亲友也没及时地让其体验到家庭的温暖；露露的朋辈支持很弱，支持系统不完善，她性格内向又因照顾弟弟妹妹挤压了人际交往的时间，所以在同辈关系中处于人际交往的边缘地带。

从社区的宏观系统来看，在传统的农村生活中，村民按照亲疏远近处理人际关系，对于自身并无亲属关系的人群的认同度有限，他们自身农活繁忙，也无暇给周围的人情感支持，自然无法给予露露相应的情感支持。

从个体、中观和宏观三个层面分析不难发现，露露的发展不仅受自身性格和心理问题的阻碍，同时与其相互交织的家庭、朋辈、学校和社区也在影响着她的成长，因此需要有针对性地分层进行介入。其所在社区的工作人员决定强调露露的社区感，让露露感受到与社区中其他人的相互连接，感受到来自社区的支持和帮助，让露露和周边的人和事物慢慢建立起一种相互信任、关怀的关系，从而帮助其完善良好的社会支持系统。

宏观层面，社区人员给露露进行个人和家庭的上门谈话和事务安排，包括为其申请政府的留守儿童低保补贴等。中观层面，社区中心的工作人员与露露的奶奶积极沟通，最重要的是，鼓励露露在与妈妈的电话沟通中，表达自己的内心真实想法。然后，工作人员引导露露寻求更广泛的支持，比如同学与邻里中与她有相同处境的孩子，让露露和这些孩子在相处中体验到共享的情感联结，彼此在一起时相互照顾和信任。个体层面，工作人员就露露最近的学习状况与老师进行交流，及时与老师交流露露生活与学习上的事情，帮助其摆脱自身的性格缺陷。这就是社区心理学从生态学思维所强调的人与环境之间的相互作用，从只关注露露和她的家庭处境，转变为关注她和社区之间的联系，让露露在社区中获得情感联结，增强社区感。

露露在这个过程中得到了很多帮助，她不再一味地把自己封闭起来，而是学会了将自己的想法与他人交流，这很大程度上拓宽了她寻求支持的途径。她袒露自己的心事从而缓解了她与父母之间的矛盾，她妈妈开始每周给她打电话询问近况，告诉她一些工作时遇见的新鲜事。露露还通过社区创建的“留守儿童之家”结识了许多跟她有着同样境遇的朋友，有些朋友甚至比她的家庭条件更为艰苦。露露在与朋友们相处的过程中,在彼此身上找到了坚持的动力,为彼此提供了精神上的支持。虽然家庭的经济问题还是存在着,但拿到政府补贴后的奶奶开始有意识地给孩子们购置一些日常文具用品,这对露露和弟弟妹妹来说无疑是莫大的惊喜。

事实上,对于像露露这样的孩子来说,她所处的困境已经对她的心灵造成了一定的伤害。在这种时候,仅靠给儿童进行单方面的心理疏导,鼓励其自己成长的作用是非常有限的。很多时候儿童遇到的心理问题并不只是儿童自身的问题,若家庭和社区都能够为其提供一些支持,对儿童走出心理困境、长效维持心理健康会有很多帮助。通过社区的积极干预,可以预防或消除留守家庭由于经济等各方面的因素所导致的留守儿童的心理健康隐患。

插入板块

儿童青少年抑郁症的主要表现

儿童、青少年抑郁症的识别率低,诊断难度大,临床表现有以下特点。

1. 情绪波动大,行为冲动。成人抑郁症常见的表现如体重减轻、食欲下降、睡眠障碍、自卑和自责。这些在患抑郁症的儿童青少年身上却不常见,相反,激惹、发脾气、离家出走、学习成绩下降和拒绝上学却十分常见。

2. 部分儿童还不能准确表达内心的感受,如愤怒和沮丧等。

3. 不同的年龄段各有特点:研究发现3—5岁学龄前儿童主要表现为明显对游戏失去兴趣,在游戏中不断有自卑自责、自残和自杀表现。6—8岁的儿童主要有躯体化症状如腹部疼痛、头痛、不舒服等,其他有痛哭流涕、大声喊叫、无法解释的激惹和冲动。9—12岁的儿童更多出现空虚无聊、自信心低下、自责自罪、无助无望、离家出走、恐惧死亡。12—18岁的青少年更多出现冲动、易激惹、行为改变、鲁莽不计后果、学习成绩下降和拒绝上学。

像露露这样的例子,还有多少没有被注意到?社区能够做些什么来预防或者减轻像露露这样的留守儿童所承受的负担和经历的痛苦?为更多的人提供心理健康服务是很必要的，但是为每一个人都提供专业的心理治疗将是一笔巨额开销。在社区水平上满足个体的需要和提供资源，是非常有价值和效率的一种思路转换。充分利用社会力量带来的系统优化效益通常是无法估量的。

认识到社区影响个体生活的同时，也应该意识到作为社区中的个体，特别是当个体与他人互动时，其实也会影响以及改变社区的氛围，从而进一步对所处的社区起作用。比如可以让更多的社会资源分配到留守儿童身上，使很多身处困境的留守儿童得到救助。还可以成立长期的留守儿童自助团体，使社区留守儿童的心理韧性与互助能力都得到提高，从而促进留守儿童所在学校的教育教学工作和社区服务活动的顺利开展。这一切都告诉我们，留守儿童的行为在社区中可能形成涉及学校、社区甚至是整个社会的连环效应，每个留守儿童与社区都是相互联结、相互作用的。比如，当思考什么会影响小学一年级学生的学习情况时，首先想到的可能是儿童学习能力或者老师的教学水平，而事实上，老师和每个学生的关系、儿童与家长的关系、老师与学生家长的关系，包括班级所在的教室环境、学校所在的区域及社区，甚至是教育政策，这些因素都会对儿童的学习产生直接或间接的影响。任何的个体都不是孤立存在的，应当认识到社区中的各方面因素对留守儿童的作用。

心理学家温尼科特提出良好的养育环境需要关系的存在，这个关系在理想状态下需要母亲以孩子为中心，提供抱持性环境。但是一些替代性的关系也能够作为“假妈妈”的存在，维持孩子基本的情感需求，社区可以通过建立替代性的关系让留守儿童感觉到身边有人愿意和他在一起，这样的客体进入孩子的世界之后，他们的安全感会慢慢被重塑并获得矫正性的情感体验。

个体与社区联结的意义不仅在于其相互作用、不可分割，更现实地表现为这种联结能够在社会资源相对匮乏的农村留守儿童社区中，更好地达到资源的循环利用。对于一个家庭来说，什么资源是最重要的呢？时间、教育、注意力、情感支持、金钱……对于大多数与爷爷奶奶生活在一起的留守儿童而言，可能经常将大部分的思念和期待放在逢年过节才见一面的父母上，而没有意识到爷爷奶奶或者其他监护人一直在身边给予关爱。直到生活中遇到压力事件，可能才会意识到身边已有的人对自己的支持是多么重要。其实，每个家庭成员都可以提供有效的资源，有些人能够提供具体的物质资源，有些人能够提供精神支持。对于留守儿童而言，成长过程中长期与父母分离并缺少情感联系，父母亲带来的更多的是物质上的支持。如果爷爷奶奶或其他监护人能够和留守儿童建立良好的、相互信任的和谐关系，就能够在很大程度上给留守儿童提供精神支持。

所有的个体都能在社区体系中实现自己资源的配置最优化，这正是个体与社区联结的突出意义。有学者曾经进行了一项研究，他以低收入的社区人群为研究对象，探讨在经济条件极其有限的情况下怎样实现更好的家庭功能运转，最终胜出的是资源共享的模式。具体来说，在经济条件较差的社区中，居民可以进行资源共享。这种分享模式对于资源匮乏的留守儿童家庭而言，无疑也是可以借鉴的。大多数留守儿童聚居的农村社区，尚处于“熟人社会”，邻里亲戚之间非常重视“人情往来”，这种文化非常有利于个体与同社区的其他个体之间实现有意义的联结。对于留守儿童而言，监护人与其他社区个体之间的互助和资源有效循环对儿童将来的人际交往以及行为处世产生价值观层面的积极影响。留守儿童也能与同伴实现自己范围内已有资源的合理配置与循环，例如学习领先的留守儿童可以给其他儿童提供学习上的辅导，其他儿童则可以帮助分担家务等。总之，邻里互助是互相提供物质支持和社会支持的重要形式。

三、社区中的光与热

社区组织积极探索、开展了一大批极具特色的活动，为留守儿童的健康成长保驾护航。在安徽省临泉县的李庄村，村民委员会组织开办了留守儿童“假期乐园”。从每个村民组中找出1—2间闲置房作为留守儿童的活动场地，从计生协会会员的积极分子中，选2名具有一定文化程度的老党员、教师等担任“假期乐园”的园长，同时村计划生育协会采取向政府争取、会员捐助等方式，为每个“假期乐园”配备了儿童读物、象棋、军棋、跳棋等，以增加“假期乐园”对留守儿童的吸引力。在山东省枣庄市冯卯镇,每年春节或者农闲时节,各村都召开“留守儿童学习生活情况通报会”“解决难题会”等,还开设了留守儿童爷爷奶奶家教培训班、临时托管亲属培训班、代理家长培训班等。在浙江省开化县音坑乡姚家村,在市、县、乡三级计划生育协会帮助下,成立了留守儿童俱乐部。通过调查留守儿童的生活状况和心理健康状况,建立了留守儿童档案盒、联系卡。村两委还把村里一处集体闲置房屋修葺一新,作为俱乐部的活动场所,配置了电视、篮球、排球、象棋、跳棋、图书等。同时,成立留守儿童管理小组,管理小组由留守儿童的长辈、幼儿园老师、志愿者等组成,为留守儿童制定活动计划。该村还设立了留守儿童基金会,基金会已筹集各方捐款5000多元,基金将主要用于困难家庭和患病儿童的慰问和救助。四川省彭州市军乐镇则开办了留守儿童兴趣教学点,教学点在每个村都设有“三留人员活动室”,由6名志愿者轮流到军乐镇的1个社区、11个村进行教学,保证每个村每个周末都有一天开办兴趣班。

社区设备的完善及服务人员的安排为留守儿童营造了“大家庭”的氛围,在这个宏观的家庭氛围下,他们既能够获得身边年长一些的志愿者的关注和支持,也能获得同辈的陪伴与关注。社区通过宏观系统去影响留守儿童的中观系统和微观系统,为留守儿童的成长提供情感联结、互助接纳以及参与社会活动的机会。社区中的微光照亮留守儿童成长的道路,温暖了留守儿童被忽视的心灵。

心理叙事

2017年11月2日下午,绵阳市涪城区花园南街社区活动室迎来了一群小“客人”,他们或是捧着《海底两万里》等经典读物,安安静静地阅读,或是在社区志愿者的指导下玩着互动小游戏。社区志愿者郭鹏一边帮孩子取书架上的图书,一边告诉记者,这十几位小朋友都是留守儿童,每天放学之后都会来报到。

铁牛社区近日举办了主题为“小鬼当家,我能行”关爱留守儿童活动。孩子们把从家里带来的废旧塑料瓶、易拉罐、一次性杯子等物品,用小剪刀细心剪裁,然后组装粘贴,不一会儿,孩子们心中的机器人、装鲜花的瓶子等创意作品就新鲜出炉了。他们拿着自己亲手做的充满创意的小物品,脸上洋溢着笑容。

“太好玩了，以前不知道废旧物品也能做出这么漂亮的小东西，在这里，每天我都收获很多”，社区留守儿童贾莹莹说。

社区还邀请专业剪纸老师教孩子们学习剪纸艺术，不一会儿，金鱼、蝴蝶、苹果就从孩子们的剪刀下跃然而出了。手捧着一幅幅自己精心剪出的作品，孩子们脸上绽开了幸福快乐的笑容。

涪城区临园路东段社区则通过亲情QQ加强了留守儿童与妈妈的温馨交流。“妈妈，我很好，生活好，学习好，身体也很好，您安心工作吧！”远在上海的妈妈看到女儿健康活泼的样子放心地笑了。日前，留守儿童李增飞同学在“留守儿童之家”活动室通过“亲情QQ”与妈妈视频，高兴地谈着心。

为了给留守儿童营造一个温馨的家，临园路东段社区建立了留守儿童之家，配有音响、电视、电脑、体育用品等，同时订阅了少儿画王、画报、各类科技读物4000余册。开通了“亲情电话”“亲情QQ”，方便留守儿童与远在他乡打工的父母沟通，孩子们在这里找到了快乐，告别了孤独。

游仙区沈家坝东街社区志愿者近日走进社区留守儿童活动站，为孩子们上了一堂别开生面的安全知识课。课后，志愿者们陪孩子们一起做游戏，既了解了留守儿童的学习和生活情况，倾听了他们的心声，又增加了他们的生活乐趣。“希望多开展这样的活动，让留守儿童在充满爱与温暖的环境中健康快乐地成长。”社区居民赵强说。

沈家坝东街工作人员表示：“关爱留守儿童是社区志愿者义不容辞的责任，希望大家都能够播撒爱的阳光，为留守孩子做一些有意义的事情。”

（绵阳新闻网“留守儿童多快乐，共享社区大家庭”）

案例分析

上述案例中，我们不难看出，随着政府以及民间的关注度不断提高，以社区为单位开展关爱留守儿童的活动已经取得了一些成果，活动形式以及内容也日渐丰富。我们看到，在社区层面开展的针对留守儿童的活动，使儿童感受到来自身边的关爱，丰富了内心世界，同时也在与人交往和互动中促进其心理健康发展以及人格的完善。

值得一提的是，不少社区在开展具体的留守儿童志愿关爱服务活动的同时，也开始将留守儿童家庭与学校、其他社区成员的资源整合起来，使关爱活动更为系统化。比如有留守儿童教育保护试点的农村坚持每年对外出务工的村民进行登记造册，给予贫困的留守儿童家庭特别的关注，为他们获取帮扶准备材料，积极申请民政部门的家庭救助和学习费用的减免。社区村民在农忙时节自发地为贫困留守儿童家庭提供帮工。很多村委会还在村党员会议、村干部会议、村民代表大会，将留守儿童问题作为重要的议事日程之一。比如针对暑假期间儿童到水源地活动的安全问题，村委会向全村进行安全警示宣传，村民也自发履行义务，尤其是水库沟渠附近农户的积极参与，让监护人对留守儿童在周围玩耍时的安全问题放在心上。在靠近公路的村社中，村委还不定期地向村民宣传交通安全知识。总之，村民对留守儿童的关爱意识大幅度提高，留守儿童不但不会因为父母外出务工而受到社区中其他人的伤害和欺负，反而可以得到更多的关注和爱护。

由此可见，通过调动社区内部不同群体的资源和积极性，充分发挥社区服务的作用，从而促进社区人口集体意识的成熟和发展，进而巩固社区整合的社会资本基础，是一种非常有效的丰富留守儿童社会支持的方式。

四、社区中的心理健康教育

社区的人文环境和物理环境都会对心理健康产生潜移默化的影响。文明美丽、安全和谐且生活、体育、娱乐设施齐全的社区环境会促进留守儿童的心理健康。

社区的文化环境落后、活动场地有限、娱乐场所经营不规范等因素，可能会危害留守儿童的心理健康。针对社区建设现状，一方面必须坚定信念，积极发挥社区在留守儿童心理健康发展教育中的作用。另一方面在目前活动形式无针对性、活动内容无系统性和连续性的情况下，规范组织关爱活动，减少负面影响，使社区关爱活动真正地促进留守儿童的心理健康发展教育。关键要注意以下几点。

1.增强防御能力，预防重于治理

社区心理服务和干预的重心是发展和提高个体参与社区的能力，而不仅限于干预人们的心理障碍。从优势视角出发，留守儿童心理健康教育的重点应该是发掘并提高留守儿童适应环境的能力，如自立自强的精神、勤劳务实的态度、淳朴敦厚的性格，以及热爱自然的情感等，增强儿童对心理问题的防御能力。这样不仅能减少严重心理问题的发生，也能充分利用现有资源降低教育成本，并且能让留守儿童获得自我帮助的能力，达到助人自助的教育目标。

2.坚持系统论观点，重视社区乃至社会环境的改善

要提高留守儿童的心理健康水平，不仅要针对个体进行教育和辅导，而且要改善留守儿童成长的班级、学校、家庭、社区和社会环境。班级方面，以班主任为主导营造积极上进、团结互助的班风；学校方面，转变教育观念，关注心理健康，为学生创造一个安全、关爱和优美的校园环境；家庭方面，由政府或基层组织向家长及代理监护人做好中学生心理健康知识的宣传，促进家长多与儿童进行心灵沟通；社区方面，规范娱乐场所，建立相关组织为留守儿童提供心理健康服务，提供相应的软硬件设施；社会方面，净化社会风气，改变不合理制度，落实相关的法律法规，为留守儿童成长提供良好的社会环境。

3.全社会的参与和协调发展

社区心理学家主张,社区心理学工作者不仅要为部分人提供直接服务,而且要向社会公众广泛传播相关的知识与技能,实现全社会的参与和协调发展。鉴于此,有关留守儿童的相关心理健康教育工作者不仅要为有心理问题的儿童提供直接心理辅导,而且要为全体师生及家长,甚至向社会大众传播相关知识与技能。很多家长存在一些心理误区,认为儿童的教育问题走进学校就是学校的事情,心理健康教育工作者需要对儿童的父母以及监护人进行心理健康知识与教育的普及,促进家长与学校的联系,更好地保障留守儿童生活环境的健康有序。专业心理健康教师要与其他教育工作者协调合作,促进他们将心理健康的理念和方法融入日常的教育教学之中。教育部门在加强对专业心理健康教育工作者培养的同时,还要对其他教育工作者进行心理健康教育。这样既能很好地解决专业师资力量缺乏的问题,又能提升教育工作者的心理健康水平,最终促进留守儿童的健康成长。

4.善用团体心理辅导

个体心理咨询服务对象有限,社区心理学工作者在有限的资源下可以利用团体心理辅导的方式提升留守儿童的心理健康素养。留守儿童心理发展性问题居多,团体心理辅导可以通过开展不同主题的活动让留守儿童在团体互动中发生自然的变化,朝着更加积极的和建设性的方向发展。

充分发挥好学校系统的主导作用、个体系统的能动作用,同时也要重视家庭系统的基础作用以及社会系统的辅助作用。在整个系统的发展过程中,让每一个系统以及各系统内部的各因素相互作用,保障好各个系统协同健康发展,从更深更全面的层次为留守儿童的心理健康教育保驾护航。

五、学校教育的保驾护航

留守儿童与其家庭中的重要他人构成了留守儿童的近端环境,学校、同伴及社区则构成了留守儿童的远端环境。留守儿童在这些环境中生活、生存以及形成个人特性，都是人与环境互动过程的一部分。留守儿童在家庭教育弱化的情况下，学校积极、主动的教育管理可以在某种程度上弥补家庭教育的缺失，在一定范围内加强对他们的关注和呵护，有助于为他们营造健康的心理环境。在国家社科基金的支持下，张义烈所在的课题组于2011年起对西部地区8个省份的留守儿童进行了长达两年的调查研究，调查发现28%的留守儿童对自己的学校非常满意，37%的留守儿童表示满意，大多数留守儿童对自己的学校是较为满意的。在三千多名被调查者中，有38%的人遇到困难最先向老师请求帮助，43%的人会先向同学或朋友请求帮助，最先向家人求助的仅占9.5%。由此可见，教师与留守儿童的关系构成了留守儿童重要的学校支持环境，而学生则以同伴网络的方式影响着留守儿童的关系支持环境。

1.师生关系的力量：亲其师，信其道

留守儿童的师生关系是一个由多重关系构成的复杂体系。陈桂生教授认为，师生关系实际上存在三层相互影响的关系：社会关系、教育关系和人际关系，忽视其中的任何一种关系都会使师生关系不够饱满。每种关系会因师生需求和环境不同而有不同的表现。因为父母或其中一方的缺失，教师作为“重要他人”的角色对留守儿童的学校生活会产生更大的影响，师生关系的质量影响着留守儿童最初的社会适应。

心理叙事

今年32岁的尹小燕，曾经是一名“留守儿童”。父母常年在外打工，她和姐姐留守在乡村读书。幸运的是，她在小学二年级时，遇到了人生中最难忘的杜鹃老师。

“杜老师给了我母亲般的温暖。”尹小燕说，由于父母不在身边，终日脏兮兮的她被同学们嫌弃。后来，杜老师来了，还带来一把小梳子，给她梳头，给她捉头上的虱子，在她考试不及格的时候鼓励她，“我们的小燕子啊，可聪明了，随便学学就差点及格了。”

当她取得进步时，杜老师会亲吻她的脸颊，当着同学们的面表扬她，安排她当语文课代表。从那时起，尹小燕就暗暗立下志向：长大以后，我也要当老师，当一个像杜老师一样的好老师。

2013年，尹小燕以优异的成绩从阜阳师范大学毕业。毕业后，她在武昌的一家培训机构当了两年的习作主讲老师。因出嫁迁居至江夏乌龙泉街团结村后，她又遇到了人生中第二个对她影响至深的人——杨桐小学校长任贤广。该小学教师人手不足，任校长听说她毕业于师范大学，又曾从事过教育工作，于是请她到杨桐小学代课，她欣然同意。

（《长江日报》2021年8月）

案例分析

在本案例中，留守儿童母亲的缺位让小燕在同学面前抬不起头，而杜老师及时关注并且给予适当保护，让小燕感受到了母亲般的温暖，这种良好的人际关系同时也有助于教学任务的完成。教育活动中，让学生“亲其师”方能“信其道”，这是对教师教育工作的要求，也是在教师教学活动中深刻体验着的实践验证的道理。对于留守儿童来说，他们的家庭结构不完整，学校老师对于留守儿童来说是另一个“重要他人”，在上学期间与老师相处的时间更长，所以老师有更多的机会对留守儿童进行教育指导和人生导航。

小燕成绩不及格的时候，杜老师不仅没有责骂，而且表达了对小燕学习潜力的认可，当小燕获得进步的时候，杜老师会表扬她。对于留守儿童来说，如果在学业方面总是无法获得成功，则可能造成习得性无助，失望之后丧失学习兴趣，甚至辍学。皮格马利翁效应理论认为，在良好关系的基础上，教师的期望可以激发学生的学习动机，提高其学习效能。当杜老师以语言和非语言的方式，将期待传递给学生之后，学生感受到这种期待，结合师生关系及自我的信念系统对期待进行解释，进而形成自我期待和自我肯定。个体的自我概念中有一部分“镜像我”，是通过他人的评价而获得对自己的认知，当他们认为自己是有用的、有价值的，自我就会向积极的方面发展。

留守儿童的教师，在学习上作为留守儿童的引导者，在生活上是留守儿童的照顾者，在思想上是留守儿童的指路者，在心理上是留守儿童的保护者，在遇到矛盾和冲突的时候是留守儿童的支持者。这样的师生关系突破了一般的教育关系，对于教师角色的要求更高。总而言之，良好的师生关系有助于营造温暖、积极的学习氛围，提高留守儿童对学校的归属感，激发学生的学习动机。

2. 同伴关系的影响:近朱者赤近墨者黑

学校环境中除了教师,还有同学,同学之间以同伴的方式相互影响。同伴关系不同于留守儿童与老师之间的垂直关系,他们之间的人际互动是平行、平等的。留守儿童在同伴关系中获得自我认同的同时,也受同伴的影响形成积极或者消极的自我意识。

留守儿童缺少父母的情感给予,进入学校开始接触新的人际关系,随着年龄增大,在人际交往方面逐渐将情感投向同伴。如果留守儿童可以和同学维持相互依靠和信任的关系,获得同学的接纳和理解,可以在一定程度上弥补家庭情感的缺失,降低他们的孤独感。同伴群体通过平等的关系赋予留守儿童自我价值的肯定,留守儿童的能力被同伴证实,获得更好的激励,促进积极的行为。

相反,如果留守儿童在学校同伴交往中体验到较多的人际拒绝,则可能更加封闭自己,导致在学校适应不良的行为,甚至会回避学校,厌恶学习。2017年,网易新闻报道,近50%的在校留守儿童曾遭受过校园欺凌。欺凌对于成长在"不完整"的家庭环境中的留守儿童来说,无疑是雪上加霜。除了是欺凌的受害者,留守儿童在长期受到欺凌之后还可能转为实施者。学校应充分发挥教育和监督的作用,为学生创造一个友好、安全的环境,充分重视学校里的校园霸凌问题,关注留守儿童的心理健康和行为发展。

六、留守儿童的学校教育资源

农村留守儿童是留守儿童的主体,随着社会的发展和对留守儿童教育资源的关注,农村教育明显得到改善,但与城市相比,还存在一定差距。张义烈等人关于农村留守儿童的调查表明,当谈到认为学校哪些方面需要改进时,有47%的孩子认为学校的环境需要改善,有16%的孩子认为教师素质有待提高,19%的孩子认为教学设施需要完善。由此可见,留守儿童所在学校的环境大多需要改善,教师素质和教学设施水平都有待提高。一方面农村学校的校园建设资金有限,难以为留守儿童打造良好的学习空间,无论是教室环境,还是辅助设施,都限制了教学活动的开展;另一方面,农村学校普遍存在师资不足、教师结构不合理的现象,不少教师不具备现代化的教育理念。

心理叙事

我们村里还有许多留守儿童,村子里有所小学。有一回,回老家去看了眼这所小学,国家虽然出资盖了新的校舍,可是班里依旧只有一块黑漆漆的黑板,一张讲桌,数十张桌椅。没有多媒体,没有空调,甚至连电视和暖气都没有。上课依旧是老师在黑板上写,学生们在下面记笔记。

学校里也有一间多媒体教室,我就说道:“校长,不错呀,咱学校还有多媒体教室了。”上音乐课的时候,老师可以带着孩子们弹弹琴、唱唱歌了,终于不用上音乐课就在班里写作业了。校长摇摇头告诉我说:“设施虽然是有了,可是老师们也都没学过,大家也不会呀。”我说:“不是招的有特岗教师吗?”校长摇着头苦笑着说道:“特岗教师没有经过专门的艺术培训,他们也不知道如何教授孩子。”

案例分析

在各种帮扶下,留守儿童受教育的环境发生很大变化,但是仍存在教育设施落后的现象,即使配置了教学设施,也可能因教师不会操作,而造成教育设施的闲置。

相比于其他教师,留守儿童教师的工作负荷量更大,由于师资力量有限,不少教师同时兼任不止一门课程。而相比于城市的教师,农村较多的学校教师缺少外出培训的机会,自我提升的速度慢。同时忙于承担前面提到的其他角色,也消耗了他们的精力,无暇顾及自我提升和发展。

为了丰富留守儿童的教育资源,政府出台了一系列帮扶政策和措施,希望吸引更多优秀的人才来到乡村,为留守儿童带来更先进的教育理念,并且通过充满活力的教学课堂来激发学生的学习热情。这些措施虽然在一定程度上为留守儿童带来了较好的资源,但由于教学环境比较艰苦,住宿环境比较简陋,交通不便利,特岗教师的流失率比较高。大部分特岗教师在任期满三年以后通过各种方法调到县城的学校任教,而小部分的特岗教师则会选择离职,选择外出就业。

留守儿童教育环境想要改善，也需要让来支教或者通过其他方式过来教学的教师们看见职业发展的希望。各级政府应关心农村教师成长，积极推进城乡教育一体化发展，鼓励引导城市教师深入“农村支教”“下乡送课”，改善农村学校的教育环境，使农村教师单向流动到城市的局面得以改善，从而推动城乡教育的均衡发展。

七、“三留守”困境

随着越来越多的中青年农民涌入城市打工或经商，在广大农村也随之产生了一个特殊的群体——“三留守人员”，即留守儿童、留守妇女、留守老人。“三留守”使得农村的实际人口发生结构性失衡，成为一个不容忽视的社会问题和亟待解决的难题。

对于留守儿童而言，他们与父母聚少离多，缺少情感联结，加上学习、生活各方面的挑战，特别容易在心理健康方面出现问题。对于留守妇女而言，既要照顾孩子，又要赡养老人，还要照顾家庭；与丈夫长期两地分居，不论是身体还是精神压力都过大。对于留守老人而言，大部分还承担着力所能及的农活、家务活，不但身体劳累，因缺乏家庭氛围，精神生活也比较单调。并且老年人疾病困扰也多，存在留守老人“生不起病、买不起药、有病不医”的情况。

党的十八届三中全会、党的十九大明确提出，健全农村留守儿童、妇女、老年人的关爱服务体系。健全农村“三留守”人员关爱服务体系，有利于提升广大农村家庭的切身利益，有利于提升他们的幸福感和获得感，有利于农村地区的稳定与发展，有利于社会主义改革开放的成果全民共享。

心理叙事

在四川省川西平原西南边缘有一个县城，距成都106公里。全县总人口20万人，其中农业人口16万人，属于西部典型的农业小县。全县留守儿童5000余人，占全县儿童总数的13.9%，其中贫困留守儿童的比例为20.7%。在项目实施的4个村庄中，留守儿童的比例约为43%，留守人口约占总人口的三分之一。在这些村庄中，留守老人、留守妇女和留守儿童均面临着不同的困境和问题。留守老人的空巢现象突出，部分高龄老人缺乏照料；留守妇女在面临生产负担的同时承受着巨大的心理压力；留守儿童中出现的心理和性格问题令家长和老师颇为棘手，在一些偏远山区，贫困所引发的家庭破裂等现象也造成了一些留守儿童的突出问题。

针对以上问题，青神县社区儿童活动中心、妇女互助组、老人协会等联合在社区开展活动，促进留守人口之间的互助，使社区活力得以重建。在针对留守儿童的社区关爱活动中，社区儿童活动室提供了有形的空间载体。在这里，孩子们除了参加日常的阅读、文体和手工类活动之外，每逢重阳节、妇女节、儿童节、春节等重大节日，社区活动室管理员和社区项目协调人还会组织社区范围内的庆祝活动，既丰富了全体村民的闲暇生活，也通过活动的组织增进了留守儿童的亲子交流。

“三留守”是一个整体性的社会现象，理解和应对留守儿童问题不能忽略留守妇女和留守老人的生存境遇。因此，在资源有限的前提下，社区的留守儿童活动常常与留守妇女和留守老人的活动紧密结合。例如，在妇女互助活动中进行家庭教育培训；将儿童融入妇女和老人的社区活动中，让他们在活动中学习和了解当地的手工技能与传统文化；将妇女和儿童组成志愿服务队，为留守老人和高龄老人提供生活服务。

（中国青年网2016年2月29日报道）

案例分析

有的农村社区面临着无法回避的经济支撑薄弱以及社区工作人员匮乏等困境。上述案例中，面对不利的困境，社区将留守儿童、留守妇女、留守老人的关爱活动结合起来，有效地促进了资源整合，增强了社区内的情感联结。

三大留守群体在某种程度上讲是相依为命的，在关爱留守儿童的过程中，需要结合其他两个留守群体，而不是一味地要求社区其他成员为留守儿童多付出。不同群体都存在自身的弱势和局限，但是在外部资源有限的情况下去整合社区内部不同群体的优势项，是值得其他广大农村社区借鉴的思路。一般而言，除了村委会和村支部，农村的社会群团组织还包括共青团、计生、妇女协会、老人协会等。但其中具有实体性质的组织为数不多。并且在大部分农村地区，妇女协会与计划生育协会基本上是重合的，且协会工作人员大多年龄较大，其工作重心也基本放在计划生育方面，导致妇女协会的实际作用未能充分发挥出来。

“三留守”问题的解决思路主要是需要发挥乡镇力量，建立一套完备的村级服务体系。在积极整合外部已有资源的前提下，将视线更多地聚焦于社区内部成员的自身结构与特色，在积极丰富关爱留守儿童活动的同时，将其与社区已有的政治、经济、文化等各方面建设事业与关爱活动联系起来，将人民福祉渗透于基层工作的环扣之中，使关爱留守儿童的活动在现有条件下稳健发展。

八、让留守儿童体验到社会支持

社会支持是指个体通过社会联系所能获得的他人物质或精神上的支持，优良的社会支持系统能够给人提供积极的心理情感体验和稳定的社会性回报。社会支持分为客观社会支持和主观社会支持。少年儿童阶段处于人生发展、社会化过程中的重要时期。对留守儿童来说，客观社会支持包括物质上的直接援助和社会网络；主观社会支持是指留守儿童在所处社会中受尊重、被支持、被理解的情感体验和满意程度。两种社会支持对留守儿童的心理健康具有不同的功能和作用。构建健全的社会支持系统，有益于留守儿童的心理健康和健全人格的发展。

社会支持系统是影响个体社会化过程中的重要因素，一方面包括客观条件的支持，另一方面包括对社会支持的感悟、评价和利用，即领悟社会支持。领悟社会支持是个体在经历社会、生活的过程中形成和发展的，对个体的焦虑、抑郁等消极情绪都会产生影响，进而影响个体的幸福感、人际关系、社会适应等。对于处在不利环境条件下的个体，领悟社会支持更是一种重要的应对资源，对个体的身心发展具有保护性作用。研究显示，领悟社会支持会有助于改善个体的抑郁、焦虑等情绪；领悟社会支持比实际社会支持更影响个体的适应性，更能预测个体的幸福感。

心理韧性是指个体在遭遇挫折情境下促使其追求自身的和谐发展，调动一切保护性资源实现良好适应的一种内在的心理潜能。社会支持作为一种保护性资源，可以通过激发儿童的心理韧性提高留守儿童的适应能力。当前很多研究过分关注环境的消极作用，忽视了个体发展的主动性。积极心理学认为人具有潜能和优势，不利的环境不一定导致留守儿童成为问题儿童，在这个动态的过程中，社会支持是一个强有力的保护因子或资源。

心理叙事

"我有时感觉自己就像一只流浪狗，没人爱也没人要"，一位留守儿童在接受采访的时候说道。阿娟和丈夫在小利两岁时就外出务工了，每年过年才回去一次，一次待个四五天，平时也很少给家里打电话，和小利的亲子关系很是淡薄，对小利的教育和成长更是毫无参与感。后来接到小利班主任的电话，说小利很是内向敏感，不爱和同学交流玩耍，但总因为和同学的一点小摩擦就情绪大变，希望小利的父母能引起重视、花时间陪伴教育，阿娟夫妇俩觉得是儿子性格问题便没放心上，直到后来小利奶奶打电话说小利用刀割伤自己住了院，这才意识到问题的严重性。

案例分析

小利长期与父母分离，而且父母在小利的成长中参与不多，在教师反馈小利的情况时，父母简单地将其归为性格问题，没有尝试理解小利的处境和行为模式，直到最后出事，父母才觉得错过了什么。小利感受不到父母的支持，长期的无助与无望感推着小利使用极端的方式伤害自己，每一个划痕对于小利来说是无声的倾诉，也是激烈的呼救。

留守儿童感受到的家庭支持很弱，与此同时，由于留守儿童的特殊生活环境，整个社会虽然在不断完善留守儿童的社会支持体系，对于相同的外部支持，留守儿童精神层面所感知到的主观支持较弱。在某种程度上，客观支持是留守儿童领悟支持的基础，足够的客观支持提供安全的成长环境，在这种安全的成长环境下，留守儿童才能调动资源和注意力去觉察自己所处环境中的支持。

心理叙事

唐向阳是典型的留守儿童，他的父母很早就去了浙江打工，每年只在过年回家一二十天。他因撤校合并学校离家太远，在姑姑家生活。他身上呈现出了留守儿童的一些共同特征。唐向阳现在刚上初一，因小学基础差，一直跟不上教学进度，学习成绩自然很差。此外他上课表现过于活跃、不听课，下课后也不和其他同学一起玩耍，经常不做家庭作业，也不愿参与集体活动，表现出留守儿童典型的孤僻、内向、不善于人际交往等特征。

案例分析

由于从幼儿期便开始了与父母的长期分离生活，唐向阳不仅与父母感情淡漠，在与其他人交往中也有猜疑、狭隘、孤僻等负面倾向。近年来的调查结果显示，一半以上的留守儿童不愿意与代管家长、教师和同学说心里话，感受不到外界的社会支持与关怀或对此视而不见。我们要让留守儿童领悟社会支持，就要让留守儿童对社会支持进行主观感悟，并且进行评价和利用。

俗话说“众人拾柴火焰高”。一个人的力量是有限的，尤其是对于留守儿童来说，其面临着更多的生活、成长中的挑战，这要求他们既要寻求社会支持的帮助，更要去主动地感知社会支持。虽然存在父母外出的特殊情况，但是留守儿童依然处在一个层层镶嵌的社区中，依然会有较多的社会支持提供给留守儿童，所以需要他们去主动地觉知社会支持。

领悟的能力越强，领悟到的社会支持越全面详细，越能抵消留守生活给其带来的负面感受。留守儿童这一特殊的社会群体于城市化进程中出现，其特有的“留守”特点，是他们遇到心理问题的主要原因。存在心理问题的留守儿童，大部分情况下对自我的认知偏消极。因此，应该将领悟社会支持与留守儿童的自我认知综合考虑，揭示和充分利用领悟社会支持对他们自我认知的影响。

调查发现，留守儿童的领悟社会支持水平低于非留守儿童，并且留守儿童内部的领悟社会支持水平也存在差异，留守儿童群体中有一部分儿童的领悟社会支持水平更低。但是从本质上来说，留守儿童不是问题儿童的代名词，留守儿童中也有一大部分儿童心理健康、社会适应良好、领悟社会支持水平较高。留守儿童的领悟社会支持水平是可以通过正确的觉知观念、方式来提高的，具有提高的现实可能性。

生活中客观的社会支持，有些是随处可见、随处可察的，而对于自我更为重要的、更可获得的是从自身角度来感知，即自我觉知社会支持的能力。提升自我领悟社会支持的能力，有利于塑造早期生活的认知方式；有助于形成安全感；它就像是阳光一样，带来希望。

插入板块

帮助留守儿童提升自我领悟社会支持水平的方法

让儿童对自己身边存在的客观社会支持有一定的认识。我们要让留守儿童了解到，虽然成长过程中父母的陪伴不多，但是身边还有其他人的存在，如祖父母、亲戚、老师、朋友、邻居等。他们都会在留守儿童遇到困难时伸出援助之手，使留守儿童依然可以感受到阳光般的温暖。

教会留守儿童在遇到困难时，思考下面三个问题。

1. 面临的问题或挑战是什么？

2. 应对这个问题或挑战，难处在哪里？

3. 如果自己无法解决，想一想谁可以理解、帮助应对问题或挑战？

九、预防与应对措施

1.家庭

首先,留守儿童的抚养人应尽早确定,不要随意更换,以免增加儿童的不安全感;其次,留守儿童父母应认识到儿童的经历以及亲子关系在儿童成长中的重要作用。父母平时在外地应多与儿童联系,尽可能创造与儿童在一起的机会,在增加沟通时间的同时注重"亲子沟通"的质量。父母要培养儿童的是非观念,通过直白的语言、行为让儿童明白父母虽然不能常伴身边,但却每时每刻都在关爱着他们。父母还应通过语言或切身经历让儿童体会到外出打工的辛苦,让留守儿童学习父母这种不怕吃苦的精神,并为有这样爱自己的父母而自豪。例如,可让儿童去实地参观、感受一下父母的工作,通过邮寄书、玩具、新衣、贺卡等方式让儿童感受到父母的关爱。

2.学校

在学校,老师应给予留守儿童更多的关心,多与留守儿童进行沟通,多观察他们的发展变化,及时了解、疏导他们的心理问题;引导他们多与同伴交往,从而让他们发现交往的乐趣,进行一定的"亲情弥补",使留守儿童形成与抚养人、老师、同伴间的深厚感情,避免他们情感世界的"荒漠化"。学校方面还应加强与家长的沟通,及时交流儿童的现状,共同呵护留守儿童的健康成长。

3.社区

社区推动留守儿童的社会支持建设工作,需要敢于创新。根据留守儿童的实际情况,应加强各个部门之间的互动与互助,也可以组建青年志愿者队伍开展下乡活动,并开展积极的宣传与讲解,从而转变农村居民对待留守儿童的观念,为留守儿童的健康发展提供宽松的社区环境。例如,招募志愿者当"代理家长"、成立"留守儿童活动中心"等,使更多有识之士能投入到关爱留守儿童的活动中来,让那些好的做法及其他更有新意、更有效的做法落实到每一位留守儿童身上。

第四章　留守儿童的情绪情感与危机干预

心理学家认为，情绪是客观世界是否符合或者满足自己的需要，而产生的一种心理体验。人们在日常学习、工作和生活中，时刻受到情绪情感的直接影响。

情绪和情感丰富、复杂并且多维，是人们主观世界中最核心的内容，影响我们活动的方方面面。多数情况下，人们不会特别区分情绪和情感这两个词，但是在某些特定的场合它们所表达的内容是不同的。我们常常把短暂且强烈的、在具体情境中发生的感情反应看作是情绪，比如高兴、悲伤、恐惧等；把稳定且持久的深沉体验看作是情感，比如自尊心、责任感、亲人之间的爱等。情绪具有情境性和短暂性的特点，是个体的需要与情境相互作用的过程，一旦情境发生变化，相应的情绪体验就会消失或改变。情感则主要指我们的内心体验和感受，具有稳定性和持久性，一经产生就比较稳定，一般不受情境左右，比如对亲人和朋友的爱就不会因为朋友是否在眼前而改变。积极的情绪情感是行动的第一动机，心情愉快时思路敏捷，在高涨的情绪下会全力以赴，克服种种困难，达到所追求的目标；积极的情绪情感也是人际交往的好帮手，能帮助人们互相了解，产生共鸣，传递信息，加强沟通，缩短心理距离，增进友谊。

情绪会影响儿童的健康，影响其对事物的看法以及为人处世的态度。心态良好的儿童能够保持乐观、积极向上，客观对待情绪困扰，主动调节并控制自己的情绪表达；而心态不好的儿童容易被负面情绪所主导，处于被动的地位，困在自我的小圈子里。有研究报告指出，留守儿童在焦虑、敌对等方面的得分高于一般标准。不少留守儿童的情绪不稳定，且长期处于消极情绪状态，对学习和生活造成很大影响。也有留守儿童对压力很敏感，并因此产生消极悲观情绪，丧失竞争的勇气和做事情的信心，从而莫名地烦恼、愤怒、抱怨、忧愁，甚至产生自伤或自杀的念头。

培养留守儿童的健康情绪情感，家长加强联系沟通是基础，学校管理细致到位是保障，社会的关爱是催化剂。留守儿童的情绪情感问题，需要家庭、学校和社会各方面的相互配合、共同努力去解决。

一、容易焦虑怎么办

焦虑是一种常见的情绪状态，是自尊心受到潜在威胁时产生担忧的反应倾向，是人们主观上预料到某种不良后果而产生的不安感，是紧张、害怕、担忧混合的情绪体验。面对重要的考试、表演时，就容易产生焦虑、紧张的情绪。焦虑常常会伴随一些身体的生理反应，比如肌肉紧张、出汗、嘴唇干涩、眩晕等。焦虑伴随的认知成分，主要是认为将来会发生不愉快的事，并过度聚焦于这种可能性。

留守儿童遇到的焦虑，主要源于以下几个方面。

首先，是学业压力。不论是农村还是城市，学校强调成绩的现象普遍存在，学龄期的儿童为了满足自我和父母的要求，以及社会的期望，希望获得一个好的成绩，所以当考试来临时就很容易产生焦虑。

其次，是特殊的家庭环境的影响。留守儿童的父母长期在外务工，家庭成员对儿童疏于关心，儿童对亲情的渴望无法得到满足，缺乏安全感，容易出现不良情绪。

最后，是周围的生活环境的影响。大部分儿童遇见情绪困扰时不会主动寻求帮助，学校或社区开展教育活动时如忽略对留守儿童的心理健康教育，就容易让情绪困扰愈发严重。

除考试焦虑外，留守儿童还可能因其他原因产生焦虑。比如，当面临某些不顺心的事情时，他们习惯用“打碎牙往肚子里咽”的方式处理，这很容易导致抑郁和焦虑。留守儿童由于父母长期外出打工，缺乏情感的支持，容易变得内向、孤独、暴躁。错误的自我评价，极端的自我认知，否认自己，父母外出产生的不安全感等，都会导致留守儿童产生情绪困扰。长期的消极情绪得不到有效释放，久而久之，就会造成紧张不安的情绪状态。

心理叙事

小玲是个用功的孩子，上课认真听讲，回家认真完成作业，在老师和家长的眼里，小玲都是个很乖的学生。小丽是小玲的好朋友，平时学习没有小玲用功，可是每次考试小丽都比小玲考得好，这让小玲压力很大。

不知不觉，期末考试又近了。考试前一晚，小玲还在不停地看书复习，就怕自己考得不好。半夜，小玲在床上翻来覆去睡不着，好不容易睡着了又很快被惊醒。早上小玲没有胃口吃饭，去学校的路上也一直很紧张，甚至感觉手脚有点发抖。进了考场，小玲脑子里突然空荡荡的，之前复习过的东西突然间全都想不起了。

小丽和小玲的父母都是一个村子里的邻居，也到了同一个城市打工。他们见面最常聊的就是他们的孩子，小玲的父母总说他们十分重视孩子的学习，为孩子付出了很多，孩子一定要考上好学校。每当这种时候小丽的父母就会劝他们别给孩子太大压力。

案例分析

小玲担心自己的复习和考试准备不够充分，害怕考不好，可能是因为小玲感受到了父母给予的巨大压力。小玲表现出的对考试的过分不安和畏惧就是考试焦虑的典型特点。小玲自幼勤奋好学，但是她对于学习成绩和考试的过度反应造成了焦虑不安、心神不宁、睡眠不稳、噩梦、心慌等问题。考试焦虑不仅影响孩子的学习成绩，还直接影响着孩子的身心健康。

导致考试焦虑的原因有很多，如儿童自我期望过高，希望自己能超水平发挥，当感到力不从心时，紧张和焦虑的心态便油然而生；或是儿童本身自信心不高、自尊心较强，总有一种害怕被淘汰的心理，也容易较多地体验到焦虑情绪；儿童考前的身体状况，失眠、过度疲劳、生病等也会产生高焦虑；父母、老师等周围人的高目标和要求，同学之间的竞争，也会让儿童出现郁闷、逆反心理，从而加重他们的心理压力。对于留守儿童来说，他们的考试焦虑可能并不是某一个因素导致的，而是多种因素综合作用产生的结果。留守儿童的认知方式和思维模式还在发展完善阶段，尚未成熟，多数留守儿童可能难以独自应对考试焦虑，因而需要父母和老师的积极行动，帮助他们减轻并克服考试焦虑。

实际上，焦虑对人们的影响是非常复杂的，既可能起到阻碍作用，也可能起到促进作用，成为积极行为的内驱力。心理学研究表明，如果人们完全没有焦虑情绪，就非常容易出现注意力涣散的情况，导致效率下降等；而过度的焦虑则会带来不良的影响，使人常常陷入无尽的紧张、恐惧等感受中，内心极度不安，注意力也不能集中，同时还容易产生头痛、失眠、食欲不振等不良生理反应；中等程度的焦虑其实可以让人们维持适度的紧张状态，更能保持注意力高度集中，充分发挥潜能，取得更好的成绩。

预防与应对措施

1.家庭

不少留守儿童的父母对孩子的期望值过高，对成绩过分看重，要求他们考试必须考出很好的成绩；有一些父母会对孩子说类似于“我们挣钱很不容易，你不好好学习怎么对得起我们”的话语来刺激他们；有的父母还会拿自己的孩子和其他孩子进行比较……这些都可能会引起儿童的考试焦虑。留守儿童的父母要正确认识儿童的个性、特长与实力，要尊重孩子、不苛求孩子。当儿童取得成就时要多多鼓励，未达到要求时也不能挖苦或者板着脸不搭理，而要体会孩子的感受，看到并认可孩子付出的努力。

在平时的教育中,父母要让留守儿童知道考试是学习的助手,是进行自我检验、自我测评的一个好机会,通过考试可以了解自己知识掌握的情况,而不是用好成绩去获得奖励或取悦他人。考得不好的时候也不用觉得丢脸,而是应该找出考不好的原因,调整学习方式,争取下次取得好成绩。将注意力全放在和其他同学的比较上,会加重学生的自我怀疑,还有可能丧失信心和勇气。

部分留守儿童由于父母长期不在身边,不满父母管教,常以“小时候不管我,现在凭什么来管”等话语去攻击自己的父母。儿童由于生活缺乏父母的细心照顾与情感交流,内心处于相对封闭的状态,更易产生负性情绪,受困于焦虑、抑郁、孤独等情绪问题,表现出更多的任性、冲动等行为特征。因此,父母要尽量理解儿童,尊重他们渴望独立的心理,在允许的范围内给予儿童私人空间。同时,不能过于放纵儿童,要时刻关注儿童的情绪问题,加强沟通,为儿童的不良情绪提供一个宣泄口,让儿童感受到家庭的支持。在对儿童进行教育的过程中,如果儿童脾气倔强,也要耐心教育,不要以命令训斥的口气责骂。要以说服教育为主,不能以粗暴的方式进行,否则儿童容易产生逆反心理。

2.学校

首先,学校应重视加强心理健康教育课程建设。重视留守儿童心理、品行等方面的教育。要加强对心理教师专业素养的要求,针对留守儿童设立专门的心理健康教育课程,并完善学校心理咨询室的建设。其他老师也要接受专业心理健康教育培训,加强对留守儿童的心理健康教育。

其次,对于跟儿童朝夕相处的班主任来说,应当正面激励儿童,帮助儿童进行适当的情绪调节。就考试焦虑来说,不少留守儿童对自己的能力评价过低,将考试没考好归结为自己能力不行。老师在平时的教育中,应引导留守儿童认识到考试是检验自己知识掌握的情况,是查漏补缺的过程,考不好的时候不用觉得丢脸,帮助儿童找出自己考试成绩不理想的客观与主观原因,在成功与失败上进行合理归因。这样有利于留守儿童形成积极的认知方式,提高对自身能力的评价,增强自信心。

另外,还可以定期举行情绪疏导的主题班会,帮助儿童学会疏导自己的情绪。在给予儿童充分尊重的基础上,鼓励他们“说出来”,聆听他们情绪上出现的问题,并选择合适、科学的方法进行情绪宣泄。同时班主任也要加强自我素质建设，学习情绪疏导的相关专业理论知识，丰富情绪疏导的方法技巧，让心理疏导更科学有效。

最后，应加强与留守儿童家长的联系，了解留守儿童的生活、心理等情况，随时关注他们的情绪状态，与家长共同对留守儿童进行教育。

插入板块

让儿童学会觉察情绪

情绪调节的第一步就是要觉察自己的情绪，也就是体会自己当下的状态，清楚地知道自己此时此刻处于怎样的情绪状态，与自己的感觉建立连接。只有认清自己的情绪，了解自己的感受，才有机会调节、掌控情绪。

怎么教会儿童觉察自己的情绪呢？

当儿童体会到一些不舒服的感觉时，让他们不要急着做出什么反应，不要急着安慰自己“没什么”，也不要否认自己的感受。可以让他们先试着什么都不要做，让自己停下来，调整呼吸频率，将注意力拉回到自己身上，留意自己此时此刻的情绪感受。

可以让儿童问问自己“我现在感觉到了什么、我在想什么、我在做什么”等问题，通过这些问题去体会、觉察自己内心的感受。要注意让儿童探索自己感觉到了什么，觉察我实际上感受到的是什么感觉，而不是强迫自己去想我应该有什么样的感觉。

让儿童试着画出自己的心情。用一张白纸和一些彩笔，用他们心中的颜色、线条和图案，画出自己此时此刻的内心体验。不需要事先构图，也不需要仔细思考，只是让手中的笔跟着自己的感觉走，随意画出自己的感受。他们画完后与他们讨论他们用到了哪些颜色、画出了什么内容，借助图画的形式帮助儿童直观地了解到自己的情绪情感。

3.社区

村委会定期对留守儿童家庭进行走访，了解留守儿童的情绪问题现状。开展情绪情感主题的心理健康讲座，科普儿童情绪调节的方法，提升带养人对儿童情绪问题的认识，帮助提高留守儿童的自我调控能力，培养留守儿童的个人素质。针对出现重大情绪问题的留守儿童，建立留守儿童一人一档，开展情感交流、心理辅导、精神陪护等工作，精准帮扶留守儿童，使留守儿童感受到来自社区的关爱和支持，减少留守儿童的孤独感。对于没有出现明显情绪方面问题的留守儿童，也要做好预防工作，定期组织心理健康知识讲座，引导带养人防患于未然。社区应设立心理健康教育指导中心，进行留守儿童的情绪疏导工作。

插入板块

SAS焦虑自评量表

SAS采用4级评分，主要评定项目所定义的症状出现的频度，其标准为："1"——没有或很少时间；"2"——小部分时间；"3"——相当多的时间；"4"——绝大部分或全部时间。(其中1、2、3、4均指计分分数)

注意：测验中的每一个问题都要回答，不要遗漏。心理测试只是辅助工具，不能直接视为诊断结果，不论是自己进行测试，或是在心理咨询与心理治疗中使用，都需要结合实际情况来进行判断。

1.我觉得比平时容易紧张和着急(焦虑) 1 2 3 4

2.我无缘无故地感到害怕(害怕) 1 2 3 4

3.我容易心里烦乱或觉得惊恐(惊恐) 1 2 3 4

4.我觉得我可能将要发疯(发疯感) 1 2 3 4

5.我觉得一切都很好，也不会发生什么不幸(不幸预感)1 2 3 4(反向记分)

6.我手脚发抖打战(手足颤抖) 1 2 3 4

7.我因为头痛、颈痛和背痛而苦恼(躯体疼痛) 1 2 3 4

8.我感觉容易衰弱和疲乏(乏力) 1 2 3 4

9.我觉得心平气和，并且容易安静地坐着(静坐不能)1 2 3 4(反向记分)

10.我觉得心跳得快(心悸) 1 2 3 4

11.我因为一阵阵头晕而苦恼(头昏)1 2 3 4
12.我有过晕倒发作,或觉得要晕倒似的(晕厥感)1 2 3 4
13.我呼气吸气都感到很容易(呼吸困难)1 2 3 4(反向记分)
14.我手脚麻木和刺痛(手足刺痛)1 2 3 4
15.我因胃痛和消化不良而苦恼(胃痛或消化不良)1 2 3 4
16.我常常要小便(尿意频数)1 2 3 4
17.我的手常常是干燥温暖的(多汗)1 2 3 4(反向记分)
18.我脸红发热(面部潮红)1 2 3 4
19.我容易入睡并且一夜睡得很好(睡眠障碍)1 2 3 4(反向记分)
20.我做噩梦(噩梦)1 2 3 4

“SAS”的主要统计指标为总分。在由自评者评定结束后,其中第5,9,13,17,19题为反向计分题,先将反向计分的题目得分进行反转,即1转换为4,2转换为3,3转换为2,4转换为1,而后将20个项目的各个得分相加,将和乘以1.25以后取得整数部分,就得到标准分。也可以通过搜索“粗分标准分换算表”做相同的转换。标准分越高,症状越严重。

此测验的分数越高,表示这方面的症状越严重。一般来说,焦虑总分低于50分者为正常;50—60分者为轻度焦虑,61—70分者是中度焦虑,70分以上者是重度焦虑。

二、远离抑郁情绪

抑郁情绪也是常见的、较为强烈的负性情绪。学业、情感等方面受挫,常常会让儿童陷入一种忧郁、愁闷的情绪状态,表现为情绪低落,缺乏激情和活力,对生活、学习失去兴趣,无法体验到快乐,行为活动水平下降,等等,偶尔也可能出现失眠、食欲下降等状况。但需要特别注意的是,虽然抑郁情绪与抑郁症之间有一定的联系,但抑郁情绪与抑郁症是两个完全不同的情况。

插入板块

抑郁情绪？抑郁症？

抑郁情绪属于一种不良情绪困扰，总是和伤害、挫折相伴，是一种正常的情绪。通常出现这种情绪状态是有明确的原因的，陷入忧郁、愁闷的情绪状态的时候，就算是钢铁硬汉也会流泪。因为某件负性事件刺激产生的悲伤情绪，持续时间并不会太久，也不会影响人们的正常生活和社会功能。这种情绪状态来得快，去得也快，不必把这种情绪困扰当作洪水猛兽。陷入抑郁情绪时，可以试着专注于自己的兴趣爱好，身边人的关心、问候和支持能够帮助当事人更快地摆脱这种情绪。如果儿童性格比较内向、孤僻、敏感多疑，则容易出现抑郁情绪困扰。

抑郁症是心境障碍的主要类型，是一种疾病，主要临床特征为显著而持久的心境低落，并且心境低落与当时的处境不相符，自我评价降低，快感缺失，持续时间较长。有精神疾病家族史的儿童和曾受到虐待或忽视的儿童易发抑郁症。抑郁症会严重影响个体的社会功能，主要表现是什么都不想做，吃饭、睡眠、学习生活等都会受到严重影响。对于抑郁症患者而言，身边人的关心、问候和支持的作用有限，靠个人的意志力很难摆脱，需要专业的医生、治疗师等进行干预与治疗。

为保障留守儿童的健康发展，需要家庭、学校、社区三方共同关注留守儿童的抑郁情绪，在必要的情况下对儿童进行适当的心理干预。

心理叙事

李晨今年24岁，是武汉某学院本科学生，由于精神疾病多次休学，至今尚未毕业。

李晨自小生长在农村，父母长年在外打工赚钱养家，他跟随奶奶长大，生性很敏感。2008年，李晨上初中时，正处于心理叛逆期。他经常控制不住自己的情绪，频繁出现消极想法，但父母却未曾觉察孩子的言行异常。2012年，李晨上高中后，病情逐渐加重，经常情绪暴躁无法自控。父母这才意识到李晨病情的严重性，带孩子到上海市精神卫生中心门诊诊断，诊断结果为抑郁发作，于武汉市精神卫生中心进行住院治疗，病情稍有好转就出院了，并没有坚持服药。

2014年，李晨考上了大学后，性格变得更加偏执，情绪激动时甚至打骂同学。李晨的母亲非常自责，专程回到武汉陪孩子治病。2018年10月，母亲带孩子来到武汉市武昌医院南湖心理科治疗，经过评估，以“双相情感障碍”收治住院。住院期间，母亲白天陪着孩子在医院治疗，晚上就悄悄到外面夜市餐馆打零工，挣钱治病。

连续几天见到李晨的妈妈中午只喝稀饭，管床医生张立国才得知李晨家境贫穷。张立国立即向科主任及院区领导汇报，经批准后，医院心理科每月为李晨减免住院医疗费2000元，免费为孩子的妈妈提供陪护床，方便照顾孩子。同时，院方与李晨所在学校进行了沟通，系里老师及辅导员为李晨发起捐款，共计得到捐款12590元，帮助李晨渡过难关。院方还积极联系同济医院徐金枝教授、湖北省人民医院王晓萍教授免费会诊，完善治疗。

（湖北日报网、荆楚网）

案例分析

在本案例中，我们可以看到在李晨初中时就已经频繁出现消极的想法，但当时父母却并没有注意到孩子的变化。到了高中后虽然父母已经察觉到李晨的病情严重，但并没有坚持治疗，导致李晨上大学后病情愈发严重，最终诊断为双相情感障碍。双相情感障碍是一种既有躁狂症发作又有抑郁症发作的常见精神障碍，当躁狂发作时，有情感高涨、言语活动增多、精力充沛等表现；当抑郁发作时，又常表现出情绪低落、愉快感丧失、言语活动减少等症状。虽然在本案例结尾，医院的管床医生、主任、学校的老师们对李晨伸出援手，尽力提供帮助，但如果父母能够在李晨中学时期就早发现、早干预、早治疗，李晨之后的人生也许会完全不一样。

如同案例中的李晨，少年时期的心理问题也会持续至成年后。留守儿童年龄越低，留守时间越长，父母联系频次越少，成年后的抑郁焦虑水平越高。人们常以为只有成年人才会抑郁，儿童无忧无虑不会有什么烦恼，但是真实的案例比比皆是，这些案例告诫我们儿童抑郁的严重程度并不比成年人低。并且相对于成年人来说，儿童以及青少年抑郁症更难被发现。成年人抑郁也许会向别人诉说自己的压抑和难受，也常会表现出唉声叹气、独自哭泣，容易被人发现状态不好；而儿童的抑郁则不易被发现，尤其是留守儿童，他们害怕、孤独、缺乏安全感，很少有儿童会跟父母说出自己压抑的感受。不同年龄阶段的儿童有其不同的情绪特点，情绪的发展变化常常会掩盖抑郁症症状，有时因抑郁表现出的“叛逆冲动”“情感淡漠”“不爱读书”，很可能会被抚养者当成不懂事、青春期叛逆的表现，从而错过最佳干预时间。

插入板块

教会孩子调控消极情绪

1.合理宣泄。当遇到不愉快的事情而产生消极情绪时，可以通过合理的方式将它释放出来。可以向老师或朋友倾吐心中的不快，也可以对着墙壁或旷野大声喊出心中所想，或者痛哭一场、高歌一曲。可以指导孩子尝试自由书写，在五分钟里把脑海中浮现的想法全部写下来，如“我觉得好累，每一天我都听不进课，想把书和作业全都扔到脑后……”在最后用“我其实是想……”的句式总结自己的想法，神奇的是，最后的总结常常会带有自我鼓励的色彩，如“我其实是想好好学习，考个好学校”。

2.转移注意力。当人处于消极情绪状态而陷入思考的恶性循环时,可以做一些别的事情,通过行动打破僵化的思维方式,换一种视角来寻求生活的意义。引导孩子在遇到不愉快的事情而陷在负性情绪里时,试着先做一些其他的活动来娱乐自己,可以是爬山、打球、下棋等,通过这些活动来缓解消极情绪。

3.自我增强。孩子因某些方面的不足而感到自卑时,不要吝啬对孩子的赞美,应多多鼓励孩子看到自己做得好的地方和已经付出的努力,给孩子充足的支持和认可,让孩子正确把握自己的长处和闪光点,在建立自信的基础上,选择自己期望的方向提高,寻找快乐和成就感。

预防与应对措施

1.家庭

对于抑郁症而言,最重要的始终是预防。那么对于留守儿童,最重要的就是父母的关心和爱护。父母外出打工是为了给孩子和家人提供更好的生活条件,但是如果因此导致儿童在成长过程中缺少所需要的父母关怀,出现抑郁等心理问题,就是得不偿失。在外务工的父母如果条件不允许将儿童带在身边,也要经常给孩子打电话聊聊天,让儿童感受到即使父母不在身边也依然爱他们。多了解孩子近期的状况,听听他们在学习和生活中发生的事,同时多跟他们讲讲父母看到的外面的世界,避免留守儿童因孤独和缺少关爱从而产生抑郁情绪乃至抑郁症。

2.学校

学校要重点关注留守儿童的心理健康教育。加强学校心理健康教育课程的普及,让儿童掌握简单易行的情绪、压力调节的方法;定期开展心理健康教育活动,将各类教育活动与心理健康教育相结合,如开展“与你相伴——运动比赛”等课外活动,加强同学之间的团结协作;或开展情绪宣泄主题活动,让儿童将不愿意说出的心里话,在游戏中释放出来。学校应将管理育人、教育育人等各类育人活动与心理育人结合起来,加强对留守儿童的心理健康教育。

学校要做到留守儿童“一人一档”，建立宿舍、班级、年级、学校等多级预防干预体系，多角度掌握儿童各方面的情况表现，保证留守儿童出现抑郁情绪时能够及时掌握、及时干预。班主任、心理健康教育老师应定期与儿童谈心谈话，评估儿童的心理健康水平，并与家长及看护人及时沟通儿童在校的情况表现，让家长及看护人了解儿童近期的学习、生活、人际等各方面的状况。

3.社区

社区应充分利用假期或家长返乡的时机，组织召开留守儿童家长会、家长交流座谈会等活动，让留守儿童的家长了解关于抑郁情绪的基本知识，掌握留守儿童的行为特点，做到全面预防，及时干预。督促家长关注留守儿童的情绪情感问题，避免留守儿童因不合理的家庭教养方式而长期处于抑郁状态甚至患病，改善留守儿童的社会化教育和监护教养，起到沟通家庭与儿童之间联系桥梁的作用。

社区还应与学校联合，对学校心理健康教育老师、心理咨询师、社区关心关爱服务人员等提供心理健康继续教育学习培训，共同关注抑郁情绪、抑郁症对留守儿童产生的负面影响，更好地帮助留守儿童健康成长。社区应支持学校，与学校共同举办心理健康教育活动，让儿童的社交范围并不仅仅局限于本校内的同学，还能接触到校外的同龄人，促进儿童间的沟通交流，并挖掘儿童的兴趣爱好，培养留守儿童多方面的发展，更健康地成长成才。

插入板块

SDS抑郁自评量表

本评定量表共有20个题目，分别列出了处于抑郁状态的个体可能会遇到的问题。在自评者评定之前，应了解量表的填写方法，然后做出独立的、不受他人影响的自我评定。自评者需仔细阅读每一条目，根据最近一星期内的实际感受，选择一个与自身情况最相符合的答案。A表示没有该项症状，B表示小部分时间有该症状，C表示相当多的时间有该症状，D表示绝大部分时间或全部时间有该症状。

自评者应根据自己的真实体验和实际情况来回答，不要花费太多的时间去思考，应顺其自然，根据第一印象做出判断。

注意：测验中的每一个问题都要回答，不要遗漏。心理测试只是辅助工具，不能直接视为诊断结果，不论是自己进行测试，或是在心理咨询与心理治疗中使用，都需要结合实际情况来进行判断。

1.我觉得闷闷不乐，情绪低沉。

A.很少 B.小部分时间 C.相当多的时间 D.绝大部分时间

2.我觉得一天之中早晨最好。

A.很少 B.小部分时间 C.相当多的时间 D.绝大部分时间

3.我一阵阵哭出来或觉得想哭。

A.很少 B.小部分时间 C.相当多的时间 D.绝大部分时间

4.我晚上睡眠不好。

A.很少 B.小部分时间 C.相当多的时间 D.绝大部分时间

5.我吃得跟平常一样多。

A.很少 B.小部分时间 C.相当多的时间 D.绝大部分时间

6.我与异性密切接触时和以往一样感到愉快。

A.很少 B.小部分时间 C.相当多的时间 D.绝大部分时间

7.我发觉我的体重在下降。

A.很少 B.小部分时间 C.相当多的时间 D.绝大部分时间

8.我有便秘的苦恼。

A.很少 B.小部分时间 C.相当多的时间 D.绝大部分时间

9.我心跳比平时快。

A.很少 B.小部分时间 C.相当多的时间 D.绝大部分时间

10.我无缘无故地感到疲乏。

A.很少 B.小部分时间 C.相当多的时间 D.绝大部分时间

11.我的头脑跟平常一样清楚。

A.很少 B.小部分时间 C.相当多的时间 D.绝大部分时间

12.我觉得经常做的事情并没有困难。

A.很少 B.小部分时间 C.相当多的时间 D.绝大部分时间

13.我觉得不安而平静不下来。

A.很少 B.小部分时间 C.相当多的时间 D.绝大部分时间

14.我对将来抱有希望。

A.很少 B.小部分时间 C.相当多的时间 D.绝大部分时间

15.我比平常容易生气激动。

A.很少 B.小部分时间 C.相当多的时间 D.绝大部分时间

16.我觉得做出决定是容易的。

A.很少 B.小部分时间 C.相当多的时间 D.绝大部分时间

17.我觉得自己是个有用的人,有人需要我。

A.很少 B.小部分时间 C.相当多的时间 D.绝大部分时间

18.我的生活过得很有意思。

A.很少 B.小部分时间 C.相当多的时间 D.绝大部分时间

19.我认为如果我死了别人会生活得好些。

A.很少 B.小部分时间 C.相当多的时间 D.绝大部分时间

20.平常感兴趣的事我仍然照样感兴趣。

A.很少 B.小部分时间 C.相当多的时间 D.绝大部分时间

本问卷包含10道反向计分题。正向计分题A、B、C、D按1、2、3、4计分;反向计分题按4、3、2、1计分。反向计分题号:2、5、6、11、12、14、16、17、18、20。

将20个项目的各个得分相加,乘以1.25后取整数部分得到总分。

分数结果解释的参考标准:

53—62分:可能属于轻度抑郁

63—72分:可能属于中度抑郁

73分以上:可能属于重度抑郁。

三、愤怒与怨恨

愤怒是一种高度唤醒的情绪,会引起个体血压升高、心跳加快、肌肉紧张等生理反应。在利益或安全受到威胁的时候,人们就会愤怒。从愤怒的指向性来看，可以分为两种。一种是朝向外部的愤怒，即针对外界环境或他人，行为上表现为生气时与他人争吵、气急了摔东西；另一种是朝向内部的愤怒，针对个体本身，比如生气时哭泣、沉默自责等。从愤怒的本质来看，它是个体在受到侵害时的最直接、最真实的反应。

怨恨是个体在受到伤害或体验到挫折后产生的一种不平衡的情绪，这种情绪最根本的特征在于它的隐忍性。在不平衡的情绪出现后，感到怨恨的个体不从情绪情感或者行动上立即做出反应或抗争，而是让这种情绪持久地压抑在内心中。一些留守儿童在面对情绪困扰时不会表现或表达出来，而是将其压抑在内心中，滋生怨恨。他们表现出的愤怒、怨恨情绪和攻击性行为，其实与他们的抑郁情绪是一体两面的。亲子依恋的匮乏使得留守儿童产生许多愤怒和怨恨，但他们没有习得适当的表达与释放的方式，一些儿童会将其转化为指向内部的自我攻击，就表现为抑郁；另一些儿童的愤怒指向外部，则表现为暴力，对他人造成伤害。

插入板块

为什么要管理情绪？

我们不难发现，愤怒、焦虑等所有消极情绪都只是反映了人们的内在感受，每一种情绪都有它独特的价值，情绪并没有好坏之分。那为什么还要“管理情绪”呢？

虽然情绪本质上没有好坏之分，只是人们对外界刺激的一种反应，但情绪反应和情绪管理方式的恰当与否，会让结果变得有好有坏。大家常常提到的情绪管理能力，严格来说是情绪调节和行为管理，是指人们对自己和他人情绪的认识、协调、引导和控制，以社会允许的方式做出适当的情绪反应，从而确保自身保持良好的情绪状态，并由此来产生良好的调控情绪的能力。

情绪会影响我们的身心健康。长期处于不良情绪中，容易引起个体生理上的一些不适。研究指出，70%以上的人会遭受情绪对身体器官的“攻击”。可能连我们自己都没有意识到情绪问题或心理障碍的存在，身体就发出了“报警信号”。这就是心理学讲的“躯体化”，即个体本来有情绪问题或者心理障碍，但没有以心理症状表现出来，而是转换为各种躯体症状表现出来。

调节情绪的能力是情商的重要组成部分，是指一个人拥有调整自己情绪的智慧。情商涉及的范畴很广，包括准确地识别、评价和表达自己和他人的情绪；适应性地调节和控制自己和他人的情绪；利用情绪信息调节自身的行为，简单来说就是识别情绪、表达情绪、调节情绪和运用情绪。个体的情绪影响着他人和社会。为了我们自己与他人的身心健康，也为了形成良好的人际关系与社会氛围，培养管理情绪的能力很重要。

心理叙事

小雯和小霞是某小学六年级的同班同学，都来自贫困的低保家庭。小雯的父亲外出打工，母亲五年前离家出走，留下小雯和两个妹妹与爷爷奶奶共同生活。由于复杂的家庭原因，爷爷奶奶不是很疼爱这个“可能没有血缘关系”的孩子，小雯不仅要上学，还要洗衣做饭、照顾妹妹。小霞有个亲妹妹叫小林，父亲在村里务农养家，母亲是智障患者。十多年前小霞的弟弟溺水身亡。

小雯和小霞的成绩一直是班里倒数一二名，在班主任看来问题很严重。她俩总是穿得脏兮兮的，很少和其他孩子交流。老师尝试通过聊天走进小雯的内心，但是十分艰难。贫困、差生、家庭缺陷，身世的相似让两个孩子成了彼此唯一的朋友。在12岁这个爱笑爱闹的年纪，三个孩子刚刚步入青春期，同伴之间的小矛盾很多，每次吵闹打架，小霞和小林就会回家告诉母亲。母亲疼爱孩子，便跑来小雯家中絮絮叨叨告状，小雯因此遭到了爷爷奶奶的责骂和训斥，这让小雯埋下了怨恨的祸根。

一天，三个孩子在放学路上经过一户民居，见到院子里有一辆玩具儿童车，好奇的小雯去踢院门，不小心把门踢坏了。户主发现了她们，小霞“告状”说小雯踢坏了门，小雯遭到了户主的责问。第二天恰逢赶集，小雯从奶奶口袋里拿了5块钱，买了一包“灭鼠先锋”，并一直藏在自己的书包里。一周后，三个孩子在学校玩耍，小雯将小林踢倒在地，导致小林受伤。两姐妹的母亲闻讯赶到学校，掐住了小雯的耳朵。小雯后来表示自己当时很痛很痛，内心更加怨恨那两姐妹了。第二天午饭后，小雯到小卖部买了一瓶可乐，偷偷将鼠药放了进去。

放学路上，小霞和小林喝下了小雯递过来的饮料。小霞喝得多，几分钟后倒地身亡，小林喝得少，也手脚抽搐、口吐白沫，村民发现后，送往医院仍不治身亡。小雯却像往常一样回家了。

（采自腾讯网）

案例分析

案例中小雯的举动，让已经失去了儿子的小霞母亲又失去了两个女儿，也摧毁了小雯自己的未来。小雯一开始的挫折体验所引发的仇恨、恼怒还不是怨恨，它们只是怨恨的初始形式。小雯因为只能把不平衡的怒气压抑在内心中，慢慢沉淀为怨恨。小雯父母不在身边，爷爷奶奶也不疼爱她。她本身就缺乏安全感，没有人可以依靠。因此即使受到他人的伤害，也往往会采取息事宁人的态度，这种心态容易导致怯懦心理的形成。再者就是小雯的自卑，因为家庭的贫困、父母不在身边、学习成绩也不够好，相比同龄人，小雯会感受到更多的失落和自卑。怯懦和自卑，让小雯面对问题或困扰时只能一味地压抑在心底，久而久之便滋生了怨恨，并在矛盾爆发后产生攻击性行为，后果严重。

生气的时候，人们往往容易失去理智，产生过激行为，这样不但不能解决问题，还容易造成事态的恶化，伤害他人也伤害自己。可是为了避免愤怒可能带来的不良后果而一味地选择压抑愤怒，愤怒也不会凭空消失。过度压抑愤怒导致内心不满情绪的积攒，久而久之，个体会变得更加敏感易怒。实际上，愤怒这种情绪，能够提醒人们当前受到了侵犯或威胁，需要采取相应的行动，并迅速做出反应，更好地保护自身、维护自己的权益。正确、合理地表达愤怒，可以有效传递信号、表达情绪，帮助儿童在人际关系中建立健康的边界，保持良好和健康的心态。

插入板块

如何合理表达愤怒?

我们从小就被教育不要被怒火控制，酿成苦果。而情绪是需要被表达的，愤怒也不例外。但很多时候，我们发泄完愤怒情绪后，往往既伤害了他人，又伤害了自己。因此，学会用合理的方式表达愤怒情绪很重要。

很多人都曾有过这种体验,发泄完愤怒并不会让自己回到平和的状态,而是会感到内疚和后悔——为什么情绪没有被压抑,得到了表达,却还是会滋生更多的消极情绪?这是因为愤怒往往是一种次级感受,而其背后是有初级感受作为源头的。根据美国心理学家马斯洛提出的需求层次理论,人们的需要有五个基本层次:第一层次是生理需要,包括呼吸、水、充足的食物等;第二层次是安全需要,它包括生命、职业和财产等的安全及保障等;第三层次是社会需要,主要指对人际交往的需求;第四层次是受尊敬的需要,包括地位、荣誉和财富等;第五层次是自我实现的需要,包括获得成就和实现理想。而我们的愤怒情绪,往往是因为某些基本需要没有被满足。他人无法满足我们的这些需求,我们可能感到身体不适、被忽视或是不被理解,于是愤怒情绪自然而然就产生了,并且将矛头对准了身边的人。

那么,如何更合理地表达愤怒情绪呢?国际非暴力沟通中心创始人马歇尔·卢森堡发现了平和的非暴力沟通方式,包含四种基本要素,分别是观察、感受、需要和请求。首先,留意发生的事情。我们此刻观察到什么?不管是否喜欢,只是说出你观察到的人们的行为。清楚地表达观察到的结果,而不加以评判。接着,表达自己的感受,比如感到受伤、害怕、喜悦、开心、气愤等等。然后说出自己的哪些需要导致了这样的感受。最后提出具体的请求,明确告知他人,我们期待对方用什么方式满足我们的需求。比如父母可以通过这样的方式来表达自己的感受:"看到厨房垃圾三天没有清理,我不太高兴,因为我重视卫生与整洁。请你每天倒一次厨房垃圾,可以吗?"

借助这四个要素诚实地表达自己,是非暴力沟通的一个方面。我们首先通过体会他们当下的观察、感受和需要,与他们建立联系,然后聆听他们的请求,来发现做什么可以帮助他们。这种模式非常适合亲子间的沟通交流,而要掌握并熟练运用非暴力沟通模式并非易事,需要家长及带养人、教师及社区一起有意识地共同学习,言传身教。通过帮助留守儿童学习使用非暴力沟通模式交流,可以大幅增强留守儿童的自我觉察,了解自己的内心感受,关心他人的感受和需要,从而学会接纳和爱。

预防与应对措施

1. 家庭

父母必须加强与儿童的沟通,尽可能多陪伴儿童,而不仅仅是满足儿童物质上的需求。重要的是培养儿童良好的生活习惯、正确的人生观和价值观,减少留守儿童因父母不在身边而产生的怨恨情绪。

留守儿童正处于身心发展的关键时期,父母应该注重培养留守儿童的自我调控能力。让儿童学会调节自己的情绪,在面对愤怒情绪的时候,试着与情绪相处,了解自己产生愤怒情绪的原因,学会应对自己的愤怒情绪,而不是任由愤怒积累变成怨恨。提高留守儿童的自我认知能力、控制能力,锻炼其对周围事物的适应能力,让儿童健康成长。

2. 学校

学校应进一步加强教育管理机制,有针对性地疏导儿童因父母不在身边积累产生的愤怒情绪。学校心理咨询室的情绪宣泄设备要建立齐全,帮助留守儿童及时梳理情绪困扰,宣泄愤怒情绪。在儿童不愿意说出自己的想法或感受时,开展班会、团体辅导、讲座、一对一约谈等形式的活动,引导并鼓励学生正确认识自己的愤怒想法,遇到困难和问题都可以和身边的老师、同学寻求帮助。学校还可以设立帮扶结对小组,让留守儿童和非留守儿童一对一结对,朋辈之间的帮助让留守儿童更容易敞开心扉,感受到身边人的关心关爱。

插入板块

学会拥抱自己的情绪

有时我们会对情绪带有偏见,认为消极情绪一定是不好的,抑郁、焦虑、愤怒这些情绪就是错的。那么我们首先要教给留守儿童的就是,接纳自己所有的情绪也没什么不好。每一种情绪都有它出现的原因和理由,我们不用逃避,也无须否认。

让儿童接纳自己的情绪感受，可以从两个层面入手。一是接受儿童已经产生的情绪，不要去压抑、回避和否认自己的某些情绪。二是接纳拥有这些情绪的自己，虽然我们有时候会有一些负面的情绪，但并不代表我们就是糟糕的人。让留守儿童试着告诉自己，我是不喜欢自己的某些行为，但不是不喜欢这个情绪和我自己。比如“我当然不希望自己生气，但人总有这样的时候，这说明我有丰富的情感，这代表我会表达自己。”

告诉留守儿童要允许自己有负面情绪，给自己的情绪一个适当的空间。比如父母不在家时我们对父母的想念是正常的，不必因为自己想他们而感觉害羞；每个人也总有自己害怕的东西，不必因为这些感到惭愧。这些感觉和情绪是真实自然的，允许它们适当地存在，比压抑和否认舒服多了。

3.社区

许多社区已经开展了情绪宣泄主题的心理健康教育活动，对于帮助留守儿童宣泄愤怒情绪起到了非常良好的效果。如开展“全民嗨歌”活动，让留守儿童在歌唱中进行宣泄，在与同伴的欢声笑语中感受温暖；开展“宣泄愤怒”活动，让留守儿童了解到宣泄愤怒情绪的方式有很多种，有时候简单的鬼脸，也能让自己的愤怒瞬间烟消云散；开展“趣味运动会”活动，让留守儿童在与他人团结合作的过程中，建立良好的人际关系，缓解怨恨情绪，感受到社区的关心和关爱。

社区应及时建立家庭、学校、社区、社工组织等单位之间的联结，共同构建留守儿童的心理保护网。社区应建立好留守家庭的“一家一档”，可以一名干部结对帮扶一家，定期与家长、班主任沟通联系，并与留守儿童定期见面，开展互动活动。社区还应对班主任、家长进行重点培训，科普青少年的发展心理学知识，邀请专业心理学工作者进学校、社区进行心理健康教育交流座谈等活动，并重视公益宣传，让整个社会重视留守儿童的心理保护。

四、安全的依恋

依恋是指个体与主要抚养者(通常是母亲)间最初的社会性联结,也是情感社会化的重要标志。美国心理学家安斯沃思等人设计了一个著名的“陌生情境实验”,即通过观察婴儿在母亲的陪伴下处于陌生的实验环境时,母亲即将离开和离开后重聚时婴儿的行为表现。研究发现,根据婴儿在陌生情境中的不同反应,可将婴儿依恋分为三种类型,分别是安全型依恋、回避型依恋和反抗型依恋。安全型依恋的孩子与母亲之间充满信任,能在母亲的陪伴下主动探索环境,即使在短暂离开母亲时会产生失落感,但是等到母亲归来时依旧能够用高昂、积极的情绪去回应母亲;回避型依恋的孩子在与母亲分离时不会表现出明显的伤心与难过,母子互动较少表现积极情感,母亲不在身边,孩子既不哭也不闹,等到母亲回来后会出现忽视或是回避母亲的现象;而反抗型依恋的孩子抗拒与母亲分开,行为激烈,母亲靠近又会遭到孩子的反抗。

依恋的影响是长期的,儿童期孩子身上表现出来的依恋特征,成年后仍然会延续到与其他人际关系中。依恋性质直接影响到个体的情绪情感、亲社会行为以及对人际交往的基本态度,安全型依恋的孩子,情绪更加稳定平和,这是因为他们在小的时候,监护人(通常是母亲)能够给予孩子需要的安全感和爱。母亲给予孩子积极的情绪回应,经常和孩子互动,同时有身体上的接触,比如说抚摸、拥抱、亲吻等,这能够让孩子的内心充满安全感。儿童从安全型依恋中获得温暖、信任和安全感,为以后心理健康发展奠定了基础。安全型依恋的儿童比起不安全型依恋的儿童,与同龄伙伴和老师的关系会更好,更能自信地与人交往;有强烈的学习热情,能够获得老师的积极评价并避免不良行为,能取得良好的学习成绩;安全型依恋的儿童能感觉到自己被父母完全接纳,能感受到自己对父母很重要。而回避型依恋的孩子,容易抗拒与人交往,不爱说话,沉默寡言。反抗型依恋的孩子喜欢和父母唱反调、暴躁易怒、攻击性强。在与人相处的时候,很难交到朋友,反而容易与他人结仇。

留守儿童父母为了生计外出务工,有的一去就是几年不归,也很少和儿童通电话,有的甚至偶尔回家也只是待几天又继续为了生活而奔波,这样很难与儿童形成健康的依恋关系，对孩子的人际相处模式也会产生影响。很多留守儿童没有自我价值感，是因为不安全型依恋儿童感受不到自己对别人而言有什么价值。依恋关系也影响到儿童的安全感、自信心、学习成绩、人际关系等。对于儿童来说，依恋性情感是他们基本的需要之一，农村留守儿童中，大部分是隔代抚养，爷爷奶奶不能完全替代父母。儿童长期与父母分离，缺乏父母的关爱，容易感到孤独寂寞，产生强烈的不安全感、不信任感和自卑心理。由于环境特殊，留守儿童可能会将同伴与主要抚养者视为自己的依恋对象，但是想与他们形成安全的依恋关系也会受到多方面因素的干扰。

心理叙事

六年级女生婷婷是个看起来心事重重的女孩，她的脸上总是带着淡淡的忧郁，让人看了很心疼。年迈的奶奶说，婷婷的父母在她还在襁褓中的时候就远赴广东打工了，三五年才回来一次。父母的模样在婷婷的眼中是模糊的，父母的关爱在她感情中几乎是空白的。婷婷学会说的第一个词是“奶奶”；生病的时候，也只有年迈的奶奶陪在她身边照顾。婷婷甚至没有一张和父母的合影，父母的关爱对于她来说是奢望，是个梦。每当学校开家长会的时候，婷婷心里就会酸酸的，她真的好羡慕那些父母在身边的同学。在老师和同学眼中，婷婷是个不合群的同学，班级和学校的集体活动从来都找不到她的身影，婷婷总是用怀疑的眼光去看周围的人，她很难相信别人。有同学试着同她相处交朋友，但都因受不了她的“疑心”而放弃了。婷婷在交朋友的时候要求朋友只和她一个人好，如果看见好朋友和别人一起玩，她会浑身不舒服，猜测好朋友在别人面前说她坏话。久而久之，婷婷就把自己封在一个“完全自我”的世界里。婷婷在日记里写道：“我是一个没人重视、没人关爱的女孩。我不相信任何人，他们都不喜欢我。我不需要父母，也不需要朋友！”

（王俊主编《心灵有约——留守儿童心理健康读本》）

案例分析

依恋类型与我们对人和周围世界的基本信任感有很大的影响。案例中的婷婷是一个缺乏安全感的女孩，属于不安全型依恋类型，这类儿童有较多的消极情感和悲观情绪，也会产生更多的心理困惑。从社会心理学的角度来说，在儿童时期，父母是儿童社会化过程中的“重要他人”。儿童从小在与父母的互动、交往中形成对自我、对他人的一种认知，用以解释事件和形成对人际关系的期望。婷婷成长的早期环境直接影响到她待人处世和接纳自己的态度，影响到她与别人相处的方式。由于她从小没有形成良好的依恋关系，导致她与同学在建立亲密友谊和信赖关系方面出现障碍，比如与人疏离、分离焦虑、缺乏信任等。

安全型依恋的儿童能感受到自己被父母完全接纳，是被关爱的人，所以他们能感受到自己的价值和重要性，认为自己和他人都是好的、有能力的，建立起自信与自我效能感，对他人也能建立起信任。安全型依恋的儿童在陌生情境中有较强的独立精神，与人交往时有很强的社会交往能力并能保持良好的社会关系。他们对问题往往会更具好奇和探索倾向，在碰到问题时会主动面对，较少表现出消极的情绪。而不安全型依恋——回避型依恋和反抗型依恋的儿童的自我调控能力与合作性较差，面对困难有明显的失望反应，情绪不稳定，坚持能力较差，容易放弃，需要更多的关心关爱来鼓励和支持。

预防与应对措施

1.家庭

亲子关系的建立需要父母的努力，安全型依恋模式有助于维护儿童身心健康，一定程度上能避免因为不安全型依恋模式而导致的负面影响，比如交往困难、难以和他人建立联系等。

一方面，在孩子小时候，母亲应尽量留在孩子身边与孩子一起生活。虽然除了母亲，儿童还会对其他人形成依恋，但母亲始终是儿童主要的依恋对象。在孩子的幼年时期，父母的抚育方式十分重要。在这个过程中，父母要积极地与孩子互动，让孩子能够主动与人沟通，养成乐观、积极的性格特征，这对培养出安全型依恋类型的孩子有十分重要的积极作用。学龄前的孩子社交范围有限，主要是与父母相处。而随着年龄的增加，儿童的交往范围扩大，对父母的依赖也有所减少，父母依恋对儿童健康发展的作用减弱。所以，父母外出时儿童年龄越大，对儿童的负面影响越小。

另一方面，留守儿童的父母外出，应尽量保证与留守儿童的联系。有机会一定要常回家看看，让儿童感受到父母的爱；常通电话，主动了解儿童的日常生活和学习情况，倾听他们的心声。这有利于减少亲子分离造成的焦虑，提高亲子依恋质量，帮助留守儿童健康成长；方便时也可以将儿童接到身边，让儿童了解父母的工作环境，满足儿童的认知需要，增进亲子间的相互理解，提升儿童的安全感。

2.学校

学校要关注留守儿童的依恋问题，帮助留守儿童和家长建立积极有益的依恋关系。学校可以举办一些亲子活动来帮助儿童和父母或者主要抚养者建立依恋关系。比如，可以举办亲子游戏、亲子运动会等通过游戏的形式加强儿童和依恋者之间的联结。此外，还可以通过互写信件，鼓励儿童和父母之间多多沟通，进行心灵交流，帮助儿童和主要依恋者更加了解彼此。老师也应多关注留守儿童的情感需要和教育问题，从情感上拉近与留守儿童的距离，让孩子们认识到自己是被爱的，是受人重视并且有价值的。

插入板块

你可以做到吗？

如果你是一位留守儿童，请每周最少给父母打一个电话。电话里最少交流三件事情，如：爸爸妈妈最近的生活状况，身体是否健康，心情是否愉快，工作是否顺利，有没有好好休息；家里最近发生的事情，一日三餐吃什么，邻里间发生了什么事，社区环境有没有变化；以及自己最近在学校的感受，学习情况如何，发生的有趣的事情，遇到的困难等。

如果你是外出打工的父母，请每周最少给孩子打一个电话。电话里同样最少聊三件事情，如：家里的情况，孩子、亲人的身体如何，有没有经常锻炼，遇到了什么困难，解决了什么问题；生活状态，最近参加的活动，有什么新发现，有没有交到新朋友，在学校与同学相处怎么样等，任何话题都可以跟孩子聊一聊。

如果你是留守儿童的老师，可以在学校当中定期开展“与爸爸妈妈对话”的主题活动，鼓励孩子通过多种方式与外出父母多沟通、多表达，如电话沟通、书信交流、探望父母等，了解学生的家庭情况，给学生支持与关怀，同时向家长传达孩子沟通的愿望，搭建沟通的桥梁，拓展交流的方式。无论生活如何繁忙，良好的关系也需要沟通交流来维护。

3.社区

社区拥有丰富的教育资源。社会应该携手共同关爱留守儿童，建立良好的社会舆论，并积极做好宣传，为留守儿童创建一个文明、安全与和谐的文化氛围，让孩子充分感受到温暖；各社区要为困难的留守儿童提供生活上的便利，利用节假日深入关爱他们的学习生活情况。

社区应发挥主导作用，联合学校、妇联、派出所，充分调动教师、干部和青年志愿者，了解农村留守儿童的生活、学习和人际交流情况，掌握留守儿童的思想和行为倾向，并且在发现问题之后及时采取措施、妥善处理。如安庆的姥山社区成立了“留守儿童之家”；陶行知家乡——安徽歙县创立的“代理家长”制度，在实践中也取得了良好的效果。这些举措都利于拉近留守儿童与外界环境的距离，给予留守儿童在成长中必要的安全感。

五、如何应对自我伤害

近几年的新闻报道中，我们可以看到不少父母常年在外的留守儿童表示担心自己是不是被父母抛弃了，感到非常痛苦，找不到生活的希望，自暴自弃；还有一些孩子因为无法摆脱压抑和孤独的心理而选择了极端方式来应对，甚至结束自己的生命。据报道，中国5—14岁儿童每年自杀人数呈现上升趋势，其中大多都是留守儿童。2010年的调查表明，安徽省1920名留守中学生中，有47.3%的学生至少出现过一次自我伤害行为。新闻媒体上也时常有关于留守儿童自我伤害行为方面的报道。

自我伤害行为是指直接的、故意的、无自杀意图的自伤行为，该行为包括故意划伤自己的皮肤、戳开伤口、烧/烫伤自己的皮肤、刺字或图案（文身为目的的除外）、将皮肤刮出血、把东西刺入皮肤或插进指甲下、用头撞击某物、拔自己的头发、用手打较硬的东西、猛烈地乱抓自己、用针或者钉子等扎身体、把皮肤擦出血、捶打自己、勒自己、让他人打自己或者咬自己、让自己触电、点火或触摸火焰等行为方式。自杀是指一个人有意识地企图伤害自己的身体，以结束自己的生命为目的的行为。青少年是自我伤害行为的高发人群，且有日渐上升的趋势。虽然自伤行为不会立即对当事人造成生命威胁，也没有对他人造成伤害，但传达出的信息是当事人无力再面对生活处境，无法处理自己糟糕的情绪与压力，已经没有办法去积极调控自身的状态，只能通过伤害自己来面对痛苦，也是在向他人呼救。自伤行为往往是多种因素交互作用、互相影响的结果，研究显示，父母双方均外出打工与留守儿童自伤行为之间有相关关系。父母亲外出打工时儿童的年纪太小也可能间接增加留守儿童的自伤行为。

心理叙事

除夕夜，留守少年小宝留下遗书自杀，用死亡来抗争父亲的冷漠和暴力。小宝知道父母在外面打拼很辛苦，日子过得不容易，但“这些年里，没有一天是父母在照顾我”；父亲不但不关心他的生活和学习，还总是打骂小宝。“不要把脾气撒在自己儿女身上，他们是无辜的，上帝把他们送你们身边是希望他们得到爱，而不是父母的怒火”，小宝在遗书里这样控诉。

（网易新闻网）

案例分析

当儿童无力应对压力情景时，内在的焦虑会不断增强，强烈的冲动会促使其尽快想办法缓解其内在的焦虑，最终会导致自我伤害行为。留守儿童由于在生活中缺少父母关爱，常会产生一些负面情绪，心理较脆弱，遇到挫折往往会逃避。如果父母再采取不恰当的方式（言语、行为暴力）来处理，有些儿童甚至会通过自伤、自杀的方式来回应。在此，父母及监护人要尽可能多地与儿童沟通、交流，参与儿童的生活，有耐心地去理解儿童，尝试与儿童建立安全的亲子关系。这可以促进留守儿童的健康成长，减少、消灭其采取自伤自杀行为的可能性。

无法得到父母的理解和帮助，不能从朋友和老师那里得到支持等，也是留守儿童产生自伤行为的原因。这些原因与留守儿童的特殊成长经历有关，即便有爷爷奶奶等监护人的照料，由于父母不在身边，缺少父母的关心与爱护，一方面使留守儿童极度渴望爱与关注，另一方面却又不知道如何表达自己的需要，攻击倾向转向自身，通过不正确的方式表达自己的想法与要求，就容易出现伤害自己的行为。

预防与应对措施

1.家庭

首先，做到倾听。家长应该关注孩子的情绪状态，当发现孩子处于负面情绪之中，应该多与孩子进行沟通联系。现在网络、电子产品的发展使得生活越来越便捷，父母应该借助这些工具，弥补不能与孩子在一起生活的遗憾，多倾听孩子的心声，关心他们的感受，多去理解孩子，让他们能够感受温暖，而不是批评与自责，从大人的视角，以固有的思维去看待问题。带养人与在外父母要多让儿童体会到对自己的关爱与支持，让孩子知道家永远是他们温暖、安全的港湾。

其次，善于引导。在倾听孩子的诉说之后，应帮助他们理清问题并换位思考，站在孩子的角度分析问题，帮助孩子改正自己的错误。要让孩子懂得，即使犯了小错误，父母也是永远爱他们的，遇到问题父母会帮助他们一起解决。父母应以积极向上的态度引导孩子，帮助孩子树立珍惜生命、生命可贵的观念。

最后，要给孩子留有自己的空间。随着孩子的成长，其自我意识逐渐增强。尤其是到了青春期后，青少年喜欢以自己的方式思考，希望有自己的自由空间，不想父母过度干涉自己的事情，所以父母要留给孩子做决定的权利和独处的空间。不要做高高在上的指挥官，而要做平起平坐的好朋友，理解孩子所处的状态，参与到他们的生活中。不能以居高临下的态度认为孩子必须对自己言听计从，否则孩子会渐渐不去与父母分享自己生活中的困惑和烦恼，更不会寻求父母的帮助。若孩子对父母封闭了内心，其孤独、无助感就更可能使他们在面临压力的时候选择伤害自己作为应对方式。

2.学校

危机往往有迹可循。突然出现反常的行为举止，如一向文静的孩子突然变得话多而且活泼，或者一向勤快的孩子突然很懒散；或突然做一些平常不做的事，谈论生死问题、写遗书等等，都能反映出孩子处于十分不稳定的精神状态，可能采取自伤自杀的行为。儿童在校主要面临同学关系、师生关系以及学业造成的困扰。有的孩子因为学习成绩不好而焦虑；有的因为同伴关系、师生关系处理不好而产生抑郁等负面情绪。学校是学龄儿童生活最主要的舞台，若学生感到自己无法解决校园生活中面临的问题和困扰，积攒的负面情绪压抑在心中无法宣泄，就很有可能感到生活难以为继，从而产生伤害自己的想法。这时需要老师及时发现并重视留守儿童的问题，并帮助他们解决相关困扰，找回控制感和胜任力。

首先，学校应该加强儿童的生命观教育。可以定期进行相关的教育学习，比如带儿童观看生命教育主题的教育片，通过传达生命可贵的价值观，引导儿童形成珍爱生命的意识，使他们在成长与学习的过程中丰富对生命意义的理解，形成健全的生命观。

其次，在心理课、班会活动、校园生活中教给儿童一些应对负面情绪的方法，如情绪ABC理论、正念冥想，以及合理的情绪放松方法，如深呼吸、“蝴蝶拍”，结合课堂专题教育与校园展示栏、班级黑板报、文化节等形式，教会孩子正确看待自己的负面情绪，并进行自我调节。

最后，学校领导与老师要重视心理危机干预，搭建好学生危机干预安全网，联合家庭与社区的力量，为每一个孩子提供健康、快乐的成长环境。所有教职工，尤其是班主任与心理老师要关注每个儿童的情绪状态，一旦发现危机的可能性就要及时进行处理应对，有针对性地为学生提供支持与帮助，并酌情联络家长、社区，协同合作，保障孩子的安全。进行教师心理健康教育培训，让教师形成积极关注的意识与倾听共情的技能，打造安全、专业、可靠、能让学生信任的干预系统，鼓励学生关注自己的身心健康与情绪状态，在遇到困难、产生困扰的时候主动向班主任、心理老师寻求帮助。

插入板块

应激-素质自杀行为

美国精神病学家Mann等提出了应激-素质模型，该模型认为自杀行为的发生是素质因素与应激因素共同作用的结果。素质因素包括人格特征、家族遗传等；应激因素包括负性生活事件，如人际冲突、躯体疾病、学业压力、就业压力、经济困难、天灾人祸等。

基于应激-素质模型的高危自杀人群筛查问卷：

该生最近是否遭遇过重大负性挫折或打击事件？

该生是否特别偏激，看问题特别极端？

该生是否为宿命论者？

该生看待问题是否特别阴暗？

该生是否存在情绪方面的困扰或人际关系障碍？

该生是否存在情绪不稳定、不成熟、冲动、盲目不计后果、神经质倾向？

该生是否成长于混乱冲突型的家庭关系中？

该生最近是否感到自身压力特别大？

该生是否患有难以治疗的慢性躯体疾病？

该生是否患有精神疾病或曾经患有精神疾病且在医院明确诊断或治疗过？

该生是否有家族自杀史？

该生是否有过自伤自杀想法或自杀未遂经历？

一个孩子决定以极端的方式对待自己，绝不是毫无征兆，而会是有迹可循的。当成人能够承认、正视孩子所经受的痛苦，这本身就是对孩子的一种关注与关心，对帮助学生调整心理状态、保障学生生命安全有重大的作用。

3.社区

社区要把生命教育纳入工作计划,积极探索建立有利于生命教育实施的工作体系,积极营造全社会共同关心留守儿童健康成长的良好氛围,给予留守儿童更多的关爱与支持。

首先,社区可以建立家长学校,加强对农村家庭教育的指导,帮助家长形成正确的亲子观,普及价值观确立、品德修养、心理辅导等方面的知识,提高家长实施生命教育的意识和能力。

其次,鼓励社区居民参与留守儿童生命与健康教育,帮助父母不在身边的留守儿童解决成长过程中出现的问题,化解出现的困惑或危机,为留守儿童成长与健康发展营造良好的支持环境。

最后,社区工作者要全面了解每位留守儿童所处的学校、家庭、社交环境,重视对留守儿童的教育问题。只有对每一个留守儿童进行充分了解,关心关爱覆盖到儿童学习、生活的各个环节,才能防患于未然,避免更多悲剧的发生。

六、心理危机时的干预

创伤性事件是指个体亲身经历或目睹威胁生命、受到严重伤害或性暴力的事件,也包括获知亲密的家人或朋友受到暴力或意外的事件,以及反复或极端暴露创伤细节的事件,如父母吵架、离异,经历家庭暴力、校园霸凌等。创伤性事件可能会引起心理状态的严重失衡,即心理危机状态,尤其会给儿童的身心发展带来消极影响。部分儿童在16岁之前会经历一次创伤性事件所引发的心理危机。我们每个人都在不断努力保持内心平衡的状态,使自身与环境相协调,而当面临会危及个人安全的刺激性事件时,这种平衡就会被打破,此时内心的紧张不断积蓄,继而出现无所适从甚至是思维和行为上的紊乱,个体进入一种失衡状态,这就是危机状态。心理危机理论认为,一个人的生活必需品过多或过少,都会使其陷于心理危机,这些生活必需品包括物质必需品(如衣食住行)、心理必需品(如爱)以及文化必需品(如家庭和社会交往)。因而心理危机不仅是成人心理健康所关注的领域,对于留守儿童的心理健康也是不容忽视的。

心理叙事

我是一名六年级的学生，在班级里担任班长，父母、老师对我的期望和要求很高。最近不知怎么的，我总感觉每天都头疼得厉害，每次考试成绩都不理想。现在，我都快要崩溃了，如果考不上好的中学，我该怎么办？请赶快帮帮我吧。

俊俊（化名）

我是一名初一的学生，我喜欢上了我们班上的一位女同学，整天想着的都是她。上课心不在焉，总是往她的方向看；下课看到她和其他的男同学说笑，心里很不是滋味。这次考试，原本在中上等水平的我竟然滑到了倒数。

小华（化名）

我是一名五年级的学生，我每天都在痛苦之中生活。在家里，爸妈脾气不好，成天吵架，动不动就打骂我；在学校，我没有知心朋友，不会做作业还要受到老师严厉的惩罚。我每天都生活得很不开心，有时好想一死了之……

雯雯（化名）

案例分析

在成人眼中，孩子们天真烂漫，除了学习没有什么压力，家长、老师容易想当然地认为“少年不识愁滋味”。事实上，所有儿童都会承受自己所在年龄阶段所经受的压力，他们经历心理危机的概率不亚于成人。案例中的留守儿童，就承受着不同的压力与痛苦，俊俊因为父母和老师对自己的要求过高，压力过大，甚至影响到生理健康，经常头痛，几近崩溃；小华到了青春懵懂时期，喜欢上了一个女同学，却不知道该怎么处理这种没经历过的感情，也因此影响到了自己的学习和生活；雯雯更是因为父母总是暴力对待自己，无人理解无人倾诉，产生活着没意义的极端想法。

近年来，中小学生心理健康调查和心理辅导的实践，以及关于儿童自杀事件的传媒报道充分显示，学龄儿童出现心理危机的概率呈上升趋势。由于调控能力较弱和缺乏应激经验，儿童在遭遇心理危机时受到的负性影响更为明显，正常的学习、生活受到干扰，出现情绪和行为问题，严重的还可能出现精神崩溃，甚至采取自杀这样极端的方式来面对痛苦。另外，由于留守儿童在面临外界刺激时可能会更加难以得到外部支持，如果其反复遭遇心理危机而又无法以合适的方式应对，将影响人格的正常发展。

从心理危机产生的内部原因来看，受认知发展水平限制，留守儿童容易把学习、交往和生活中出现的问题和事情严重化、灾难化，过分关注于事件可能的不良后果，经历一次负面事件之后常常认为“糟透了”“这下完了”“我已经无路可走了”，如一次考试没考好，就觉得以后没脸见人；因为一件事情被老师批评，就认为自己什么都不行；和一两个同学闹僵，就觉得自己不受大家欢迎等。留守儿童经历挫折，又不清楚如何向他人寻求帮助，就很可能陷入绝望的漩涡，采取不可挽回的行动。

预防与应对措施

1.家庭

心理学研究发现，处于心理危机状态的人，如果得到有效的帮助，其自身应对危机的能力也会得到增强。家人作为与留守儿童相处最为亲密的人，一定要给予孩子足够多的关心与关爱，在察觉留守儿童经历心理危机时，及时提供必要的帮助。儿童谈到父母总觉得大人不了解自己，没什么可谈的，家长说起子女，又说现在的孩子不懂事，这就是缺少真正的积极沟通、没有互相理解的表现。儿童和家长之间厚厚的壁垒，阻断了亲子之间的交流。留守儿童的家长以及监护人应当意识到儿童自我支持与寻求社会支持的意识与能力有限，比成人更易遭受心理危机,这不是孩子脆弱、懦弱的表现。家长需要提供坚实有力的后盾,鼓励孩子告诉家长自己的所思所感,倾听体会孩子的困难与痛苦,提供无条件的积极关注而不加评论,更不应指责。引导孩子去看到父母家人、老师朋友的关心与支持,看到还想去做一做的事,看到自己人生的无限可能性,从而支撑起孩子通向生命与希望的桥梁。

家长要承认每个孩子都是不同的,家长应根据儿童的年龄特点、能力大小,给儿童设定合理的成长目标,要求不宜过高或过低。在培养方面,宜采用科学民主的教养方式,做决定前多听听孩子的想法和意见,多关注孩子的行为、想法背后的积极动机,让孩子感受到自己在家里是有发言权的,自己的声音是会被听到并且尊重的,这样孩子才会慢慢形成"可以跟家里人说自己的想法"的意识。讽刺挖苦和恶语谩骂无疑会刺伤儿童的自尊心,应该牢记自己对儿童惩罚的目的是帮助他们改正错误,绝不是乱发脾气,图一时痛快去刺激或伤害儿童。

在家庭关系方面,尽力维护家庭结构的稳定,营造和谐的家庭氛围。家庭成员之间要互相关心爱护,相互帮助支持。即使因为工作原因不能经常在一起生活,也要多多交流沟通,了解熟悉家人的生活状况。观察学习与模仿是孩子形成自己的社会交往模式的主要途径,家人先以身作则,孩子看到大人之间的良好的互动沟通方式,也会加以学习并运用到自己的人际关系中。这样当孩子遇到可能引发心理危机的刺激性事件时,才知道如何向家人寻求帮助。

2.学校

学校是学龄儿童最主要的生活场所,也是留守儿童心理危机的"高发地带"。当自杀事件在学校发生时,由于自杀者同龄人密度大、信息传播快,危机事件的影响不仅仅牵涉到一个家庭,而是整个学校的社群基础都会遭到破坏。因此进行有效的心理危机干预是学校心理健康教育工作的重中之重。

学校在第一时间进行妥善有效的处理,可以大大降低危机事件的事后影响。学校应成立危机干预小组,建立健全危机干预流程体系与计划,设立专门的负责人与核心工作人员,做好相关人员与全体教师的培训与演练。当危机事件发生时,给学校与教师的反应时间是极其有限的,如何在更短的时间里做出更快更好的应对,这是对学校领导、班主任、心理老师及其他员工协同合作、高效配合以及专业工作能力的考验。

当学校发现学生处于危机状态、情绪崩溃、有了自伤自杀的想法和计划，甚至已经开始采取行动时，应第一时间将学生带到安全的场所，由学生信赖或有亲和力的教师进行陪伴，绝不能让学生独处或离开其他人的视线范围，也不能让学生接触到可以伤害自己的工具或在窗台、楼顶等地方停留。在保障学生人身安全和隐私的场所，由班主任、心理老师或具有心理健康教育与心理咨询技能的专业人员与学生沟通，倾听学生的经历与感受，给学生倾诉的窗口，了解心理危机的扳机事件与应激源，评估学生的精神状态。我们应抚慰学生的情绪，帮助学生脱离高应激状态，恢复冷静，试着放松下来，并给予充足的支持与鼓励。我们应发现学生自身的资源，帮助学生建立自我控制感与自我效能感，形成活下去的期望。同时我们应联系学生的监护人，与监护人进行必要的沟通与心理健康教育，要求监护人尽快将学生带离学校，如有必要可将学生送至医院就诊。

在完成对当事学生的干预工作后，也应对全体学生、学生家长与教职工进行心理疏导与心理健康教育。应尽快召开全体教职工会议，复盘流程，总结经验教训。召开全校学生大会与家长会，有效防止流言的扩散。为有需要的学生、家长与教职工提供心理援助资源，鼓励大家互相帮助，共渡难关。

危机干预打头阵的便是“危”，但若学校做出快速妥当的处理与应对，便能够转“危”为“机”，通过对危机事件的处理，学校可以进行有效的生命教育与价值观传递，发现学校管理的漏洞与改进的方向，加强对全体师生的心理危机管理与预防。

3.社区

家庭与社区环境是留守儿童心理危机产生的重要诱发性因素。留守儿童的居住社区对社会心理环境的优化，在缓解留守儿童心理压力方面具有十分重要的地位。

在发生危机事件后，留守儿童需要由监护人时刻陪伴以保障其生命安全。而留守儿童的家长可能无法完成这样的监护责任，此时社区中的社工及左邻右舍可以为留守儿童家庭提供力所能及的帮助与看护。对于陷入心理危机的孩子，社区要营造积极包容、理解支持的氛围，而不是以敌对、怀疑的态度提防。心理危机可能发生在任何孩子身上，只有全社会给经历危机的孩子关心、呵护与支持，心理危机困境才可能从根源上得到解决。

社区可以主动承担起联结留守儿童与家庭和学校的责任，创建孩子、家长和学校沟通交流的平台，利用“留守儿童之家”等活动促进留守儿童敞开心扉，从而加强留守儿童与家长和老师的沟通，便于家长和老师及时察觉留守儿童的心理情绪变化。更重要的是，让留守儿童多多暴露于与他人见面和沟通的环境中，能够帮助留守儿童在陷入心理危机的困境时，从其他留守儿童处获取支撑，慢慢走出困境；也可以唤起留守儿童对于自己所面临状况的更全面、客观的认识，进而提升个体对于改变自己所处境遇的希望。这种希望感的唤醒会促进个体采取积极的行动，在不断地帮助与被帮助过程中加深群体内的联系，促进社区内的团体互帮互助，从而缓解社区群体内的人际冷漠。

第五章　留守儿童的教育与成长

学龄期儿童处于身心发展的关键期，他们的思维、情感、人际互动能力等都处于高速发展、从量变到质变的阶段。需要身边的监护人、父母以及老师等各类人员的帮助，以树立积极健康的人生观、价值观和世界观。

学龄期儿童对于外界事物、是非曲直缺乏合理的判断准则。所以，当他们迷茫、不知所措、摇摆不定，不知如何分辨是非的时候，长辈与教育工作者要及时发现问题、耐心引导，与儿童一起分析利弊，向他们澄清判断事物的标准，并相信他们最终能够通过自己的思考，做出最有价值的判断。

由于父母不在身边，留守家庭环境在儿童教育方面存在很多不利因素。留守儿童的父母和监护人更多地关注学习成绩，关心吃饱穿暖，但对于其他方面的教育问题，很难找到有效的解决途径。例如有些父母知道孩子从小缺乏亲情，试图通过各种方式进行补偿，便一味骄纵，反而使得孩子养成了各种各样的毛病。

一、青春期的到来

青春期是儿童向成人过渡的一个重要时期，这个阶段是青少年身心变化最为迅速而明显的关键期。研究显示，当前我国青少年进入青春期的年龄一般在十一二岁甚至更早，在六年级学生中，女孩子基本上都踏入了青春期，男孩子也有一半左右开始踏入青春期。青春期是人生长发育的第二个高峰期，身体的各个方面都在快速发育，表现在身高、体重等方面，第二性征也愈发成熟。对于男孩来说具体表现为长胡须、喉结突出、声调低沉、肌肉发达、体毛较多等特征;女孩的第二性征表现在乳房隆起、臀部突出、皮肤变得细腻和声调开始变高等。

生理上的发育不可避免地会给心理层面带来影响。一方面性特征的发展意味着他们已经逐渐变为成年人,这将对他们的自我概念产生巨大的影响。比如发育迟缓的男生可能会被认为是不成熟,在同龄人之中可能会遭到嘲笑。另一方面,生理发育也让青少年开始对性产生兴趣。留守儿童的父母远在外地,无法及时给予孩子生理与性方面的知识教导;囿于思想观念,祖辈更难以对孩子进行教育,这些因素往往使得留守儿童在青春期时更容易因缺乏来自家庭的生理与性教育而遇到各种问题。

二、如何应对生理发育

心理叙事

放学后,空荡荡的教室里只有茵茵(化名)坐在自己的座位上,一动不动,心事重重。没有人知道这个女孩子到底坐了多久,直到班主任回教室取落下的手机时,她才注意到孩子的古怪。在班主任的一再追问下,茵茵趴在桌上放声大哭,她慢慢挪开座位,身下是一片血迹。"这个12岁的女孩不知道自己来月经了,不知道月经对女性意味着什么,父母常年在外务工,妈妈从没对她谈起即将到来的身体变化"。在山东省青少年研究所副教授魏晓娟对农村青少年问题11年的研究历程中,类似情况绝非个案,每次接触,她都不免"震惊和痛心"。

(中国青年报2014年8月11日报道)

案例分析

案例中的茵茵因为妈妈不在身边,无从得知自己身体的变化是迈入青春期的表现,缺乏面对相关事情的经验,导致她不能正确地面对身体的这些变化,于是在茫然中不知所措。对于刚刚进入青春期的孩子来说,如果缺乏正确的引导,面对一些生理上的变化可能会惊慌失措、不知该如何应对,有的孩子会误以为自己生病甚至是罹患绝症。生理上的不适应和消极的处理态度可能会引发儿童的焦虑、紧张、不安、害怕、逃避等负面情绪或导致如自卑、自闭、冲动、孤独等心理问题。此外,由于青少年对身体发育缺乏认识,那些相对早熟或晚熟的孩子往往容易遭到嘲笑甚至欺凌,这也会给他们的心理健康带来严重的消极影响。

青春期被称为人生的"多事之秋",良好地适应青春期身体的快速变化,有助于青少年形成良好的自我概念,以便正确地对待这些身体变化。适应过程中"性发育"是极其显著、敏感而又不可忽视、不容回避的问题。

由于父母外出,无法与子女生活在一起,就没法与子女进行有关青春期知识的亲子交流,而这种青春期父母教育的缺失对于留守儿童的健康教育百害而无一利。当孩子感到茫然、焦虑、恐惧,如果不及时加以引导,势必影响其健康成长。在这种特殊时期,需要父母陪在身边,从身体、心理两方面给予孩子必要的引导和关怀。而对于此类问题,那些父母不在身边的留守儿童往往采取消极反抗的态度。因此,如何帮助留守儿童度过青春期，如何对留守儿童进行相应的卫生教育、呵护他们的成长等问题就变得非常重要。

插入板块

面对青春期的小问题，可以这样教育孩子

1. 树立对待青春期的正确态度。不要认为青春期身体的变化是羞愧的事，它们同体重的增加和身高的增高一样，是自己成长不可或缺的一部分，也是自己变成成年人的必经之路。

2. 要积极关注身体变化，正确对待、不要恐慌，注意青春期的安全卫生问题。可以查阅相关的书籍报刊，了解青春期可能会遇到的身体变化，并提前为之做好准备。不懂的地方不要羞涩，要克服心理障碍，敢于请教父母、老师以及长辈或者朋友。合理学会利用外界的帮助度过青春期的变化。

3. 了解青春期可能会存在的一些心理共性。这些共同现象可能包括情绪多变、敏感，容易受到一些小事情的干扰，时而高兴兴奋、时而悲伤忧虑；独立意识以及道德意识日趋强烈，目前的幼稚感和希望达到的成人感出现矛盾的状态；对未来充满希望，有自己的审美观，重视学业，对事物越来越有计划；性意识萌芽，性别观念逐渐分化，对异性充满兴趣与好奇心，渴望和异性接触，存在表现和突出自我以吸引异性，但可能也会存在暂时疏远异性，避开和异性接触的表现。

三、远离早恋早孕

心理叙事

世代生活在渔村，未到法定年龄“结婚”再正常不过，最小的14岁就当了妈妈，个别30岁就成了奶奶或者外婆……记者在海南临高县等地的渔村调查发现，部分少女未婚早孕早育现象普遍。

16岁的潘虹已有5个月身孕，她一手拿着电视遥控器不时地换台寻找着自己喜欢的娱乐节目，另一只手则轻轻拍打着后背上哇哇大哭不到两岁的女儿。她17岁的丈夫跟随公公下船做工，她和不到40岁的婆婆在家带孩子。她这样描述自己的一天："吃饭，喂孩子，看电视，喂孩子……"在潘虹看来，16岁已有二孩并不"稀奇"。

在当地渔民眼中，"少女妈妈"是再正常不过的事。他们有着共同的成因：多半为留守少年、受习俗影响，部分早恋后奉子成婚。新盈镇中学教导主任陈吉登表示，渔民孩子多为"半留守状态"，父母常年出海打渔，多数孩子跟爷爷奶奶生活，初中阶段恋爱很普遍。陈吉登说，尽管学校采取了禁止下课后男生女生在操场聚会等一系列强制措施，然而效果甚微。在学校里，性并不是什么新鲜事。

（新华网海口2016年7月12日报道）

案例分析

案例中潘虹16岁，正当学习提升自我能力的青春关键期，却早早成了"少女妈妈"，自己尚未成年却要承担起抚养小孩的责任，不仅给潘虹的身体健康带来了巨大的挑战，也限制了潘虹的个人发展，更无法为下一代提供良好的经济与教育支持。"少女妈妈"的现象往往发生在农村落后地区，这种现象的形成除了社会习俗或观念的影响之外，还跟父母外出工作，家庭教育的缺失有关系。

青春期本来就是两性意识萌动，渴望与异性接触、交往的阶段。在这一时期，生理发育导致性激素分泌变化，使青少年的性驱力增强，从而容易对异性萌生好感，想要产生进一步的接触。由于青少年自我认识尚未发展完全，也缺乏社会经验，很容易将这种好感误认为是爱情。在此时期，父母的引导会对儿童的认识起到关键作用。但留守儿童家庭中本该承担引导相应教育职能的父母远在外地，而家中的祖辈照料者又往往缺乏与儿童进行沟通的意识，甚至部分祖辈受到传统观念的影响，并不认为早恋是一件大事，导致留守儿童更容易出现早恋现象。

更糟糕的是，性教育在目前尚未完全普及，尤其是在传统观念深厚的农村，谈性更是一件令人羞耻的事情。因此留守儿童更加无从知晓生殖过程以及避孕等相关知识，这导致那些早恋的留守儿童很容易因为缺乏基本的避孕常识而意外怀孕。对于男孩来说，这往往意味着过早地踏入社会赚钱养家；对于女孩来说，她们要么选择人流，要么选择辍学生孩子，无论是哪种选择，她们都将在心理和生理上承受超乎相应年龄的痛苦。

教育、引导儿童建立正确的爱情观、婚姻观，以及向留守儿童普及基本的性知识，如了解整个生殖过程和如何有效避孕，是防止“少女妈妈”现象出现的重要途径。

插入板块

避免孩子早恋早孕，可以这样告诉孩子

1. 青春期时由于生理激素的变化，我们会对异性产生好奇和兴趣是很正常的，但这并不意味着我们做好了进入恋爱关系的准备。实际上，爱他人是一种需要学习的能力，而不仅仅是心动的感觉。因此在我们没有做好准备之前就进入恋爱关系，可能会对自己和其他人都造成伤害。另外青春期也正是我们学业发展的关键时期，过早进入恋爱关系，可能会由于我们缺乏如何平衡学业与两性关系之间的能力而影响学业的发展。

2. 在青春期由于生理的变化，对性感到好奇也是非常正常的现象。但在此时，无论是男孩还是女孩的生理心理发育都未尽成熟，生育将对这个阶段的青少年带来极大的身体和心灵的负面影响。我们可以借助书籍、网络视频或科普文章等资源让青少年了解生殖的全过程，了解什么是安全的性行为和有效避孕的方法，也让他们认识到不安全性行为可能存在的危害，如罹患传染病、意外怀孕等。

预防与应对措施

1. 家庭

留守儿童大多和自己的祖辈生活在一起，爷爷奶奶更多关注的是儿童有没有吃饱穿暖，对于什么是青春期、如何对待青春期孩子心理的变化等问题无从谈起知之甚少。不仅如此,由于受到传统思想的束缚,祖辈很少对儿童进行性知识的教育。对于儿童的青春期问题,一方面留守儿童的父母要及时和儿童的监护者沟通,时刻关注儿童的生理变化和行为变化。另一方面作为留守儿童的监护人更应该关注儿童青春期的健康教育,不要采取忽略的态度。越是逃避,青少年对于青春期这方面的知识就越是好奇,越会寻找各种途径来满足自己的好奇心。为了避免他们通过非正当的途径进行了解,监护人要积极主动地与孩子进行交流,并与学校的老师及时沟通了解他们的发展状况,为能够及时做出正确的指导做准备。

家庭教育是儿童所受最早也是对其影响最深的教育,父母在儿童成长的过程中有着举足轻重的作用。留守儿童的父母长期与儿童分开,更需要多和孩子进行心灵的沟通。首先,父母自己要摆脱传统观念的束缚,不要“谈性色变”,而是要大大方方、以合理和恰当的方式对孩子进行性知识的普及和教育,比如可以用新闻或者孩子比较喜欢的小视频进行话题切入。其次,随着年龄的增加,和孩子的交流更应该建立在平等的基础上,要尊重他们,不要以命令的方式进行沟通,也不应摆出一副居高临下的样子,要尽可能站在孩子的立场上去思考、回答和解决问题。最后,父母应通过各种新媒体丰富自身的知识,解答孩子在青春期所遇到的困难,尊重孩子的感受,做忠实的听众以聆听他们的苦恼。

2.学校

学校是个体社会化的重要基地,是对学龄儿童而言最重要的社会化机构。学生在学校里接受指导,系统地学习科学文化知识、社会规范、道德准则和价值观念,并且在与他人相处时共同享受权利、分担义务,获得家庭以外最初的生活经验,不断迎接挑战。在儿童的成长过程中,作为学习、交友的主要场所,学校的作用不容忽视,尤其是对于家庭教育缺失的留守儿童,学校教育在他们成长过程中显得尤为重要。强化学校教育、营造良好的校园环境,能够让留守儿童健康成长,也能在一定程度上弥补家庭教育的不足。因此,对待留守儿童的青春期的问题,学校有责任也有义务通过各种方式来宣传正确的青春期知识,并帮助留守儿童安全健康地度过青春期。

首先,对于学校,特别是对于班主任来说,要耐心且细心地帮助他们解决生活中的问题。不仅如此，学校方面也要和儿童的父母进行及时的沟通，形成“家庭——学校”联结的立体教育方式。再次，尽可能尝试通过多渠道宣传青春期小知识，比如不定期地举办读书节，指导孩子阅读一些青春期的书籍，了解青春期的知识；也可以在教室或宣传栏里有针对性地宣传青少年可能会遇到的问题并提供相应的建议。最后，学校要树立有问题找心理老师的观念，让儿童明白心理老师会从更加专业的角度帮助他们解决青春期的各种烦恼。

3.社区

社区在对留守儿童青春期的教育方面更多担任的是宣传角色，宣传的对象主要是留守儿童和其抚养者。一方面，社区可以提供各种书籍和青春期宣传手册，社区工作人员可以利用社区的宣传栏向留守儿童的抚养者，宣传青春期可能会遇到的问题并给予相应的专家建议，让抚养者学习更多有关青春期的知识以及相应的教育措施，以便更好地应对青少年面临的各种状况，从而给予相应的指导和建议。另一方面，社区可以请教育专家或者心理辅导专家，深入社区开展各种有关青春期的知识讲座，举办各种有吸引力的活动，让留守儿童和抚养者以直观有效的方式更好地了解青春期的相关知识。

四、如何应对留守儿童的厌学现象

家庭教育缺失是留守儿童问题的一大痛点。不少家长将教育的职责完全推给学校，认为只要送孩子去上学就尽到了义务，孩子学习如何全凭造化。但不幸的是，留守儿童往往更容易出现厌学甚至辍学问题。

厌学孩子往往会表现出上课难以集中注意力、厌恶考试和作业、故意违纪、迟到早退甚至旷课或逃学。这些行为会让儿童青少年的学业表现下降，而这将进一步强化他们厌恶学习的感受，并引发自卑感，认为自己学习能力不足。这种自卑感不仅会引发孩子对学习的回避，甚至出现辍学的现象，还会影响到儿童青少年的自我认知，形成自己没有能力的信念，从而产生“滚雪球”式的效应，导致孩子发展出低自我评价、自暴自弃、敌对等心理问题，最终导致他们无法适应社会。

除了农村教育资源限制之外，这一现象也跟留守家庭缺乏有效教育引导和心理疏导有关。由于父母不在身边，留守儿童通常会感觉到缺乏关爱和及时肯定，这会使得他们更难形成稳定的、有价值感的自我意象。换句话说，他们在心底可能会形成自己是不值得被喜爱、没有能力的自我认知。因此，当他们遇到学业困难时就更容易产生厌烦甚至放弃学业的想法。而打破这一链式反应的关键就在于要让留守的儿童青少年认识到学习的重要性，帮助他们提高学业自信，让他们在面临学业挑战时更富有韧性。

心理叙事

今年15岁的少年泳轩出生在广州从化良口镇和丰村。泳轩这个名字是妈妈给他取的，但泳轩出生几个月后，妈妈就离开了和丰村，爸爸出外打工就把他放在姑妈家。两三岁时，泳轩的爸爸找了个后妈，此后更是很少回村里，泳轩基本成了没有爹妈的孩子，幸好姑妈姑丈看他可怜将他养大。

姑妈姑丈务农，有三个孩子，养大一家老小很辛苦，到田里干活时也很少时间管泳轩。姑妈的孩子比泳轩大很多，平时玩不到一起。“他经常自己玩，比较内向，见到人还怕生。”姑丈说，对泳轩他也只能勉强尽到照顾的责任。爸爸在外面打工每个月寄500元给泳轩当生活和读书费用，然而很少联系，过年也不一定回来。

因为缺乏照管，泳轩自小比较孤僻，不爱说话，学习也不好，小学的时候就经常逃学，厌学情绪严重。2014年9月，姑丈将他送到离村里十几公里远的良口中学读初一，但读了一个月后他再也不肯上学了。学校与泳轩家人联系，多次劝说他回去读书，但泳轩总是不肯，觉得学习很难，读书没意思。“我们不可能把他绑回学校啊！”良口中学的老师无奈地说，此后泳轩就辍学了。

“逃离”学校后的一年多，泳轩待在家无事，跑到镇上帮人打零工，去寿司店干了两个月，还做了一个多月的汽修工。在外面时间长了，他越发不愿意再回学校。再这样下去，这个自小被父母抛弃的留守孩子只有小学学历，以后连找工作养活自己都成问题。

（搜狐网2017年6月29日报道）

案例分析

案例中泳轩因为感觉学习困难产生了厌学情绪，加上家庭、学校没有及时引导，最终导致他小学辍学，难以在社会上生存立足。其实，孩子天生具有好奇心，没有人是天生就厌恶学习的。其中问题的根源在于没有人教他们如何学习，没有人帮助他们认识到学习的价值，更没有人帮他们建立学习的自我效能感。

在案例中我们可以看到引发辍学结果的最初原因是泳轩认为学习太难了。实际上，对大部分人来说学习从来都不是一个容易的过程，它是需要付出努力的。因此，在学习的过程中受挫是一定会发生的。但当留守儿童遇到这种情况时，他们往往无法得到家人的有效支持。有的家长是完全缺位，比如案例中的泳轩；有的家长会过度批评甚至辱骂孩子，希望以此管教孩子，但这往往适得其反。所以对留守儿童来说，他们缺乏家人鼓励、引导他们坚持下去，因此很难认识到这其实是通过努力可以被克服的困难，往往以偏概全地否定自己，认为自己没有学习的天赋。

苏霍姆林斯基说过："如果孩子一连得了2分，他就同自己的命运妥协了，觉得无所谓了，求知欲的火花被熄灭了，第二次点燃求知欲的火花是多么难呀！"因此，缺乏关注和肯定的留守儿童在遇到学业困难的时候，更容易出现自我认知偏差，认为自己学不好、学不会，而不是客观地认识到这只是其中的部分困难。久而久之，学习会让他们感到没有成就感和乐趣，厌学情绪将变得越来越严重，最后甚至会演变为辍学。

预防与应对措施

1.家庭

很多留守儿童的家长因自身文化程度不高而错误地认为自己无法为孩子提供学习上的帮助。实际上，帮助孩子学习并不仅限于解答习题。帮助孩子学习最重要的是引导他们建立对学习的兴趣和自我效能感。所谓自我效能感就是一种相信自己能做成某些事情的主观感受。通俗来说，就是提高孩子对自己学习能力的自信。只有当孩子建立起这种自信，他们才能在面对学业困难时拥有战胜困难的勇气，才能够愈挫愈勇，在学习中体验到成就感和自我价值感。提高孩子的自我效能感的建议：一是发现优点，及时肯定；二是接纳不足，释放焦虑。

一方面，作为留守儿童的父母或其他监护人应该要在孩子表现不错的时候给予及时的肯定和鼓励，让孩子"品尝"到成功的滋味。在《持续的幸福》一书中，"积极心理学之父"马丁·塞利格曼认为幸福人生的一个重要元素来自成就感。这种对成就感的追求是能带给人愉悦体验的。那些品尝过成功滋味的孩子将更有可能带着愉悦感和动力面对学业压力和学业困难，从而减少厌学情绪。家长们要有一双发现孩子优点的眼睛，帮孩子认识到自己是有能力学好的。这种优点可以很小，哪怕只是他很认真地对待了某次作业，而不是非得取得巨大的学业成就，但正是这些小而多的鼓励会帮助孩子逐步建立起自信心。

另一方面，当孩子表现不佳时也不宜过度责备，更不能辱骂孩子。这会让孩子产生焦虑和对抗情绪，反而更不愿意学习。此时家长更应该尊重孩子自身的发展规律，接纳他们的不足之处。具体来说，家长可以在孩子表现不佳时与他们一起发现不足，并帮助他们想办法解决问题，这样才能让孩子愿意打开心扉与家人沟通，从而获得面对困难的勇气。

2.学校

学校方面首先要做的是改善教学方法，提高学生的学习兴趣。传统的授课模式是以教师为主导，老师教、学生听。在这种"填鸭式"教学之下，学生只是被动的接受者，自然容易出现兴趣低下、心生厌烦的感觉。

此外，学校要重视发展素质教育，重视学生活动和学生社团的建设，让每一个留守儿童在学校都能找到自我价值的展示机会。目前，由于教育资源的匮乏，农村学校普遍以应试教育为主。这意味着这些学校的评价体系是"唯分数"论的，只有考试成绩优异的孩子才能得到肯定和重视，那些不擅长考试的学生或多或少会被忽视。事实上，有的孩子不是学不会，而是需要一个引导的过程。不同个体的反应速度、学习能力存在差异，但只要耐心引导，大部分孩子是能够学会的。但在单一的教学评价体系之下，这部分学得慢的学生容易被贴上"差等生"的标签，他们被肯定和被欣赏的需要长时间得不到满足，就会对学习逐渐失去信心，产生自卑感和沮丧感，进而产生厌学情绪。因此，如果学校能做好因材施教，积极发现每个孩子的长处并给予引导，将大大提升留守儿童的自我价值感，减少厌学现象的产生。

3.社区

作为社区，应该肩负起辖区内每一个义务教育阶段学生的教育责任，特别是当家庭教育缺位时，社区应当替代部分育人功能。具体来说，社区可以建立留守儿童档案，定期了解辖区内的留守儿童的学业情况。当发现孩子出现学业异常现象时，应当及时联系父母或其他监护人，敦促监护人履行监护义务，为孩子的学业发展提供及时引导。当留守儿童无人监管时，社区也应与学校协同作战，针对个别学生的情况制定个性化的帮扶措施，让留守儿童重返校园、适应校园。

五、让家庭教育超越距离

在留守儿童的家庭教育中，距离可谓是最大的障碍。年轻家长把孩子的教育、生活等责任全部交给了爷爷、奶奶、外公、外婆，这种祖辈对孙辈的抚养和教育称之为隔代教育。

对于留守家庭来说，祖辈有充足的时间来照顾孩子，也有抚养和教育孩子的实践经验，但隔代教育容易产生的弊端便是对孩子的要求无原则地满足，或者为其包办一切，这并不利于孩子独立意识的形成和健康人格的成长。这跟祖辈教育观念落后，因而缺乏对留守儿童的行为习惯、人格发展等各方面的教育知识有关。在许多老人看来，养育孩子就是保证他们冷不着、饿不着，个人发展纯属造化。即使有部分祖辈认识到了家庭教育的重要性，但由于个人知识文化水平有限，也难以提供合适的教育。此外，留守儿童的情感需求在很大程度上是被忽视的。父母外出务工后，大部分精力都花在了赚钱养家上，加上距离遥远，与孩子的情感沟通会逐渐变少。久而久之，孩子就会逐渐封闭自己的内心，加上此时期的孩子缺乏经验,“三观”尚在形成,往往容易受到不良事物的影响,从而可能在社会化程度和人格发展方面受到不同程度的影响。

由于距离问题,留守儿童的家庭教育环境总体有以下几个特征。

(1)家庭成员之间相互承诺、帮助、支持的程度比较低。

(2)儿童与抚养者之间易产生隔阂,矛盾冲突比较多,儿童更多感受到被忽略和轻视。

(3)成人和儿童之间的情感交流沟通程度比较低,留守儿童往往比较压抑,痛苦郁闷,也很少与主要抚养者分享自己的情感体验,无法正确释放自己的负面情绪。

(4)留守儿童家庭教育环境对社会活动、智力以及文化活动关注比较少,兴趣较低。

(5)忽略留守儿童的娱乐活动,社会交往指导比较少,参与程度比较低。

(6)留守儿童感觉到被尊重和被信任的程度较低。

现代科技发展为我们解决距离及其带来的问题提供了新的途径。一通视频电话、一条短信,都能让父母随时随地了解到孩子的动态。只要父母有心多与孩子沟通交流,完全可以借助现代的通信技术来为孩子提供新式的“陪读”。这样父母不仅可以为孩子在学业上提供及时的指导和帮助,也可以增进亲子沟通、引导孩子养成良好的学习和生活习惯,树立正确的价值观。

此外,随着网络的发展,某些原本难以获得的教育资源也不再稀缺。慕课、视频课以及中小学网络公开课,让云中课堂已逐步成为常态。即使身处相对落后的农村,也可以通过网络获取到合适的教育资源。家长、老师、学校甚至社区,都可以通过网络来帮助留守儿童的学业和个人发展。

(一)重养轻教

心理叙事

小超三岁时父母就外出打工,从此他就跟爷爷奶奶生活。爷爷奶奶每天在田里忙,小超要么跟着爷爷奶奶到田里玩泥巴,要么和自己差不多大的孩子四处玩耍。4年之后小超上一年级了,妈妈回来带他去学校报名,发现小超行为习惯很差，爱说脏话，爱在地上趴着玩……一说他，他还很不高兴，就在地上打滚。妈妈问奶奶，奶奶说他一直都是这样，哄哄他就好啦。妈妈心里很难受，去找孩子爸爸，坐下来和父母彻谈了一天，让年迈的父母明白了除了照顾好孩子的衣食和健康之外，还应该多关注孩子的行为习惯，并且给父母提供了一些自己认为适当的教育方法。自此，爷爷奶奶加强了对小超的行为习惯的教育。一段时间后小超说脏话的次数明显减少，衣服也干净了很多，教育效果十分明显。

（王俊主编《心灵有约——留守儿童心理健康读本》）

案例分析

案例中，通过爷爷奶奶和爸爸妈妈的共同努力，改变了小超不好的行为习惯。正是由于成长环境的巨变，祖辈很容易忽视对孩子当前发展而言至关重要的引导，放任一些对于其心理发展、社会适应有不良影响的行为。

祖辈作为“过来人”，通常具有丰富的生活常识和社会经验，在照顾孩子方面更加细致，并有一些独到的教育方法。祖辈有充裕的时间和精力，为孩子营造愉快、宽松的学习与生活环境。并且祖辈通常对儿童十分喜爱，愿意花时间与儿童待在一起，能够耐心地与儿童进行交流。此外，老人与儿童之间有一种天然的亲密感，他们认为照顾孙辈是自己的责任，孙辈也能给自己的生活带来乐趣。老人们凭借自己丰富的生活经验养育孙辈，他们勤俭节约、作风踏实、稳重、做人忠实、正直，注重家庭和睦，这些优点都成了儿童学习的榜样，都有助于儿童品格、道德素质的培养与提高。

但是，隔代教育普遍存在重养轻教的问题，这与祖辈的成长经历和传统价值观念有很大关系。祖辈们是在物资匮乏的年代成长起来的，因此在他们的观念里面养育孩子最重要的可能是为孩子提供生存物质条件，以保证孩子能够健康成长。但随着时代的发展，社会对人提出更高的要求。社会不仅需要劳动力，而且需要具备一定知识文化素养的高水平劳动力。因此祖辈的教育观念与现代社会的需要往往存在冲突。此外，祖辈也更容易在教育中重满足而轻管束。因为父母长期在外，监护人对被监护人关心少、疏忽多；过问少、放任多；严管少、放纵多，呈现出对儿童溺爱迁就的教育模式。祖辈照料孩子常出现“隔代亲”的现象，认为孙辈的教养责任在他们的父母身上，而作为祖辈可以无顾忌地宠爱孩子。因此往往给儿童过分的溺爱，总是尽量去满足他们的所有要求，不注重去管束他们的行为，过度保护，喜欢护短，从而忽视对儿童道德品质的培养，忽视儿童正确价值观的树立，继而影响其健全人格的养成。

（二）远程“陪读”

心理叙事

有一位农民工爸爸就通过远程陪伴实现了教育和引导孩子的目的。这位农民工爸爸名叫王刘松，老家在安徽，今年只有29岁。现在的他是一名粉刷工，在山东工作。家中的两个孩子是他最大的牵挂。大儿子8岁，小儿子6岁。都待在老家，与他相隔1000多公里。孩子的妈妈也在外地打工，两个孩子和奶奶一起生活，平时没有人监督他们的学习，孩子学习成绩很不好，考试只考了十几分。得知消息后，王刘松没有去责怪孩子，而是不停地责怪自己，觉得作为父亲的自己很失职，没能陪伴好孩子。为了鼓励孩子好好学习，王刘松买来了智能音箱，开始“远程陪读”。孩子遇到不会写的作业，可以远程向爸爸求助。对于小学问题，初中毕业的王刘松还是可以应对的，他还能随时纠正孩子的错误。和爸爸一起学习，孩子也觉得很有意思，愿意听爸爸的讲解，学习态度也变得越来越认真。一晃两年过去了，王刘松始终坚持远程陪伴孩子，那么，他的努力换来了怎样的收获呢？在他的陪伴下，孩子的成绩出现了明显的提升。最初考试只能考到十几分，后来升到了70多分，最近的一次期末考试语文竟考到了90多分，让全家人都非常惊喜。王刘松对孩子的未来也充满了信心。

（大米Video2021年8月26日报道）

案例分析

案例中的农民工爸爸巧妙地利用了现代通信技术来解决留守孩子的教育问题，进行了在线陪读。最终帮助孩子实现了从十几分到九十多分的成绩提升。

学业是儿童教育的重要部分，但留守儿童的照料者往往是祖辈，他们中大部分人文化程度不高，当孩子在课业上存在困难的时候，他们往往没有办法提供有效帮助。而农村相比城市来说，教育资源普遍比较匮乏，即使想找额外辅导来帮助孩子学习往往也存在一定困难。现代科学技术的发展让远距离家庭教育成为可能。像案例中爸爸使用的智能音箱或是我们生活中常用的视频通话都可以让父母随时“陪伴”在孩子的身边。这样父母可以随时观察、了解到孩子的学习生活动态，在课业上存在困难的时候也能提供力所能及的帮助。

另外，家庭教育并不仅仅在于为学业上的具体问题提供解答，而更多地在于帮助孩子培养学习兴趣以及养成良好的学习习惯。父母文化水平不高并不意味着孩子无法超越父母，最终决定孩子学业成绩的是孩子自身的努力。留守儿童在学业发展上之所以相对落后，其中的重要原因在于监护人没有帮助孩子认识到学习的重要性并建立起良好的学习习惯。在本案例中，农民工父亲虽然自身文化程度并不高，但是他认识到了学习的重要性，并教育自己的孩子要重视学业成绩。通过借助智能音响，督促、引导孩子形成良好的习惯，按时完成作业、遇到难题及时求助以求解决，这样，让孩子知道如何学习，并进一步地帮助孩子提升学业自信和学习兴趣。

最后，远程陪读的重点不仅仅是“读”，更在于“陪”。儿童与父母的情感纽带是孩子战胜困难的勇气来源。很多时候父母在具体的问题解决上提供不了太多帮助，但是因为有了父母的陪伴，孩子感受到了关爱，更可能选择坚持；反之，如果父母对孩子不管不顾，可能会让孩子有被抛弃的感觉，继而感到自卑，在遇到学业问题时，不相信自己有解决问题的能力，甚至最终过早地放弃学业。

六、网络教育资源来助力

心理叙事

为了关怀社区留守儿童，同时提升儿童的学习兴趣及动手能力，拓宽其知识视野，9月11日，东溪乡e站一家融共体联合无锡灵山慈善基金会保康爱心基金开展了“远程教育——有你真好”小组活动，将课堂搬到了线上，通过网络直播技术,跨越了泰顺到江苏的远距离隔阂,为留守儿童上了一堂涉及优秀传统文化、美育、手工制作的远程教育课,吸引了11位儿童参加。

"孩子们,大家早上好啊,我是你们的远程老师万维,今天我要带领你们一起通过屏幕学习下我们中国优秀传统文化《弟子规》哦,让我们一起把注意力放到大屏幕上来吧!"万老师一边打开精美的PPT,一边跟屏幕前的儿童打着招呼。《弟子规》本来就朗朗上口,直播中,老师带着孩子们认识大成至圣先师孔子老师,学习正确的读书姿势,并结合动画与提问的方式了解《弟子规》的内容。文化学习课结束后,万老师带着孩子们一起学习歌曲《世界因我而美丽》,用歌曲内容引导孩子们思考身边美的人、事、物,发现为我们付出的那些美丽的人,启发孩子们的感恩心。

在美食手工环节,万老师带领孩子们了解中秋节的历史以及月饼的来历后,孩子在东溪乡社工站周老师和胡老师的帮助下,做出了漂亮的月饼。课程结束后,孩子们还把月饼进行了包装,带回家与家人一起分享。

在这堂4个小时的远程课程中,万老师与现场周老师、胡老师配合默契,通过充满童趣的表述,深深吸引了每个孩子的注意力、感染着每个学生的情绪。学习课堂和手工课堂的气氛都非常活跃,引得孩子们笑声连连。11岁的蔡羽星开心地说:"这样的远程课太有意思了,不仅能学到知识,还丰富了我的周末时间,希望以后可以多一些这样的课程。"

(泰顺新闻网2021年9月13日报道)

案例分析

农村地区缺乏优质教育资源,主要反映在农村教师的教学水平相对较低,教学环境有待改进,以及个性化教育资源匮乏等方面。在本案例中,学校借助互联网和信息技术,将优质教育引入留守儿童的课堂之中。

在农村学校,音乐、美术、体育教师是相对缺乏的,留守儿童往往接受不到除了学科教育之外的美育、德育。一方面,一些在文艺或体育方面有天赋的留守儿童,得不到相应的教育资源来学习和成长;另一方面,德育、美育也是学生心理健康以及人格发展的重要渠道。因此,以上方面的教育缺失,在很大程度上限制了留守儿童的全面发展。而远程教育可以让教育跨越空间的限制，将优质的教学资源传递给留守儿童。当然，在利用网络资源的同时，我们也应该警惕留守儿童过度使用网络，甚至沉迷网络的情况。(若需进一步了解如何防治网络成瘾可参见第九章)

不仅如此，网络技术还可以提升农村地区的学科教学水平，从而让留守儿童进一步获益。除了将网络课堂直接引入传统课堂的方式之外，农村地区的教师也可以通过网络资源或者以网络集体备课的方式，来进一步提升自己的教学水平，提高课堂的教学质量。学校需要积极地运用网络资源，进行教育创新，以便为留守儿童提供更优质的教学服务。

预防与应对措施

1. 家庭

祖辈要更新教育观念。留守儿童的父母不在身边，更应重视教育和培养，增加亲情的联结。在教育孩子的过程中，祖辈在发扬传统家庭教育优点的情况下，也要不断接受新的教育理念和方法，在给孙辈关心和爱护的同时，对于他们的错误更要及时地批评指正，引导他们养成好的习惯。在隔代家庭中，祖辈要以理智控制情感，分清爱和溺爱的界限，爱而有度，恩威并重，关爱与严厉相结合。孔子曾经说过："其身正，不令而行；其身不正，虽令不从。"鲁迅也说："要使孩子成为什么样的人，自己首先要成为那样的人。"好习惯的培养一定要从小开始，在儿童不良行为初露苗头的时候，要明确指出儿童的错误，并果断制止。

在外打工的父母在赚钱养家的同时，应不忘经营自己的家庭，应共同商讨孩子的教育问题，才能找到隔代教育和亲子教育的平衡点。在外父母应经常与孩子保持联系，给予他们更多的关注和爱，并多尝试跟监护人和老师进行有效沟通。例如，要经常且定期和子女进行电话、网络视频、书信等交流，了解儿童心理发展的特点和问题；常和祖辈进行交流，让他们了解新的教育理念和方式，帮助其化解祖辈与孙辈之间可能存在的矛盾；同时还要定期和班主任沟通，了解儿童在学校的情况。

2.学校

学校要加强人文关怀,用师情弥补亲情。学校应对“隔代教育学生”进行全面的调查摸底,做到“三知”:知“隔代教育学生”的基本情况、知监管人的基本情况、知父母外出务工的去向及联系电话,建立亲情电话联系网。

建立“隔代教育学生”档案,做好资料收集工作。全面了解并掌握每个学生的家庭、学习、生活、个性、爱好等情况,关注学生成长中遇到的生理、心理问题,注重情感沟通与习惯养成。收集学生学习、活动、日常行为表现、情感表现等信息,记录学生发展过程中的有关评价,建立隔代教育学生的成长记录袋,班主任应及时将有关情况报告给家长或监管人。

用爱心抚慰伤痕,构建师生爱心平台,做好心理疏导工作。时时留意倾听隔代教育学生的心声,把隔代教育学生的喜怒哀乐放在心上,关注隔代教育学生的心理生活和思想活动。每周定期和隔代教育学生交流,有针对性地对隔代教育学生进行心理引导,用真情推开一扇扇幼小的心门,解开一个个心结。使他们切实感受到来自老师的关爱,感受到班集体的温暖,以此尽可能地消除亲子关系缺失对其人格发展的消极影响。

学校也要借助信息网络技术,提升教学服务质量。学校可以打造信息课堂,改善上课硬件设备,比如为教室配备多媒体、摄像头等移动终端,将优质的网络课堂引进到教室当中。另外,学校也可以以网络互动的方式,让农村教师得到更多的培训学习机会,与城市的学校建立帮扶机制,共同备课,提升农村教师的专业能力,进而让留守儿童享受到更优质的教育资源。

3.社区

要使孩子健康成长,光靠家庭的力量是不够的。需要建立一个相互依托、优势互补的综合性的社会支持体系,建立一个以学校、居住社区、家庭、邻里为中心的留守儿童监护体系,利用一切可以利用的社会资源,充分发挥社会各方面特别是社区的功能,有效地促进留守儿童的健康成长。

发挥居住社区的综合教育功能。少年儿童的教育历来是家庭、学校、社区共同的责任。对于留守儿童来说,在家庭教育缺位的情况下,建立和完善农村社区教育就显得十分必要。社区要净化社区环境,使孩子在文明的社区文化中受到有益的熏陶。比如,可以在社区成立课后活动中心,开展丰富多彩的文体活动,或成立各种兴趣小组,或让孩子参加力所能及的公益性劳动,这样既培养了留守儿童的劳动观念和创新意识,又丰富了他们的课外生活,同时弥补了留守儿童放学后及节假日的教育空白。

加强农村基层社会组织的建设。加强农村的社区建设,发挥社区对留守儿童的监护和教育作用。社区是一个人际十分熟络的小社会,也是留守儿童的主要社会活动场所。社区对留守儿童及其父母都比较了解,这使得对留守儿童的教育变得更有感染力和亲和力,同时社区又是监督留守儿童是否产生不良行为的最好场所。社区可以通过和留守儿童监护人签订监护协议的方式,尽到监护留守儿童的责任。尽管留守儿童缺少亲情,但是如果社区能使他们感到温暖,就能在一定程度上代偿亲情。

创建良好的社区文化。良好的社区文化可以营造良好的社区氛围,而良好的社区氛围对农村留守儿童有潜移默化的教化作用。多利用健康正面的书籍加以正面引导和宣传,鼓励留守的老人们平时多参加集体活动,开阔眼界,及时更新教育观念。

七、错误的教育方式——家庭暴力、溺爱、过度放纵

家庭教育方式对孩子性格的形成具有重大的影响。但在家庭教育中最常遇到的一个问题就是,家长不知道应该如何教育自己的孩子,这种现象在农村留守儿童家庭中更加普遍。祖辈监护人或出于对孙辈的疼爱,或出于落后的教育观念,更容易采取错误的方式对待留守儿童,从而使教育出现偏差,如暴力、放纵、溺爱等。错误的教育方式,对儿童的认知能力、价值观和行为,都会产生极大的负面作用。

(一)家庭暴力

心理叙事

6月2日,有网友发布消息称,客店中心幼儿园有一名不满5岁女童叫朵朵(化名),被奶奶暴打后,幼儿园老师到家中劝说,未料孩子又被打伤。该消息配发的图片显示,朵朵的两个眼圈有大范围的青肿。记者对此消息进行核实,朵朵的父母和爷爷均称,孩子是在楼梯摔倒致伤。但当地司法、公安、幼儿园和卫生院等多方面均证实,伤情是朵朵奶奶对孩子进行殴打导致;当地司法所负责人介绍,通过调查得知本学期朵朵的身上已三次出现伤痕。6月2日上午,客店镇关工委、司法、公安、计生和妇联等多个部门得知后,立即安排幼儿园老师带孩子到当地卫生院进行了检查。同时到朵朵家中进行走访,对家人进行了法律知识教育,明确表示虐待儿童是犯罪。鉴于朵朵奶奶身体不好,相关部门对其进行了严厉的批评教育,同时也要求其他家庭成员加强看护,坚决不允许再出现类似情况。6月12日,记者到朵朵就读的幼儿园回访时得知,朵朵已回到园里上学,眼睛周围的青肿也已明显消退。

(华商报2016年6月17日报道)

案例分析

案例中的朵朵奶奶对朵朵的行为属于非打即骂的严厉型教养方式。这种教育方式要求儿童对自己绝对服从,以维护自己的权威和威严,对儿童缺乏积极的情感关注。此外,这种教养方式会较多地采用体罚,就像朵朵的奶奶那样,不分青红皂白地对孩子进行打骂,或者采用不管不问的消极做法,较少关注儿童的感受、想法和意见,很少讲道理,更谈不上与儿童进行积极的情感交流。近年来留守儿童遭遇的暴力侵害,大致可分为两类,除了来自同龄人等其他社会成员的暴力侵害,便是来自家庭成员的暴力殴打。

长期的严厉型教养方式或者暴力管教会对儿童造成心理伤害,比如由于害怕而不敢说实话、胆怯、叛逆等,也可能使儿童变得过分强势,养成“用拳头说话”的习惯。此外,长期处于不良的环境,也会对儿童的性格造成影响。对严厉型管教者或者暴力管教者的恐惧,容易使儿童形成懦弱的性格,不愿意接触外界,从而影响到正常的人际交往。另外,暴力式的教养方式不仅仅对孩子的心灵带来伤害,其背后可能还涉及违法问题。有的监护人在情绪之下,可能会对孩子进行过度的体罚,甚至是虐待。《中华人民共和国刑法》第260条规定:虐待家庭成员,情节恶劣的,处二年以下有期徒刑、拘役或者管制。犯前款罪,致使被害人重伤、死亡的,处二年以上七年以下有期徒刑。因此,“棍棒底下出孝子”的教育理念可能并不能矫正孩子的不良行为,反而可能适得其反触犯法律。

当自己的父母不在身边,而主要抚养者又采取不正当的教育措施时,作为当事人不能甘愿处于被动或者弱势的地位。假设朵朵能积极地寻求其他人的帮助,如向自己的父母或者老师反映,不惧怕奶奶的绝对权威,善于运用各项权利去保护自己,可能就会有效减少自己所受到的伤害。

(二)溺爱

心理叙事

小刚的母亲长年在外打工,是奶奶一手把他带大的。这天是奶奶的六十大寿,小刚的爸爸、妈妈特地赶回,为奶奶买了个大的生日蛋糕,并准备了丰盛的酒席。小刚的姑姑、舅舅、小姨也都远道而来。由于二姨、三姑住得远,还没有到,小刚却要切蛋糕吃。妈妈、姑姑都去哄,说等一会大家到齐,马上切蛋糕。可是怎么哄也不行,小刚非要切蛋糕吃。最后奶奶求小刚:“我伺候你十来年,你能不能等一会儿,等你姑来了就马上切蛋糕!”话音未落,只听“啪”的一声，小刚竟一巴掌把生日蛋糕打翻在地，说："现在不让我吃，你们谁也别吃！"小刚爸爸气得扑过来打小刚，小刚坐在地上又哭又闹。一场生日宴会。搞得一塌糊涂。

（李颖超主编《留守儿童安全防范手册》）

案例分析

案例中的小刚是一个无理取闹、不分场合就随意耍小性子的孩子。由于家长平时对其过于依从、娇惯、宠溺导致他目无尊长、缺乏礼貌，最终养成了唯我独尊的不良品行。再加上父母长时间不在身边，奶奶对于孙子的教育缺乏合理的引导，更加助长了其不良行为。

娇惯的行为主要是由于父母外出打工，与子女聚少离多，甚至处于隔绝的状态，因此对子女的教育引导少，儿童很难从父母那里得到应有的教育。长期的分离和疏远，使亲子关系发生了微妙的变化。处于成长关键期的儿童需要父母为其树立榜样，帮助他们建立和发展正确的人生观、价值观和世界观，当这种需要没法实现的时候，儿童就会寻找其他榜样或者干脆随波逐流。此外，外出的父母因为没有陪伴在儿童身边而产生愧疚感，以及监护人觉得没有父母陪伴的儿童非常可怜，这更容易让他们采用以物质来弥补精神上的愧疚的方式，对儿童犯的错也不忍心责备和批评，久而久之便形成了一种溺爱。这种教养方式会导致儿童以自我为中心，我行我素，不顾他人的感受。

（三）过度放纵

心理叙事

1997年1月，小男孩朱某出生在安徽省合肥市的一个小村庄之中，朱某的家庭十分贫困，家中父母长期在外打工，爷爷奶奶对于朱某的教育也是顺其自然，少管少问。长期留守的朱某在这样的教育下变得随心所欲、毫无目标，成绩十分差劲。在学校老师无法教育朱某，在家中爷爷奶奶又对朱某采取"放养"的态度。长期缺乏教育与引导的朱某失去了生活目标和奋斗动力，小学尚未毕业就到合肥市区打工养家去了。

小学辍学后，在合肥市区打工的朱某前前后后找了许多份工作，最后在市区的一家饭店内做服务人员。工作完之后的朱某，要么回到租屋内，要么就到网吧里玩游戏，一玩就是一整天。在网络上，朱某经常会看到部分违规信息，随着时间越看越久，朱某自己也开始主动寻找这些违规信息。朱某终于经受不住虚拟世界的冲击，他不满足每个月只有一点点钱生活，遂萌生出抢劫的念头，开始在网上找寻一些作案手法。并开始肆无忌惮地实施犯罪行为。

（腾讯网2021年10月30日报道）

案例分析

案例中的爷爷奶奶对朱某的过度放纵，导致他更容易受到不良观念和行为的影响，无法及时认识自身行为和观念存在的问题，并最终使得他走上了犯罪的道路。这反映出很多老人在儿童发展上抱有“树大自直”的观念，或者采取一种放任的态度不对儿童进行德育教导。此外，“重养轻教”的观念也在一部分留守儿童的生活中存在，一些留守儿童的监护者只是为了向儿童的父母“交差”，在儿童的教育上推卸责任，认为儿童的教育是学校和其父母的职责和任务，并不对儿童的一些错误行为进行管教。

教育儿童不仅要关注儿童的智力发展，还要注重良好习惯的培养。日常生活中，例如睡觉前给儿童分享励志小故事，有助于开拓儿童的思维，丰富儿童的想象力，从而潜移默化地让孩子认识人生、通达事理、明辨是非。祖父母给儿童讲得更多的是民间故事、寓言故事，很少有祖辈会教儿童适应、儿童智力发展的故事。此外，很多祖辈非常放纵儿童，不要求儿童守规矩，很少指出儿童犯的小错误，使他们没能掌握必要的礼仪规矩，不懂得尊重长辈与他人。也很少关注儿童良好习惯的养成，如按时作息、做好功课再玩耍、做事有条理等。

留守儿童的监护者及老师应当教育儿童不能因为父母不在身边，就这样放纵自己、认为一些坏习惯是理所当然，当监护者或老师对错误进行教导的时候，不能有强烈的负面抵触情绪存在，要积极向优秀的榜样学习，成为品学兼优的好孩子，才是对未来最好的交代。

插入板块

不同家庭教养方式对儿童成长的影响

美国临床心理学家戴安娜·鲍姆林德曾提出了衡量家庭教养方式的两个指标："回应"，即父母对孩子需求的回应程度；"要求"，即父母对孩子自身成熟、独立、承担责任的要求。根据这两个维度，可以将家庭教养方式划分为四种类型。不同类型的教养方式将对孩子的性格发展带来极大影响。

①权威型

权威型的父母并非绝对权威的，相反，这是一种相对民主的教养方式。具体来说，家长既需要对孩子提出合理要求，也需要关注孩子的感受和想法。比如在学习上，留守儿童的家长应该在尊重孩子的能力和感受的前提下，向孩子提出合理的学习要求，引导他们设置合理的目标，并为他们达成目标提供支持。在这种教养方式下成长的孩子会尊重自己的感受、学会自爱，并对自己的能力抱有信心，成为自信的人。同时，由于家长也为他们的行为设置了合理边界，因此他们也能学会尊重他人的感受、积极融入集体，具有较强的适应性。

②专制型

专制型的家长要求绝对服从。比如在留守儿童的家庭中有的家长担心孩子不努力学习无法寻得好出路，有可能会出现过度教育的问题。当孩子的学习成绩或行为表现不如他们期待的那么好时，他们对孩子非打即骂，以此强迫孩子服从。但他们往往不太关心孩子内心的感受。久而久之，孩子要么表现出自卑心理，认为自己一无是处，要么产生严重的逆反心理，与父母对抗甚至实施报复行为。这两种心理状态都会使得孩子难以与人进行良性沟通，因此社会适应性较差。

③放纵型

放纵型的父母允许孩子自由表达自己的想法和感受，但很少对孩子提要求，缺乏对孩子的行为管束。留守儿童家庭中的祖辈往往表现出这种教养方式。俗话说“隔代亲”，祖辈很容易出于疼爱而对留守孩子放宽要求，无限制地满足孩子的要求，甚至是无理要求。在溺爱之下长大的孩子一方面容易表现出自我中心，不在意他人的需求，另一方面又容易过度依赖他人、缺乏独立性。

④忽视型

忽视型的家长主要的表现是忽视孩子，对孩子不闻不问，采取放任自流的态度。他们既不对孩子提出要求，也不提供心理上的支持和关注。留守儿童的父母因为相隔较远，加上工作繁忙，比较容易出现这类问题。他们一般只在物质上为孩子提供支持，但甚少从心理层面去关注孩子的成长。在这种家庭教养方式下成长的孩子通常会出现比较多的问题行为，难以管控自己的行为，学业成绩也比较差，很容易出现适应障碍。

预防与应对措施

1. 家庭

首先，对于家庭教育来说，要处理好“严”与“爱”的关系。“严”是指严格要求，“爱”是指关爱呵护。把二者统一起来，对儿童既要关爱呵护，也要严格要求。火炉给人温暖，同时也会烫人，对待儿童和使用火炉一样，要遵循规则，可以享受“爱”的温暖，但违反规则，就要受到惩罚。这个“火炉”就是父母对子女的要求，一定要以符合儿童身心发展的特点为标准，让儿童明白“火炉”的意义和存在价值。也就是说对待儿童的教育要把握适度原则，不能过度，不能溺爱儿童，也不能过于严苛，要学会科学合理地教导儿童，过于宠爱或者严苛的教育对于儿童的成长都不利。

其次，要杜绝暴力的教育方式。切忌找儿童做“出气筒”，抚养者要学会控制自己的情绪，不能按照自己的喜怒来管教儿童，如果把自己的负面情绪转嫁到儿童身上，容易对儿童造成不好的影响。一来抚养者的“小题大做”让儿童无过受罚，会使儿童感到有失公正。二来如果抚养者因不能控制自己的情绪而使惩罚无限制升级，往往会激化儿童对抚养者的反抗情绪。特别是在情绪低落、脾气暴躁的时候惩罚儿童，往往会产生过激的行为从而造成难以收场的结局，这会导致儿童产生心理阴影，影响抚养者在儿童心目中榜样形象的树立。

最后，父母对可能存在的问题要及时发现，不能放任不管，要及时批评，不要纵容。儿童对事物的认知需要家长的一步步地引导，要帮助他们分清善恶，而非一味纵容。此外，要尽量避免“秋后算账”，更不要在事情发生后一直唠叨不停，这会使儿童形成厌烦的心理。对于父母不在身边的儿童来说，父母要随时和儿童的主要抚养者保持联系，要从抚养者方面了解儿童最近的动态，要主动和子女交流，了解他们最为真实的想法，如果发现问题应及时沟通处理。

2.学校

针对过分严苛特别是一些暴力管教的家庭来说，学校要及时了解情况，和孩子的抚养者进行沟通，指导他们科学地教育儿童，要尊重儿童的意愿而不是以抚养者的好恶来管教儿童，对于一些存在比较严重的暴力倾向的抚养者，学校可以通过法律的途径维护儿童的权利。

对于教育过分松散的家庭来说，学校要与儿童的父母和主要抚养者进行利弊分析，要让他们明白对儿童的溺爱可能会造成的不良影响，比如，这会使儿童缺乏自立、自理的能力，过度的娇纵会使儿童肆无忌惮，甚至会走上犯罪的道路。学校可以通过家长座谈或者家庭访问，与儿童的主要抚养者进行系统的沟通，形成学校和家庭紧密联系的立体教育模式。

3.社区

社区工作人员要及时掌握每家留守儿童的教育动态，极力避免虐待儿童事件的发生，对待暴力教育的家庭必须要对抚养者进行教育，无论何时都应该以留守儿童的安全为重，避免儿童受到二次伤害。

对于社区里面的一些优秀的教育案例要进行宣传，定期进行教育交流会，也可以开办家长学校，给居民宣传正确的教育理念和教育方式。科学的教育观念对于老年人来说可能一时难以接受，需要通过各种方式宣传，以求给予老人正确的引导，帮助其更新教育理念。

此外，社区也可以通过各种方式招募志愿者或者专业人士组成教育咨询小组，专门给社区中的儿童监护者提供教育指导，方便他们针对自家孩子的具体情况来制订更为合理的教育方式。

八、代理家长——让留守儿童的心不再留守

越来越多有爱心的社会人士都充当了代理家长，为外出打工的父母解决照顾儿童的问题。不仅有一些组织是自发形成，随着外出务工人员家庭生活的提高，职业代理家长也作为一个新兴的行业在一些地区悄然兴起。代理家长对留守儿童的成长起到了积极的作用。首先，儿童的生活得到了照顾，因为大部分的代理家长是出于内心关爱、职业需要等原因对儿童的生活照顾得很细心。其次，儿童的学习得到了辅导，大部分的代理家长都是学历较高的，部分成员还有担任教师的经历，能够运用自己的教育经验辅导儿童学习。最后，儿童得到了关爱，代理家长及其塑造的环境在一定程度上弥补了留守儿童心理情感的关爱缺失，有益于儿童个性的发展和身心的健康成长。

心理叙事

在黔江区白石中学，杨友进正在与同学们分享自己的人生故事，并为优秀学生颁发“恩德优进”奖，激励同学们要立志高远、勤奋学习。

2015年开始，杨友进每年捐助5000元作为奖学金，用于奖励该校学习成绩好、品德优、懂得感恩的留守儿童。考虑到留守儿童的特殊性，他认为仅仅是物质上的帮助并不够，还需要给予他们精神上的鼓励。杨友进的这个想法得到了白石中学的支持，2009年，学校聘请杨友进为“德育校外辅导员”。从那时起，每个学期，他要为一个班级的学生做“代理家长”。自代理家长以来，杨友进做得最多的一件事就是和学生们交心谈心。为了全面了解学生的生活、学习情况，他还在周末到学生家中家访。到目前为止，他共担任白石中学385名留守儿童的“代理家长”。

白石镇白石中学学生黄娜说：“杨老师每天都会来我们学校，我们班以前成绩特别差，全校就我们班最差，现在我们班已经飞跃了一个等级，特别感谢他，我们非常喜欢他”。

（黔江微TV2021年11月24日报道）

案例分析

案例中杨友进在黄娜等留守孩子的健康成长过程中起到了重要作用。他们在杨友进的帮助下，逐渐打开了心扉，与杨友进产生了积极的情感联结，缓解因为父母不在身边而产生的焦虑感，并得到了成长路上的精神鼓舞。

类似留守儿童存在亲情缺失、监护不足的情况，如果可以找到一位“代理家长”，作为留守儿童生活的知情人、学习的引路人和成长的保护人，可以在一定程度上有效地帮助解决留守儿童学习、生活上遇到的问题。

但是,代理家长毕竟不能真正地取代父母,完全满足留守儿童成长所需要的情感和沟通的需要。因此,对于留守儿童来说,可以通过代理家长满足自己的情感需求,但也要注意和自己的父母和主要抚养者进行沟通和交流。

预防与应对措施

1.家庭

外出务工人员双方必须全部外出时,可以尽量寻找一位“代理家长”,委托他人进行照顾。在教育子女方面要与“代理家长”达成共识,一起针对儿童的具体情况给予有效的规划和指导。父母将子女委托给“代理家长”后,也要经常性地与子女及“代理家长”联系,让儿童时刻感受到父母的关爱与家庭的温暖。

父母对子女的教育必须和“代理家长”保持一致。既然把儿童委托给“代理家长”,就要对“代理家长”信任,放心让“代理家长”替自己管教儿童,而不是不断插手或者在儿童面前对“代理家长”颇有微词,让儿童产生不知该听谁的矛盾心理。

2.学校

学校老师也要定期和儿童的“代理家长”进行沟通,了解儿童最真实的情况,如果教育中遇到问题,老师也要和“代理家长”以及父母一起制订策略帮助儿童健康成长。

老师或者学校工作人员在空闲时间也可以主动承担“代理家长”的角色,学校针对这类主动承担责任的老师应给予表扬和奖励。

3.社区

社区工作人员应当对本社区的“代理家长”开展培训工作,提升“代理家长”的专业能力和关爱意识,以求更好地帮助留守儿童。比如,江苏的戴楼街道就开展过类似培训。他们组建了“关心下一代工作委员会”,并和戴楼街道中心小学校关工委一起举办留守儿童“代理家长”培训班。这样的培训会能够提升“代理家长”的胜任力,为留守儿童的成长提供更有效的支持和帮助。

对于有较多“代理家长”的社区,可以开展“代理家长”之间的交流工作,让“代理家长”相互交流解决遇到的问题,“代理家长”之间的相互支持更能够形成良好的教育氛围。

第六章　留守儿童的人际交往

人际交往也叫人际沟通，是指人们通过一定的语言、文字、肢体动作、表情等方式将信息传递给其他人的过程。人际交往是人的基本需求，良好的人际关系是心理健康的标准之一，是一个人获得快乐和成功的重要因素，是个性发展和完善自我的必要手段。在人际交往的过程中，人们通过与他人的交往，提高对自己、对他人的认识，更加完整地了解自己和周围的环境，形成良好的自我概念。

留守儿童进行良好的人际交往能够促进他们完善自我认识，满足留守儿童在情感、归属等更高层次的心理需要。父母的外出、亲情的缺失、监护人的忽视等各种原因，会造成留守儿童与人交往时缺乏自信、自我封闭、对人冷漠、人际信任感低，游离于集体之外等各种问题。人际交往认知、情绪偏差和人际交往技巧的缺乏是导致这些问题的主要原因。家庭的关心和呵护，学校的理解和宽容，社区的接纳和帮助对解决留守儿童的人际交往问题意义重大。

一、去“自我中心化”

以自我为中心的交往主要表现为：强调别人对自己应该表现出承认、理解、接收和尊重，忽视对等地理解和尊重别人，交往中仅注重实现自己的目的，而忽视别人的利益和要求。只从自己的经验角度去认识人和事，而不能意识到别人对同一事物的看法和观点，对事物的看法带有强烈的主观性。

心理叙事

李文上完晚自习回到宿舍，就开始给家里打电话，通话时间比较长，并且声音比较大。李文在电话里谈得很起劲，并没有注意到旁边有的同学在学习，有的同学在休息。过了好一段时间，李文终于打完电话了。他挂了电话之后，其他三位同学纷纷指责李文，李文也很不服气，四个人开始争吵起来。

（采自邓琼芳《读懂孩子的心——青少年常见问题心理解析》）

案例分析

随着留守儿童年龄的增长，儿童独立精神和自我意识开始萌芽，表现出以自我为中心的个性，什么事都常常会按照自己的想法去做。如果留守儿童的这种心理需求和成长欲望，因儿童的监护人无原则地迁就而过度满足，又或者被监护人粗暴地压制，留守儿童的情绪就得不到合理的释放，在生活中就容易造成脾气暴躁等情绪问题和一系列心理行为问题。案例中李文打电话的时候并没有考虑到其他同学是否在休息或学习，行事以自我为中心，如果他能设身处地地考虑别人的需求，就不会出现这样的矛盾了。

以自我为中心的人在交往中通常只从自己的经验角度去认识他人，对一切事物的评价都带着强烈的主观性。这种交往方式往往伤人又伤己。对留守儿童而言，因家长长期不能陪伴，监护者对其过度溺爱，往往容易使孩子形成“以自我为中心”的行为模式。想要改善儿童不良的行为模式，淡化其以自我为中心的感觉，需要有效地整合家庭、学校和社会的力量，营造良好的家庭、学校和社会氛围，鼓励儿童多参加集体活动，教育儿童学会与人分享。

插入板块

让留守儿童学会说“不”——如何拒绝是一门艺术

1. 直接拒绝。陈述清楚拒绝的原因，尽量避免态度过于生硬。

2. 婉言拒绝。用温和委婉的语言来表达拒绝，这样也可以维护被拒绝者的面子。比如“这个事情很有趣，但是……”

3. 回避拒绝。当遇到别人提出的要求比较过分或者难以回答的时候，可以使用这个方法。将事情搁置一下，转而议论其他的事情。

4. 沉默拒绝。当遇到的问题具有侮辱性的时候，不妨以静制动，这种什么都不说的拒绝往往会产生很强的威慑力。

预防与应对措施

去自我中心化是一个漫长的过程，不仅需要留守儿童自我成长，也更需要一个合适的外界环境加以引导。

1. 家庭

儿童的情感、对事物的认识、价值观以及行为方式等很大程度上受家庭教育的影响。留守儿童的家长不能因长期不在儿童身边就疏于对儿童的管教，仅仅满足其物质需要，想要什么就给什么。长此以往，过度满足会使留守儿童形成自私自利，唯我独尊的观念。根据心理学的“社会学习理论”，儿童行为养成很大程度上通过观察示范者的行为而间接获得。在家庭教育的过程中，家长要给子女建立一个积极向上的“学习”环境，注意自己的言行举止——以身作则、言传身教。对于很多不良行为，示范比讲道理更为直接有效，讲道理相对抽象化，往往是以说服的形式对具体场景进行抽象描述，上升到道理的高度，不利于儿童的理解与行为改变。让儿童在父母的良好示范中领悟人际交往中应该遵循的原则，学会换位思考，为他人着想，学会顾及他人的感受，内化积极的价值观和行为规范，在成长过程中循序渐进地养成良好习惯。

此外，家长在儿童面前也要懂得调整自己的心态，不能过度情绪化，以自我为中心，武断地去做决定，要学会倾听儿童的心声。倾听的前提就是尊重孩子且具有民主意识。生活中，能够无微不至地关爱儿童的监护人有很多，但真正尊重儿童，允许其自由表达想法的却凤毛麟角。家长和监护人要创造一种能使儿童充分吐露心声的家庭氛围，不管儿童的话多么幼稚，都要耐心倾听。并且在倾听之后，分析其想法和要求，引导并鼓励强化积极的部分，作为儿童日后的思想和行为指引。对于一些不妥当的想法，不可采取过度惩罚的形式限制儿童行为，应当采取适宜的方式，引导儿童提高认识。面对儿童依旧不能充分理解的情况，也要允许儿童存在疑问，等待恰当的时机再进行引导。

监护者应当敏锐地感知儿童的需求，给予儿童无条件的关爱和肯定，在相处过程中适时鼓励他们直接表达情感，并给予支持和安慰，在这样的教养方式下成长的儿童自我中心化程度较低。

2.学校

学校可设立与人际交往技巧相关的课程，进行公开的正面宣传教育。学校要教育引导儿童：在人际交往的过程中遇到意见不一致的时候，学会通过角色转换来看待问题，要尊重他人的意见；不强制改变他人，要在不干扰他人生活的前提下，按照自己的意愿生活。真正做到“己所不欲，勿施于人”。

除了监护者之外，教师是与留守儿童相处时间最长、最值得其信任和依赖的人。儿童成长过程中都有模仿的阶段，这就要求不仅监护者要以身作则，教师也要注意言行举止，要调整自己的心态，用正确的价值观对待儿童生活中的每一件事。

插入板块

留守儿童互相感受到关爱的小活动——“把心留住”

让儿童在纸上写下对别人最真心的祝福，不指定对象，打乱后随机发给其他的同学。每个人都能收到其他人的真心祝福。祝福是一种心理能量，让每一个留守儿童都能感受到来自亲人之外的温暖和关爱。

3.社区

社区服务的核心是利他，讲究以专业、科学的方法开展助人活动。关于留守儿童的社会工作，应以助人自助为宗旨，采用个案的工作方式应对留守儿童的问题。社区应整合社会资源，动员民间力量，发挥学校、家庭、社会的优势，建立资源网络。比如组建社区志愿者团队，将社区内丰富的资源和居民的个体优势运用到留守儿童的帮扶活动之中。社区工作人员要具备相关知识，定期进行专业培训，着眼于更加专业有效地提升留守儿童与人交往和学习的能力，认识自我，融入社区，促进社区留守儿童与父母的亲子关系，让他们在健康心态中快乐成长。

二、克服孤独感

孤独感是一种封闭心理的反映，是感到自身和外界隔绝或受到外界排斥所产生的孤独困苦的情感。一般而言，短暂的或偶然的孤独不会造成心理行为的紊乱，但长期或严重的孤独感可能会引发某些情绪障碍，降低心理健康水平。孤独感还会增加与他人、社会的隔膜及疏离，而隔膜与疏离又相应地会强化人的孤独感，久而久之，这种恶性循环对个体的心理健康和健全人格会产生不利影响。

心理叙事

小静是个快乐的女孩，生活在一个并不富裕却很幸福和谐的家庭。爸爸妈妈很疼爱她，把她宠得像个"小公主"。小静也很听话懂事，是个人见人爱的好孩子。一年前，迫于生活的压力，小静的父母外出打工，小静就被托付给年迈的外公外婆照顾。突然没有了父母的疼爱，小静显得非常不习惯。她平时也不怎么和外公外婆说话，回到家后要么是看电视，要么就是一个人躲在房间里头。外公外婆以为这都是孩子的正常反应，也就没有放在心上。直到有天开家长会，老师说起小静的表现，外公外婆才觉得应该重视起来了。原来，小静在学校里越来越不爱跟同学讲话，也不爱参加任何活动，整天都在发呆，成绩也有所下降。小静在日记里写道："我觉得好孤独。"老实说，这些都是小静的父母出去打工之后才渐渐出现的。因为小静的父母很忙，所以打电话回家的次数并不多，时间一长，让小静有了强烈的孤独感。外公外婆虽然并不理解老师说的专业术语，但是也觉得这样下去是不行的，对小静的将来会有很大的影响。

（采自湖南省妇女联合会《留守儿童家庭教育策略》）

案例分析

案例中，由于父母外出打工，小静成了安全感与归属感缺失的留守儿童，这引发了她强烈的孤独感。父母及时了解了小静的情况，专门请假回家与老师共同商讨，并且咨询了心理专家。小静的父母、外公外婆及老师最终决定采取以下措施：父母提高与小静的沟通频率，注意倾听；外公外婆关注小静的学习与生活情况；老师引导同学与小静的同伴关系，同时鼓励小静参加活动促进人际交往。所幸在家校与小静自身的共同努力下，活泼开朗的她又回来了。

在该案例当中，除家庭与学校对小静起到了帮助作用之外，小静自身的主观能动性也不可忽视。留守儿童由于长期缺乏与长辈的精神交流，即使物质基础良好，其仍然可能存在较为消极的情感态度。如本案例当中的小静，在家庭教育与学校教育到位的情况下，小静自身的心理弹性较佳，在意识到自己的情绪情感出现问题后，积极配合家长与教师的改善措施，没有自暴自弃。这种良好的主观能动性在一定程度上有效地帮助小静减轻了留守生活带来的不利影响。

孤独感不仅严重损害留守儿童的心理健康，还会导致社交障碍，减少与他人的互动，更习惯压抑自己内心的想法，甚至产生社交无力感和挫败感。长期的错误观念，致使留守儿童无法适应当前生活，对未来生活充满不确定性，面对挑战更可能放弃或表现出较弱的应对能力。

孤独感是留守儿童在社会交往过程中产生的一种消极情绪反应，主要存在于不良的人际交往关系、主观需求与现实情景相冲突以及亲人不在身边的情境中。

性格与个体孤独感有着千丝万缕的联系。儿童要想培养形成良好的性格、品格，最重要的时间段是在童年早期。在出生后这几年内，儿童接受的正面感觉刺激越多，越有利于将其大脑塑造成正面、积极的大脑；相反，如果接受的正面感觉刺激不足，可能会因为突触活动大大减少而导致发育滞后。此外，如果接受的负面感觉刺激较多，例如父母长期不在身边的留守儿童感觉自己是被忽视的，那么脑网络将倾向于向冲动、负面方向发育，导致儿童在处理问题时无法控制自己的负面情绪，无法冷静思考，更容易冲动行事。

自我意识是孤独感产生的一个强有力的诱因。随着年龄的增长，儿童的自我意识开始觉醒并逐渐建立，产生了解别人内心世界并被其他同龄人认同的需要。他们较为关注自己在他人心目中的位置和形象，在乎他人对自己的看法。与此同时，他们也会处于心理矛盾的状态，一方面他们想表达自己的想法，抒发自己的见解，渴望别人能真正了解自己；另一方面，也可能不想让他人知道过多属于自己的秘密。当这种主观需求和现实相矛盾时，便会陷入苦恼的境地，产生孤独感。

不恰当的自我评价会影响个体的孤独感知。有些留守儿童有自卑或自满、自我贬低倾向，不喜欢也不愿意和他人交朋友，处于自我封闭的状态，容易因缺少朋友而产生孤独感。还有一部分留守儿童，自我评价过高，总是看不起其他人，不屑与别人交往，这容易导致儿童不合群，不易于儿童与他人建立友谊关系。

外在环境因素深刻影响孤独程度。对于正在成长且心理不成熟的留守儿童，产生孤独感最为主要的外界因素是与父母长期处于分离状态。很多父母双双选择外出务工，提高了家庭物质水平，却疏于与儿童的沟通。儿童被留给家中长辈进行隔代教养，多数老人虽然疼爱儿童，却并不具备一定的科学教育理念。被动地处在孤独困境中的留守儿童感觉自己缺少父母的关爱与陪伴。如果儿童长时间缺乏与父母的情感联结，容易感受到被忽视的孤独感，不愿进行积极的人际交往，这对儿童的心理健康十分不利。

插入板块

教给孩子克服孤独的小方法

1. 多和自己的父母、朋友以及老师沟通。沟通交流的形式越来越多样化，可以通过QQ、微信视频和他们讲述身边发生的事情。此外，平常也要多和小伙伴在一起，不要把自己封闭起来，沉迷于自己的小世界。

2. 培养广泛的兴趣。发现兴趣并加以培养，比如，可以唱歌、舞蹈，和小伙伴一起做游戏等等。此外，可以在空闲的时间多帮助家人做家务，丰富生活内容。

3. 要学会自我调节，摆脱负面情绪的干扰。享受生活的乐趣，通过书籍和网络丰富自己的精神生活，帮助培养乐观的心态以及健康向上的为人处世方式。

预防与应对措施

1. 家庭

首先，在外务工的父母要加强与儿童沟通联系，丰富沟通内容，提高沟通质量。在儿童3岁之前，避免与儿童长时间分离，这样能有效地减少儿童内心的焦虑，大大降低发育中不利因素的干扰。要尽可能多给儿童打电话，不仅是出于对子女抚育的基本责任，更是表达对子女的关心，给予留守儿童情感上的陪伴与支持；同样，儿童对于内心的表达需要家长的引导与肯定，如果儿童的情感输出长期得不到积极、及时的反馈，儿童会减少相应的情感表达行为，不利于人格的健康发展。

其次，如果在与父母的分离期间，有固定的、儿童所熟悉的监护人陪伴，逐渐形成稳定的依恋关系，一定程度上能够补偿父母在个体心理发育中的作用，缓解由于与父母分离而造成的焦虑情绪。父母不应过度依赖祖辈或其他监护人，即便老人愿意帮忙照料儿童，儿童的身心健康和成长教育还是需要父母的关注。加强父母与儿童之间的情感交流，促使亲子之间形成安全、稳定的情感联结，增强儿童的安全感。当这些外在因素转为积极因素时，留守儿童的孤独感知程度就会相应地下降。

最后，增加多样性的正面引导，在儿童3岁之前，丰富其视觉、听觉、触觉、嗅觉等各方面的感觉经验，不仅能刺激其大脑感觉区的发育，同时许多以感觉输入为载体的情绪输入，尤其是正面情绪输入亦能使大脑负责情绪心理的区域得到正常发展，对留守儿童的健康发育和成长大有裨益。

2.学校

同伴关系对留守儿童的情绪、心理健康所起的作用非常重要。同龄人之间建立的良好人际关系为留守儿童提供社会需求、情感支撑和安全感。学校不单教授学生知识，更多的是给学生提供了一个与他人互动的社会化场所。学校可以有针对性地举办一些加强留守儿童与他人沟通交流的活动（如，团辅活动、情感分享活动、亲子趣味运动会等），给他们表露自己的想法和宣泄情绪的机会。通过真实的活动让留守儿童感到是被学校、老师、同学关心和爱护的。

教师在日常的教学管理工作中，应定期与儿童交流，鼓励同学之间多沟通交流，互帮互助。建立儿童对学校的认可与归属，让其意识到班级、学校是一个集体、是一个大的家庭，没有任何一个人是完全孤立的，遇到困难要主动跟身边的同学、老师以及家人及时沟通。在此过程中，留守儿童感受到他人关心的同时也逐渐学会关心他人。归属感和安全的同伴关系有助于缓解留守儿童的孤独感。

3.社区

首先，相关部门要承担起“兜底监护”的责任。一方面，要进一步完善现有的用工制度，健全外来务工人员的社会保障体系，方便“随工子女”的生活，为务工人员更好地抚养和照顾子女提供帮助和保障；另一方面，要进一步加强自上而下的留守儿童工作责任机制，建立留守儿童社区保护网络，完善临时监护程序，确保每一个留守儿童都能得到有效监护和及时救助。为家长和留守儿童创设更多的交流机会，帮助留守儿童树立积极的亲情观。

此外，要着力发挥社会工作者在留守儿童服务中的作用，尽快提升现有工作人员的工作能力，普及有效的方式方法，建设一支数量庞大且专业的社区工作者队伍，为留守儿童提供更高品质的帮扶和关爱服务。

最后，应当充分利用大众媒体对留守儿童的关注，整合社会资源，定期举办题材鲜明的知识宣讲以及观影活动等，丰富留守儿童的精神世界，对其人生观、价值观和世界观进行合理引导，以切实的行动关爱留守儿童，让留守儿童摆脱孤独感。

三、走出自卑——增强自信

自卑，是指个人体验到自己的缺点、无能或低劣而产生的消极心态。是一种过低的自我评价，即缺乏自信。自卑心理的产生离不开与周围人的交往过程中的感受与体验，通常以消极的防御形式表现，自卑的人轻视自己，对自身条件和行为方式感到不满，从而缺乏安全感。具有强烈自卑感的留守儿童容易被负面情绪所包围，自暴自弃、对生活、学业失去信心，害怕自己与他人不一样，害怕被排斥，常常把自己禁锢起来。

心理叙事

小兵，是一名小学二年级的学生，父母为了给他提供更好的物质条件，前往机会更多的广州做生意，小兵则留在家中，其衣食住行都交由爷爷照顾。尽管爷爷对小兵很疼爱，尽量满足他的需求，但小兵却依然经常想念自己的爸爸妈妈，渴望得到他们的爱与陪伴。

其他孩子放学时有父母在门口翘首以盼，小兵只能孤身一人；

其他孩子在周末有父母陪伴着逛街游园，小兵只能默默地羡慕；

其他孩子在病中有父母无微不至的照料，小兵却只能由爷爷陪伴。

小兵多么想伏在爸爸背上，和他一起做游戏；或者被妈妈拥在怀里，听着动人的故事；他好想让爸爸妈妈牵着他的手，陪他去一次游乐园，哪怕一起吃顿饭也好。可是他一年中连见父母一面都非常艰难，这样的愿望可以称得上奢侈了。有时小兵的同学还会嘲笑他，说他是没有爸爸妈妈的孩子。久而久之，小兵愈发自卑。他总是把头埋得低低的，不敢直视他人；说话也小心翼翼，就像一个含羞的小姑娘；同学们都有自己的小圈子，小兵只好自己一个人玩。他没有要好的朋友，没有交心的伙伴，他不喜欢同学们，同学们也都不喜欢他。他常常感觉自己是一个不被爸爸妈妈喜欢的孩子，否则他们为什么一点儿也不关心自己呢？

小兵觉得自己好孤单，生活好无趣。

（李颖超主编《留守儿童安全防范手册》）

案例分析

家庭经济情况较差是造成小兵自卑的一小部分原因,真正的原因是缺乏情感支持与正确的疏导。如果留守儿童与父母之间缺乏安全的亲子关系,尤其是缺乏情感方面的交流,儿童的情感无处寄托,遭遇挫折产生的不良情绪也无法正确释放,就可能逐渐产生孤僻、自卑等问题。小兵在遭遇困境时,父母很难及时地给予关爱和情感支持,缺乏与父母的沟通,使得小兵常处于焦虑、缺乏安全感的情绪中;在没有正确疏导的情况下,当看见其他同学的父母对他们的关爱时,会联想到自己父母的漠不关心,把自己交给爷爷照顾,产生自己被抛弃的错觉。长此以往,滋生更多的自卑,形成恶性循环。

留守儿童的自卑心理,大多来源于父母长期不在身边的现实因素,导致儿童的需求无法满足;消极的人格特征、过低的自我评价和错误归因,也是自卑感形成的原因。

安全需求反映在生活环境和家庭关系的变化中,留守儿童能否健康成长,安全需求都是不可或缺的影响因素。父母身处他乡,往往只为孩子提供必要的生活需求,留守儿童的安全、爱与归属需求得不到满足,从而使他们从心理上产生一种无助感、被遗弃感。长期生活在缺少爱意的环境下,很容易出现适应障碍,导致对事物失去兴趣,自我封闭,遇到问题大多选择自我消化,妨碍学习、生活和人际交往活动的正常进行。

早期童年不愉快的生活经验也可能是诱发自卑心理的导火线。不合理的归因方式,比如将失败都归结为个体内部稳定因素,过低的自我评价以及错误的自我认知等都会导致低自我效能感,由此产生自卑心理的可能性也相应增大。

此外，自卑心理可能还与性格有关。性格内向、封闭、孤僻、忧郁等特征会放大消极情绪，当消极情绪体验得不到及时宣泄和排解，增加产生自卑的可能性，就像案例中的小兵一样，没有要好的伙伴，也不敢和其他同学说话。

自卑不利于儿童的心理健康，对学习和生活都会产生巨大的影响。自卑感逐渐蔓延扩散，会产生错误的心理定式。在学习上，会因为自卑不敢设立远大的理想和目标，缺乏学习的热情和动力，产生逃避学习的心理；在生活中，往往更加敏感封闭、胆小怯懦，或对他人持有过度的戒备心理，甚至会对社会充满仇恨，产生反社会行为。

心理学家认为，家长要及时关注自己的孩子是否产生自卑心理，一旦发现，应尽早帮助克服和纠正，以避免随年龄的增长最终形成“自卑情结”，最终导致儿童无法进行正常的社会交往。自卑儿童往往表现出以下早期征兆：过度害羞，不敢在公共场合表现自我；从来不敢接触陌生人，拒绝结交朋友；逃避与他人的沟通，不敢与他人正面交流；甚至语言表达能力受损，很难和他人流畅地沟通等。

自卑会给人带来各种不适应感，导致留守儿童不能进行正常的人际交往交流。自卑的相反面是自尊、自信。自尊、自信的留守儿童，不仅体现在仪表上，比如走路昂首挺胸、面带微笑，还体现在心理和行为上，与他人交往能够自如地表达自己的观点，能够正常地与他人结交朋友。

插入板块

让孩子避免自卑的小贴士

1.提高自我评价。正确认识自己的优势和劣势，进行积极客观的自我评价。合理地看待自己的不足、取长补短，正确而真实地认识自我。

2.帮助克服性格孤僻，建立自信。尝试打开自己的心扉，不要过度沉迷于自己的小世界里，也不要把交往的大门封闭，要学会主动结交朋友。可能偶尔一次会遇到障碍，但是要勇于尝试，一步一步地去打开心扉和他人相处，就会变得越来越主动、越来越开朗。

3.管理负面情绪，学会宣泄，利用各种途径发泄和疏导自己的情绪。

预防与应对措施

1.家庭

父母及抚养者应对留守儿童实施正确的引导,帮助留守儿童在与他人的交往过程中建立自信,树立正确的价值观。让留守儿童认识到人际交往应依附在真诚、善良、勇敢等优秀的个人品质上,而不是建立在金钱、外貌、学习成绩等外在因素上,帮助留守儿童更好地认识自己,培养留守儿童的人际交往能力。

此外,抚养者应营造良好的家庭氛围,学会倾听儿童的心声,充分理解和满足儿童的精神需求,帮助留守儿童克服人际交往中遇到的困难,做他们坚强的后盾。父母应定期回家,增加与子女面对面交流的机会。在交流的过程中,给予儿童更多的支持与鼓励,对其在人际交往中的成就及时表示肯定与赞扬,满足留守儿童的安全与归属需要。如若未能定期回家,应利用网络形式拉近亲子距离,提升他们的正向心态,帮助儿童建立自信。

2.学校

学校是训练儿童适应社会、掌握生活所必需知识和技能的地方。根据"同一性理论",如果儿童能顺利地完成学习课程,他们就会获得勤奋感,这使他们在今后的独立生活和承担工作任务中充满信心;如果儿童不能发展出勤奋感,就会对自己将来能否成为一个对社会有用的人缺乏足够的信心,从而产生自卑感。

首先,学校可以为留守儿童建立"心理档案",关注留守儿童的心理健康与人际交往问题,避免儿童因自卑而拒绝与他人交流。利用课堂开展心理健康教育活动,有效落实关爱留守儿童的心理健康计划。帮助留守儿童促进对自身的正确认识,用正确的途径弥补自身不足,提高自我调适能力,将自卑转为前进的动力。

其次,建立良好的班级氛围。老师要引导同学间加强交流,呼吁大家不要对内向的同学产生排斥心理,而是应该互相帮助与关爱。利用同辈群体间的积极沟通解决留守儿童的心理问题,让他们能从中获得温暖与归属感。

最后,老师也要多给留守儿童一些关注与鼓励,避免对其进行贬低性评价,注意发掘留守儿童身上的闪光点,鼓励留守儿童积极参加集体活动并在活动中展示自己的风采，树立敢于面对困难并战胜困难的勇气和决心，在一步一步战胜困难的过程中，在自我价值的实现中增强自信心。

3.社区

社区应开展一些关爱留守儿童的活动，如监护人与儿童一块参加的趣味运动会、才艺展示等。通过丰富留守儿童的生活内容改善他们孤僻、自卑的封闭性格，建立自信，培养留守儿童的人际交往能力，同时也增进留守儿童与监护人的亲密关系，使他们能更好地从监护人处获得必要的情感支持。

社区在心理健康服务中，定期对留守儿童监护人进行留守儿童自信交往的主题培训讲座，以更新抚养者的教育观念，让他们用科学的方法关注留守儿童的人际交往问题，学习提升自信心的方法，促进留守儿童的心理健康成长。

四、克服社交障碍

社交障碍分为社交心理障碍、社交功能障碍和社交焦虑障碍，主要表现为与人交往时（尤其是大众场合下），会不由自主地感到紧张、害怕，以致手足无措、语无伦次，严重时甚至害怕见人，故也常被称为社交恐惧症、人际恐怖症。社交障碍者在社会交往中往往因为过多地约束自己的言行，无法充分准确地表达自己的思想感情，从而阻碍了人际关系的正常发展。同时缺乏自信、成功体验以及与人交往的勇气与信心。

良好的社会交往可以减少孤独与空虚，也可以为愤怒、压抑等负面情绪提供排遣的出口。胆怯心理对留守儿童适应社会起到阻碍作用，不利于其身体健康与人际交往等，故在发现儿童有该方面的倾向时，各方应及时采取有效措施，帮助其克服这种倾向。

心理叙事

案例一：冰冰很小的时候，和父母分居两地，一直和姥姥在一起生活，直到上中学时才回到父母身边。也许因为冰冰从小在农村长大，接触的人有限，她在与人交往时非常胆小，说话时经常脸红，前言不搭后语，手也不知道该往哪放,非常紧张。上学时,不敢回答问题,不和大家一起玩,为此她总是受到父母的责怪,致使她更加怕见人,不知道如何跟陌生人打交道。当家里来客人时,母亲常以“她不会说话”为由让她躲开。看着她的同龄人都能说会道,朋友成群,父母很是着急。

案例二:小明是个性格内向的男孩,心里有什么话从不愿意对别人说,只会把自己的心事全写在日记里。一天,他在日记里写道:真不知道是为什么,每当我遇见陌生人,总是不敢直视对方的眼睛,这个问题困扰了我很久,以前还没感觉到它影响我的生活和学习,可是现在升入初中,课程负担加重了,竞争压力也加大了,这个问题好像越来越严重了。我发觉自己从来不敢与老师对视,这成了我学习上最大的障碍。我不止一次地对自己说:“看一眼老师的目光,就一眼。”但是不行,每次都怕得要死。初中的课程越来越难,弄不懂的问题要请教老师,可是我根本不敢和老师对视。渐渐地,我的学习成绩就下降了,仅仅只能维持在中等。

(邓琼芳主编《读懂孩子的心——青少年常见问题心理解析》)

案例分析

胆怯是许多留守儿童在社会交往过程中容易产生的情绪状态,只是程度不同,有轻有重而已。造成儿童胆小怯懦的原因是多方面的,最主要是其常年生活成长的家庭环境与教育的影响。留守儿童因与父母长期分离、监护人大多为祖辈等诸多原因,较其他儿童更容易在与人交往中存在胆怯情绪。

第一个案例中的冰冰是由姥姥带大的留守儿童。最初冰冰只是行为表现较为胆怯，平时沉默寡言，害怕与同学交往，难以融入班级，说话声音细微，容易脸红、心慌。但冰冰的父母不但没有发现她的异常，进而耐心引导她走出困境，反而对她表现出了责怪、嫌弃等情绪与行为，母亲甚至经常以“冰冰不会说话”为由，让她躲开。这直接导致了冰冰更加难以正确认识到该问题的严重性，她的胆怯变得愈发严重。长此以往，这种胆怯心理便发展成了社交恐惧症。社交恐惧的人总是处于焦虑状态，他们害怕自己在他人面前失仪失态，害怕被他人观察。在任何情境中，都会害怕别人关注自己、害怕自己成为别人注意的中心。

而另一个案例中的小明，因为社交恐惧变得渐渐无法和老师对视。目光交流是极为常见的一种非语言沟通方式。小明的这种对视恐惧，逐渐影响到了他的生活与学习，因为他生活在一种恐惧中，害怕面对老师的眼神，可能是因为觉得老师的眼神像一把利剑，害怕老师的眼神中有一些自己不愿看到的东西，害怕自己受伤，所以出于保护自己的原因，就不去看老师的眼神。

小明作为一个内向敏感的男生，不敢直视老师，课上的听课质量与课后的请教频率跟不上，导致成绩下降，失去了于学生而言最重要的成绩依托，小明更加不敢与老师进行沟通，无论是有声的语言还是无声的眼神，这渐渐变成了一种恶性循环。其间小明虽然意识到了问题，却难以自我剖析，解决现有问题。若以行为倒推小明的心理，我们会发现，目光交流是一件很平常很简单的事情，但站在小明的角度来看，这却极为困难，是因为他将简单的问题夸张化、复杂化，这与他内向敏感的性格特征脱不开干系。小明的自我否定为他“不敢与老师对视”的行为赋予了特殊的意义——这是胆小懦弱的表现。小明为自己施加了极大的心理压力，如此循环往复，简单的胆怯演变成了夸张的恐惧，进而对小明更加不利。但眼神交流并没有想象得那样恐怖，在人际交往中，以目光为媒介流露出的感情有着很重要的作用，它可以传递出人们细微的感情，传递许多用语言和手势都无法准确表达的信息。柔和、真诚的眼神能增添语言魅力。在说话时直视对方，也是对对方的一种尊重。坦诚勇敢地面对，或许会发现眼神交流有时比语言交流更加有效。

插入板块

教会孩子克服社交恐惧的小贴士

1.接纳自己。不要否定自己,要明白“我是最好的我”“天生我材必有用”,形成积极的心理暗示。接纳自我可以从停止对自己的挑剔、批判、责难做起,不再苛求自己,不再急于从负面情绪中逃开。勇敢面对后,常常发现事情或许并没有之前想得那么可怕。

2.积极想象。可以把对方想象成为亲朋好友,这样在很大程度上能够缓和社交恐惧。当想象中的对方是与自己建立亲密关系的人,就会在心理上获得放松,不会太过担心和害怕。

3.拒绝迎合。不必刻意向那些对自己不友善的人示好,我们需要关注的是那些会对自己点头微笑致意的人。人们通常以压抑自己、迎合他人来换取爱与尊重。然而通过牺牲自我感受带来的善意常常短暂而易碎,但这既让对方无法了解真实的自己,也会让这样的交往浮于表面形式,唤不起真情实感,真实的自己也就越躲越远。

4.学会倾诉。倾诉对一些人来说是非常有用的宣泄方式,找个值得信赖的人说出自己的烦恼,即使他人无法直接地帮助解决问题,但至少可以给予安慰与陪伴。

5.保持微笑。笑容可以增加亲和力,拉近双方的心理距离,看起来温和亲切的人会更加愿意使人接近。

6.改变认知。每个人都会胆怯,甚至恐惧,这是非常正常的情绪情感,发挥自我能动性,正确对待这些负面情绪,及时排遣,不要因为一时的困难而使自己陷入黑暗。

预防与应对措施

1.家庭

每个人心中都存在不同程度的胆怯,只不过在部分留守儿童群体中表现得更为明显和普遍。有的儿童因为胆怯而自卑,并逐渐走向自我封闭,影响了自己的人际交往。面对胆怯的儿童,不能像案例中冰冰的父母那样责怪和嫌弃,而是要进行正确引导和帮助。

首先，正确认识胆怯，帮助儿童树立信心。胆怯是可以改变的。比如在各种社交场合中，家长应当让儿童自然地表现自己，而不是总担忧别人是否在注意自己出错。家长也要告诉儿童眼神交流的重要性。当与他人交谈时，眼睛要看着对方，将注意力集中在对方的眼睛上。彼此的眼神交流可以让对方感受到尊重和关注，也能让对方了解你对这次谈话的重视从而放松心态，达到最佳的沟通效果。

其次，父母要有坚定纠正儿童怯懦性格的信心，以身作则，认识到只要教育得当，儿童就能健康发展。在平常生活中，要注意培养儿童的独立性、坚强的毅力和良好的生活习惯，鼓励儿童去做力所能及的事情。但也不能不管不顾，使儿童遇到问题时手足无措，变得更加胆小。

最后，让儿童相信多数人是以信任和诚恳的态度来对待自己的。可以多带儿童到集体场合中，他人对儿童的友好尊重使儿童感到快乐，儿童就会愿意与人交往。

2.学校

对于一些存在胆怯等心理问题的留守儿童，要注意耐心倾听，多与他们谈心。教师可以利用网络拉近留守儿童和在外务工父母的距离。教师在学校教育时，也要注意营造轻松和谐的班级氛围，可以增加一些趣味课程，创新教学方式，帮助留守儿童更好地融入班集体中。

学校应注意加强与家庭之间的互动，加强与家长之间的沟通，开展针对性的教育。学校可以利用家长会、家长开放日、家访等多种形式，向家长提供科学有效的教养方法，改善留守儿童社交困难的问题。

学校在完成教学任务的同时，也要对留守儿童父母进行培训，引发父母对留守儿童同伴交往问题的重视，与父母共同探讨留守儿童人际交往问题的重要性，而非仅仅关注吃穿用等这些基本的生活问题。

3.社区

社区可组织建立家庭教育指导服务专业队伍，鼓励社会工作者、志愿者参与家庭教育指导服务工作中，对家长、学校开展家庭教育研究，开设公益性家长、学校培训课程，开通服务热线，对有社交障碍的留守儿童采用网格化帮助策略。

社区可以针对有社交恐惧的儿童进行一对一、多对一、多对多的帮扶，请专业心理咨询师、心理医生定期对此类儿童进行帮助，还可以多组织儿童团体辅导活动，让儿童在游戏中打破与他人交往的恐惧。

五、换位思考——将心比心

换位思考，是设身处地地为他人着想、即想人所想，理解至上的一种处理人际关系的思考方式。相互理解、信任是社会交往和人际关系的基础，也是维持亲密关系的必要条件。

换位思考是一种心理体验过程。在心理学中被定义为“同理心”。同理心是辨识、理解他人情绪情感，并进一步做出相一致的情感反应的能力；是个体未来社会行为和人际关系的一个重要预测因素，它客观上要求我们将自己的内心世界，如情感体验、思维方式等同对方联系起来，站在对方的立场上体验和思考问题，从而使双方在情感上得到沟通，为增进理解奠定基础。换位思考既是一种理解，也是一种关爱。

心理叙事

一天，卢勇和一些同学在教室里打闹，不小心把沈伟的桌子碰倒了，桌子上的东西全部都滑落到了地上，桌子上的眼镜也被打碎了。沈伟看到这种情况立刻火冒三丈，大声嚷道：“没长眼睛吗？简直就是疯子！给我捡起来，谁打烂的谁赔！”卢勇看到沈伟盛气凌人的样子也十分生气，回骂道：“这么凶干什么，就是不捡、不赔！”于是，他们两个你一言我一语地吵开了。班主任知道了这件事之后，把他们两个都批评了一顿。从此卢勇和沈伟就像仇人一样，一见面就相互找碴儿，关系越来越差。对此，他们两个都觉得很苦恼、很烦，但都认为是自己受了委屈，对方应该主动认错……

（吴沙主编《跨越矛盾——青少年人际交往冲突处理技巧》）

案例分析

就像世界上没有两片相同的树叶一样，每个人都是独特的，有着不同的需要、生活习惯、目标等等。正是因为这些不同，使得人际冲突成为人际交往中不可避免的现象。人际冲突指的就是由于交往双方的沟通障碍、认识差别、情绪态度、个体差异等引起的人与人之间的一种对立、紧张甚至敌对的状态。人际冲突可以表现为心理和情感上的对立，也可能演化为行为上的冲突，比如对抗和攻击。许多人有时也会像卢勇、沈伟一样争执不休，也许这样的争执还会持续很长的时间，最终打破和谐的人际关系。

人际冲突对人际关系的影响具有两面性，既可以是挑战，也可以是机遇。一方面，人际冲突的发生往往会给双方带来负面的影响和消极的情绪，当冲突升级到行为上的对抗和攻击的时候，还会给身心健康带来影响，导致关系破裂。另一方面，人际冲突也具有建设性的作用，推动个体社会化发展，提供更多学习社会交往技能的机会，提高适应社会的能力。冲突使得人际关系中隐藏的问题凸显、表达出来，从而促使双方意识到问题，并着手解决问题。同时，冲突也能让双方宣泄消极情绪，不让情绪过度积累，辩论和争论也可以化解误会和不满，从而消除隔阂，增进理解，加深关系。

部分留守儿童在人际交往上通常具有这样一种心理特征：他们一方面渴望得到别人的理解，但同时又很少主动地去对他人的处境感同身受。这样就造成了人际交往中的障碍和阻塞。在人际交往中学会换位思考，觉察他人情绪状况，不要只是站在自己的角度去看待或衡量别人，应多站在别人的立场去考虑问题，利用他人的情绪反应建立关系和影响他人。这样就可以减少矛盾和摩擦，促进良好人际关系的形成。

插入板块

让留守儿童学会换位思考

我们可以先设想一个场景，几只刺猬被寒风吹得瑟瑟发抖，当它们想紧靠在一起互相取暖时，因为刺猬身上都长着尖刺，靠在一起就会刺痛对方而不得不弹开。但经过几次尝试后，刺猬们终于找到了既不刺痛彼此又能相互取暖的方法——保持适当的距离。就像刺猬保持适当“距离”相互取暖一样，生活中我们无论做什么事，都得讲究一个适当的“度”。人际交往方面，这个“度”就表现为人际交往的技巧，每个人都应该了解和掌握这个技巧。换位思考就是其中最重要的一点。

1. 教育儿童发生冲突时要先冷静，试着站在别人的角度去重新进行思考。

2. 由于所处的立场不同、环境不同，通常很难了解对方的感受。因此要教育儿童在对待别人的失意、痛苦或挫折时，千万不要幸灾乐祸，而应多关怀、体谅别人的心情。

3. 在人际交往中，由于没有考虑到对方真正的需求，即便是好心，也容易犯下“美丽”的错误。因此要教育孩子不能只按照自己的意愿行事而忽略别人的想法和真正的需求。要了解别人，需要多沟通，以心换心。

预防与应对措施

1. 家庭

首先，家长应在与儿童交谈中，帮助儿童识别各种情绪状态、解释情绪产生的原因以及分析情绪冲突的应对方法，帮助孩子更好地理解自己和其他人的情绪。可以通过情景式互动，提高儿童对自己和他人情绪的认识和理解，让儿童在日常生活中体验到换位思考、理解他人的可贵，帮助孩子学会分享和探索自身的情绪感受，为儿童人际交往能力的发展提供重要的成长环境。

其次，父母应该以身作则，为儿童营造和谐的家庭氛围。避免在儿童面前的言语或身体攻击，不要将父母的消极互动所引发的负性情绪转移到亲子交往中。采用非惩罚性、理性、情感解释的方式来处置孩子的不良行为，让换位思考、理解他人潜移默化地根植在儿童的心中，促进儿童以温暖、积极回应的方式处理人际冲突。

最后，父母要让儿童设身处地地理解他人的处境，体验他人的感受。每个儿童都是单纯而善良的，当他们意识到自己说的一句话或者一个举动可能伤害到别人，给别人带来烦恼的时候，就会觉得很不安。作为家长，应抓住这样的教育契机，告诉儿童需要时刻注意自己的言行，因为自己如果有同样的遭遇时，也一样会受伤，会不高兴。只有如此，儿童才能学会换位思考，从而懂得体谅别人、尊重别人。

2. 学校

完善学校的心理支持系统，当学生发生冲突又无法解决时，完善的心理支持系统可以为老师和学生提供心理支持和更多合理的处理方式，还能为学生处理冲突问题提供缓冲区。

老师具有榜样作用，对每位同学的身体和心理变化的敏感性与关心，会在无形中影响孩子的共情能力，让孩子下意识地去关心同学、关注同伴。

老师在对学生进行教育时，要注意培养学生的同理心，教给学生表达同理心的小技巧：比如交谈开始的阶段，采取中立的态度，不妄加判断，不过早融入自己的情感；控制好情绪，即使对方的立场和自己大相径庭，也不要过于激烈地表达；善于提问，直到你了解对方的想法和感受；将心比心，表达对对方观点的理解，做到不袒护、不偏颇。引导儿童自觉与他人分享，感受分享带来的快乐，当孩子出现分享行为的时候要对孩子及时进行表扬和肯定。

3.社区

引导留守儿童在生活中学会换位思考的方法，社区工作人员可以针对社区儿童开展定期讲座或一些主题活动。如举办角色扮演的活动：通过想象，创造一系列模拟生活场景的活动，为孩子提供模仿、再现人际交往的机会，为他们形成良好的社会交往能力打下基础。

在角色扮演的活动中，儿童需要从角色的角度看待问题，彼此之间也需要协商由谁来担任什么角色、使用什么物品或进行什么动作。在游戏之中可能会有需要改变计划的时候，这也需要共同合作，从他人角度看待问题。同时，在游戏中还可以学习如何维护自己的权利或诉求，学习如何控制自己的言行。

六、学会“吸引”他人

人际吸引是个体与他人之间情感上相互喜欢、相互需要、相互依赖的状态，是人际关系中的一种肯定形式，是人与人建立感情关系的基础。心理学家发现人际吸引的因素包括：空间上的接近；信仰、态度、利益等方面的相似；对自己高度评价；在技术、能力、性格、品质等方面比较突出；差错因素，如最讨人喜欢的人是聪明又有小缺点的人；自我悦纳。那么对于留守儿童而言，被别人喜欢的方面就是兴趣爱好相同或相似；学习能力较强；与他人真诚交往；爱自己。

心理叙事

尤河村的尤河小学是一所特殊的小学，因某些原因仅保留了一年级，而且学生都是留守儿童，他们的父母常年在外务工，由隔代长辈照料。但是隔代长辈照料有一定“缺失”，孩子们在沟通交往和自信心方面的发展都略显不足。为帮助留守儿童解决在朋辈交往中遇到的困惑，帮助其学习并掌握人际交往的基本方法与技巧，形成良好的人际关系，2020年12月至2021年1月，襄阳市民政局、襄阳市乐源社会工作服务中心同尤河村为尤河小学一年级学生开展了“蓝天下的微笑”儿童人际交往小组活动，本次小组活动共5节，一年级5名儿童全部参加了本次小组活动。该小组总共有五节，第一节帮助组员加深认识，并且建立小组契约，第二节树立孩子的自信心，引导组员分享自己成长过程中的烦心事，第三节小组旨在加强组员团队意识，教导儿童人际交往技巧，第四节通过情景模拟的方式帮助组员掌握相关技巧，第五节小组则是帮助儿童加深自我认识，树立自信心。在小组活动的过程中，社工通过互动和情景模拟让孩子们学会掌握人际交往的技能，为孩子们营造一个真诚、尊重和温暖的小组氛围，进一步引导他们通过与其他成员的沟通、探讨，认识、了解自己在人际关系方面的优缺点。同时帮助组员在团体中培养归属感和被接纳感，体验与他人的亲密交流、彼此信任，学会关心、倾听和体察他人，提高人际沟通技巧、建立互信互助的关系。通过本次小组活动，不仅丰富了儿童的日常生活，同时让儿童认识了自我和他人，树立自信心，学习人际交往的相关技能，提高人际交往能力。

(《湖北身边的事》，襄阳市民政局慈善社工科提供)

案例分析

人际交往是非常重要的，良好的人际关系以人际吸引为主要标志。每个人都希望自己能多一些朋友，特别是一些能够同甘苦、共患难的知心朋友，更何况对留守儿童而言，本就缺少家人陪伴，更需要有好朋友陪伴共同成长。案例中的社会工作服务人员让留守儿童在团体辅导的游戏中体会到人际交往的重要性，提升儿童人际交往的能力，学习人际交往的小技巧。人际交往是一门学问，也是一门艺术，掌握一定的人际交往的技巧，消除导致沟通障碍的不利因素，改善人际关系，让留守儿童成长中的友谊更长久、更稳定。

留守儿童人际交往能力的缺失直接影响到其正常的社会活动，并影响留守儿童的家庭关系。留守儿童父母长期在外，缺乏心理交流的机会，内心的烦恼和冲突无法倾诉也没有得到正确的引导，导致留守儿童对外界缺乏信任感和安全感，这种情感缺失会直接影响与他人的交往。为消除留守儿童人际交往的现实障碍,建构起改善留守儿童人际交往能力的合力机制,需要家庭、学校、社区三方共同推进。

插入板块

教会留守儿童人际交往的原则和技巧

构建良好的人际关系需要遵循一些基本的原则。

1.真诚原则。真诚是人际交往最重要的原则。以诚相待是人与人相处得以延续和深化的保证。心理学家发现最被人喜欢的人是真诚的人。

2.平等原则。平等是建立良好人际关系的前提。平等不仅仅是需要双方在情感上平等,更重要的是相互尊重。在与人交往的时候要尊重他人的独特性,这样才能使彼此感到安全、放松,才能发展出更稳定、持久的友谊。

3.宽容原则。宽容克制并不是软弱、怯懦的表现。每个人都有犯错的时候,我们不能一味地挑剔和指责对方,要努力培养自己谅解他人的能力,给人际交往的对象以反思的时间,允许个人澄清误会,善于接受他人的道歉行为,同时也要给他人改正错误的机会。

4.信用原则。与人交往的时候要做到信守诺言,不仅要信任别人,还要用行动去赢取他人的信任。不说大空话,不做无把握的承诺。能做到的事情认真去帮忙,做不到的要讲清理由。失信是人际交往的大忌,诚实守信是我们每个人都应当做到的。

5.互惠原则。满足交往双方的需求是人际交往的基础,当交往双方在满足对方需要的同时又得到了对方的回报,交往才会继续发展下去。合作互惠是人际交往中不可缺少的重要因素,不能仅一味地索取,这样交往很难持续下去。

人际交往的技巧。

1.培养内在品质。良好的人格品质对建立良好的人际关系有关键作用,反之,则有阻碍作用。生活中,大家都愿意与性格良好的人交往。

2.适当的自我暴露。自我暴露是指与他人交往时,自愿地在他人面前将自己内心的感觉和信息真实地发表出来的过程。自我表露表明了自己对交往对象的信任,愿意与对方进行深入的交往。

3.学会积极倾听。积极倾听是指不仅要听到,还要听懂,能够感受到别人所表达的情感和感受,不能随意打断别人。

4.乐于助人。在日常生活中经常给予他人帮助,不仅能够起到帮助我们树立良好形象的作用,而且可以使我们在交往中获得他人的认可和信赖。

5.学会换位思考。经常站在对方的角度去理解和处理问题,许多人际冲突就会更容易解决。

6.学会欣赏别人。我们每个人都希望得到他人的关注和肯定,在人际交往中学会欣赏别人刚好可以满足人们的这种心理需要。我们要善于发现别人的闪光点,真诚地赞美他人,他人反过来也会对你抱有好感。

预防与应对措施

1.家庭

父母必须要与留守儿童保持沟通,固定时间进行交流,父母要估计儿童可能遇到的困难,主动帮助解决问题和困难,增加儿童与父母之间的信任感。在生活中,父母也要时常教导儿童守诚信、懂感恩。此外,父母应与监护人、学校随时保持联系,掌握儿童最新的状态。

2.学校

儿童经常会存在这样的困惑,渴望与别人友好相处,但是不知道怎样才能赢得大家的喜爱:朋友之间闹矛盾了,不知道怎样调和;遭到别人误会了,不知道怎样澄清。作为儿童社会化的重要场所之一,学校应该教授儿童人际交往的理论和技巧,促进留守儿童的身心健康发展。为此,学校应加强心理健康教育工作,重视儿童的心理咨询与辅导,及时发现问题并解决问题。学校可以充分发挥少先队、共青团的力量,组织丰富多样的课外活动,鼓励留守儿童积极参加集体活动,增强人际交往能力。利用课堂、课后的活动给留守儿童教些人际交往技巧,提升人际吸引力,并培养留守儿童的业余爱好,发展更多的技能,从而获得更多的亲密朋友。

3.社区

社区关爱留守儿童的工作应当充分调动社会各界的力量。

首先，社区应定期对留守儿童的监护人授课，成立“家长学校”，组织家长及监护人进行学习，引导她们掌握和使用正确的教育方法，主动配合学校、社区共同做好留守儿童的心理健康教育工作。

其次，社区应联合学校，开展各类健康教育活动，通过参与各类活动让留守儿童感受到温暖，从而提升人际交往能力。

最后，社区应联合社会各界力量，整合利用社会资源。不仅要利用现有的环境资源，更要挖掘、创造与留守儿童密切相关的社会资源，达到资源充分调动和利用。

第七章　留守儿童的价值观念

价值观反映人们的认知和需求状况，是人们对客观世界以及人的行为结果的评价和看法，反映了人们的人生观和世界观，对人们行为动机的定向和调节起着非常重要的作用。人们的行为受价值观的支配和制约，在同样的客观条件下，具有不同价值观的人，其动机模式不同，产生的行为也不相同。价值观直接影响一个人的理想、信念、生活目标和追求的性质。

儿童期是个体价值观养成的关键时期，与其他的儿童相比，留守儿童更少享受父母在思想认识及价值观念上的引导和帮助，成长中缺少了父母情感上的关心和呵护，容易产生认识和价值观念的偏离。那么，如何加强留守儿童的价值观建设，使他们的思想和行为能够适应社会发展的要求，已经成了一个相当迫切的问题。因此，在留守儿童的成长过程中，家长、老师、学校以及社区，应该尽自己最大的能力去帮助他们健康快乐地成长。

一、摆正学习与赚钱的关系

父母的文化、价值体系和行为规范很容易潜移默化地影响到儿童。虽然有许多研究表明，留守儿童在学习兴趣及对其自身学习成绩的认识上和非留守儿童没有明显差异。但是因为在成长过程中缺少父母的陪伴，留守儿童对学习产生了不正确的认识。其原因可能有以下两个方面。第一，留守儿童大部分是祖辈监护，祖辈大多文化程度较低，思想观念与孙辈有很大差异，与儿童的交流沟通比较困难，因此在帮助和指导儿童的学习方面会有所局限。第二，祖父母与父母相比，通常对孩子更加疼爱，即通常所说的“隔代惯”。这种现象在留守儿童的家庭中更加突出，由于其成长过程中父母陪伴的缺失，祖辈对孙辈更加溺爱，处处迁就。长辈们往往只满足儿童物质、生活上的需求，缺少精神、道德的教育引导。长期的“溺爱”容易让儿童产生“金钱至上”的观念。

留守儿童对世界的本质和意义的理解，决定了对自身位置的解释以及对人生奋斗旅程的选择。留守儿童的父母进城务工虽然没有改变他们农民工的身份，但改变了他们的职业和生活方式，提高了他们的生活水平。很多人的价值观也随之发生变化，认为打工也是一条不错的致富道路，认为就算辛苦读书还是要打工，不如早早出来赚钱。部分留守儿童父母认为学习是没有回报的经济负担，并常常向儿童灌输此类观念。这些观念在不知不觉中降低了儿童学习的积极性，使得一些儿童无心上学，不利于他们树立正确的价值观。

心理叙事

丹丹在农村的一所初中读书，爸爸妈妈在城市里打工。她的成绩在班里名列前茅，老师和同学都认为她可以读一个很好的高中。可是到了初三的时候，她却突然告诉老师，说不想再读书，想要早点去赚钱。有了这个想法之后，丹丹突然转变了学习态度，对待学习不认真了，作业总是不完成，上课也不认真听讲。一开始老师以为丹丹是最近压力太大了，可能需要放松一下心情，可是一段时间之后，老师也开始着急起来，便打电话联系丹丹的父母说了这件事情。丹丹的父母知道情况后却不以为意，认为读再多书总是要出来赚钱的，早点出来也好，赚得更多，并没有觉得丹丹的话有什么不妥。就算继续读个几年书，也不见得就赚得比现在多。老师听了丹丹父母的话，便知道了丹丹的这种思想是由父母灌输的。老师便开始想办法与丹丹和她的父母进行沟通……

案例分析

案例中的丹丹就是父母的价值观强行灌输给儿童，从而影响儿童学习积极性的典型。父母是孩子最亲近的人，父母的关爱能够帮助儿童培养其安全感和责任感，在父母陪伴的环境下成长的儿童更加懂得如何关爱他人、尊重他人、理解他人。可对于像丹丹这样的留守儿童而言，在成长的过程中长期与父母分离并缺少情感联系，与父母的接触时间也很少，缺少父母的直接关爱。留守儿童既不能跟父母进行正常的亲子互动和情感交流，又不能在遇到挫折和困惑时及时地反映自己的想法和遇到的问题，但父母的价值体系和行为规范还是很容易潜移默化地影响到儿童的。所以留守儿童的父母如果有“读书无用”“多读书不如早点打工赚钱”“没有文化照样可以挣钱”这样的价值观念，受到父母影响的儿童在一定程度上会淡化对学习重要性的感知。丹丹的父母就是如此，影响她对学习的价值认知。

有的儿童认为现在先工作挣钱，等有了钱之后再花钱去学想学的东西。但身心发展都有其规律，儿童时期的主要任务就是学习，这段时间是儿童智力、认知能力、记忆力等迅速发展的时期。错过这段黄金时期，可能会事倍功半。当今社会是一个信息爆炸的时代，各种信息铺天盖地而来，科学技术发展日新月异，不学习无法跟上社会发展的脚步。处在这样的时代里，学习不只是一段时间进行的事情,而是终身的。不管是成人还是儿童,缺少科学知识都很难胜任未来的工作,即使是高学历的人,不充实或不更新知识也无法满足现代社会的要求。

预防与应对措施

1.家庭

父母应该帮助儿童正确认识学习与工作之间的关系,要让儿童知道没有知识是无法做好工作的,对于未来的前途和发展都是不利的。更重要的是,父母要树立正确的价值观,不能将这种"读书无用论"之类的观念灌输给儿童。在外务工的父母,给儿童零花钱的时候不能没有节制,一味地用物质补偿儿童,这样很容易让正处于发展关键期的儿童花钱大手大脚,形成金钱至上的价值观。恰当的物质补偿有利于开阔留守儿童的视野,增加他们适应新事物的能力,然而无条件地满足儿童的物质需求,则不利于他们树立正确的价值观。

父母教育儿童认识到学习的重要性,具体可以从以下几个方面来做。首先,父母要使儿童认识到知识在将来工作中的重要性。现代社会中,经济发展对科学技术的依赖程度越来越高,科学技术对经济发展的推动力也越来越大,每个职业对从业者的素质要求也会越来越严格。在这种条件下,儿童应当学好科学文化知识,更好地面对未来的挑战。其次,让儿童明白掌握科学文化知识是在未来竞争中处于优势的根基。激烈的社会竞争中,一个人的竞争实力主要靠其自身的优势:比如学历、专业、特长等等。最后,要让儿童知道,社会真正需要的是有知识的人。当今社会知识更新的速度极快,为了适应社会的需要,在社会上立足,就必须不断地更新知识,树立终身学习的观念。儿童时期的学习只是人生历程中最基本的阶段,今后要学习的路还很长。

2.学校

学校是个体社会化的重要基地。儿童在学校里接受指导,系统地学习科学文化知识、社会规范、道德准则和价值观念,并且在与他人相处时共同享受权利和分担义务,获得家庭以外的最初的生活体验。在儿童的成长过程中,学校的教育作用不容忽视,尤其对于留守儿童来说,系统的学校教育在他们的成长过程中显得尤为重要。

教师对留守儿童的成长起着重要的作用，儿童的知识、智力的开拓和发展，道德观、人生观、个性的形成都与教师的教育启蒙和塑造密切相关。儿童的学习主动性、积极性是教师精心培育的结果。不仅如此，儿童极易视老师为榜样，老师的一言一行都需要注意与管理，学校应该注重教师的榜样作用。

学校也应该加大对留守儿童的心理与品德的教学投入。因为家庭生活的特殊情况，留守儿童在心理发展上比其他学生面临更多的问题和困惑，需要更多的帮助与疏导。学校不仅要完成教学目标，更要重视留守儿童的思想品德教育和心理健康教育。开设精品心理健康教育及思想品德课程，开展以“育德”“育心”为主题的活动。

最后，学校要强化与留守儿童家长的联系和沟通。留守儿童的家长和教师可能有不同的教育观念。有些家长认为能供养儿童吃穿用度就是最好的，将教育儿童的大部分责任都推给学校，认为将儿童交给学校就是把教育儿童的任务一并给了学校，这种观念会影响留守儿童的成长。老师和家长要注意及时沟通，每学期开展家校沟通会，将家庭和学校的教育形成合力，共同帮助留守儿童的健康成长。

3.社区

农村社区是留守儿童社会活动的主要场所，对留守儿童的品行和性格发展都具有重要的影响。社区应当充分利用当地的教育资源，组织和开展教育文化活动，促进家庭教育、学校教育、社区教育融合发展，弥补家庭教育和学校教育的不足，为儿童营造一个全方位的教育氛围，让留守儿童在关爱中接受全面的教育。政府部门、妇联、公益组织等机构，应关注留守儿童的需求，开展关爱留守儿童活动，帮助解决生活中的困难。例如，开展留守儿童图书阅读活动，组织留守儿童参加科技创新活动，建设完善儿童的娱乐活动设施等。

二、比较心理——攀比还是共同成长

社会比较又称人际比较，是一种普遍存在于人类社会交往过程中不可避免的心理现象。人们在现实生活中定义自己的社会特征（如能力、智力等）时，往往是通过与周围他人的对比，在一种比较性的社会环境中获得自身存在的意义，而不是根据纯粹的客观标准来定义自我。

攀比是在社会比较过程中产生的不满足于现状、不甘心落后于他人而想追求甚至超越他人的心理意识。它在特定的情况下能对个体的行为动机产生积极的促进作用，引发个体积极的竞争欲望和克服困难的动力。但是负性攀比（消极的、伴随有情绪性的比较），会使个体陷入思维的死角，进一步产生巨大的精神压力和极端的自我肯定或者否定。留守儿童如果在衣服食物等方面喜欢攀比，一方面会加重家庭负担，另一方面也不利于儿童的健康成长。

心理叙事

我叫小丽，爸爸妈妈去北京打工有五年时间了，每次班上开家长会，家里都没有人去。看到别的同学的爸妈来开家长会，我的爸妈没来心里就特别难受，而且因为我家长没来，感觉老师有点不太喜欢我。我的心情有些低落，为什么我的父母不能像别人的父母一样在身边陪我。而且小月的爸妈还给小月买了一条好漂亮的红裙子，我也真的好喜欢。期中考试我的数学考了98分，好想让爸妈知道以后也开心开心，正好也可以像小月的爸妈一样买漂亮的裙子给我当奖品。

案例分析

“为什么我跟别人不一样”，这是留守儿童存在的最典型的疑问，比如说：“为什么其他小朋友的爸爸妈妈在他们身边，而我的爸爸妈妈却不在我身边呢？”其中体现的就是留守儿童的比较心理。案例中的小丽因为父母长期不在身边，发出了这样的疑问，比较自己与他人的不同。

社会比较是认识自我的重要途径，是指把自己的处境和地位（包括能力、观点、身体健康状况等）与他人进行比较。社会比较是个体形成较为稳定和准确的认识与评价，更好地适应社会的契机。社会比较对于儿童的发展具有正反两方面的影响，积极的社会比较有利于儿童形成正确的自我认识、促进个体的成长；而消极的社会比较则不利于儿童的健康成长。案例中的小丽考试98分，成绩优异,将自己与其他同学进行比较,在成长过程中慢慢有了以前没有的疑惑。在本案例中看似没有其他问题,但其实也存在隐患。比如小月父母奖励给她的新裙子,让小丽逐渐将比较的重点从学习转移到了其他方面。不论是儿童还是成人,常常都在与他人进行比较,对于攀比的这种心态和心理,家长和老师一定要正确看待,不必惊慌或采取极端的措施,要找到其中的教育契机,用心引导。

插入板块

帮助儿童发展良好的社会比较观

一是帮助儿童认识自我的客观条件。每个人在进行比较之前要先形成对自我的客观认识。

二是建立社会比较的“最近发展区”。最近发展区是指从儿童实际认知发展到他可能达到的认知发展水平之间的距离。这个距离既能促进儿童的认知发展又不会让儿童感到沮丧失望。根据这个概念,儿童也应该建立社会比较的“最近发展区”,让儿童认识到自身的现有水平,着眼于发挥潜力可能达到的水平,充分调动儿童的积极性,发挥其潜能。处于发展区内的比较,能够适应儿童的身心发展水平,所以具有较好的适应性作用。

三是教会儿童调整心态的方法。当理想和现实脱节,产生落差时,自己给自己施加的压力常常会非常痛苦。可以让儿童学习调整心态的方法,教会儿童在遇到难以处理的事情或无法改变的环境,尝试用学习的态度去看待世界。以“无论我遇到了多么糟糕的事情,都是我增长阅历的另一种方式。”调整心态在于帮助个体找到对自我来说相对舒适的社会比较。

预防与应对措施

1.家庭

当留守儿童出现攀比时，作为家长应当视情况做出合理的教育，及时指出错误并加以引导。同时，父母也不能溺爱儿童，防止出现攀比惯性。不能对儿童百依百顺，用物质或其他方式满足儿童的所有需求。家长要注意掌握正确的教育方法对儿童进行教育和鼓励，引导儿童进行合理的社会比较，产生克服困难的积极动力。

家长要引导儿童塑造积极正面的“攀比心理”，例如在学习、品行、技能等方面，切勿让儿童向一心只追求物质等不良心态的方向发展。并且，家长要鼓励儿童以正当方式，通过个人努力来赢过别人，同时也要注意不能让儿童压力过大，在竞争过程中不要太过钻牛角尖，要注意培养理性平和的心态。父母应当让儿童知道赚钱的不易，让儿童从小就明白钱不是轻易得来的，这样在花钱的时候，儿童就会考虑到父母赚钱的不容易，不会养成大手大脚花钱的习惯。家长应有意识地让儿童做一些力所能及的工作，让儿童在做事的过程中明白工作的辛苦，父母的不易与赚钱的困难。

2.学校

老师平常应多关注学生的想法，多与学生进行沟通，这样老师除了知道学生平时的学习成绩以外，还可能知道学生想要什么、有哪些需求。在日常的学校教育中，应该让学生保持乐观的情绪，不要因为穿得比别人差、吃得没别人好而闷闷不乐，学会满足现在的生活。尤其是班主任老师，要具有敏锐的洞察力，要对学生情况多做了解，可以通过家访、班主任信箱等形式加强与学生家长的沟通与交流。此外，班主任应该将了解到的学生情况多跟其他任课老师们进行适当的沟通，多方位地把握学生的思想动态。

学生之间的攀比，是源于希望自身更好，甚至是比他人更好的动机。教师不应一味责备，还要注意引导学生将攀比心理转化为上进的力量，这样他们会获得更多生活和学习的动力。在平时的教学活动中，老师可以给学生指定一个目标，告知他们想要的东西需要通过自己的努力获得，这样将攀比化为努力实现目标的动力，引导其转向积极的方向。

3.社区

社区要注意建立与家庭、学校共同教育的观念。配合学校利用故事教育、榜样引导等方式，挖掘社区中刻苦拼搏、不断突破自己的榜样资源，通过多种社区宣传途径引导留守儿童在正确认识自己的基础上，以积极健康的心态与他人竞争，当产生不良攀比心理时，应该冷静思考，敢于自我剖析、自我反思、并积极寻找解决方案。同时还应注意的是，开展相关的价值观教育活动不仅针对留守儿童，还应包括留守儿童的家长、老师、身边的邻居等等，增强人们的心理归属感，形成积极向上、努力奋斗和甘于奉献的社区氛围。

三、儿童为什么会攻击他人

攻击行为是以伤害另一生命的身体或心理为目的的行为，即对他人的敌视、伤害或破坏性行为。可以是身体的侵犯、言语的攻击、也可以是对他人权利的侵犯，当然也包括工具性攻击和敌意攻击。攻击行为对攻击者还是被攻击者的身心健康都会产生不同程度的危害。在校园生活中最为常见的攻击行为是校园霸凌。

心理叙事

超超4岁时父母便外出打工，现在超超已经六年级了。在外打工的艰辛以及动荡使得夫妻俩没有过多的精力顾及儿子的成长和教育，除了过年回家几天之外，他们几乎很少有时间回家。为了弥补对超超的亏欠，夫妻俩可以说对超超的所有要求都予以无条件的满足。而超超因为一点点小事就辱骂爸妈，甚至还打他们，夫妻俩都没有任何怨言。爷爷奶奶对小孙子更是宠爱，什么都依着他，全家人都把他当成小皇帝一样宠着。

夫妻俩每隔一段时间就会给超超买礼物寄回去，他们以为只要这样做孩子就会很高兴，可以弥补他们对孩子感情上的亏欠。可是他们发现，慢慢地很少再能听到超超收到礼物高兴的声音，取而代之的是他不满的抱怨，嫌父母买的礼物没有电视上的昂贵高档，等等。夫妇俩还听村里来的乡亲们说，超超是村里孩子们的小霸王，哪个小伙伴最听他的话，最服从他的管理，他就会给奖励；如果哪个小伙伴稍有不从，他就会狠狠地教训人家，连比他大的孩子都听他的调遣。老师对超超父母说，超超上课很少认真听讲，老师管教他，他不但不听，还和老师顶嘴，甚至辱骂老师，情绪表现非常激动。

（王俊主编《心灵有约——留守儿童心理健康读本》）

案例分析

故事中超超的父母因长期外出打工，较少对超超的成长和教育加以有效指导和管教，对他的一些不良行为也没有及时纠正，再加之爷爷奶奶的溺爱强化了超超的“霸道”，使得超超在家人和老师面前都表现得很不礼貌。在和同伴交往的过程中，超超也成了孩子们中的小霸王，如果小伙伴不顺从他，就会受到欺负。父母以为物质的补偿可以弥补亏欠，或者因为愧疚对儿童的一些错误甚至不良行为不加制止，任其发展，这是严重的误区。故事中的超超任性、霸道，对于物质更加关注，逐渐开始使用暴力来证明自己的位置、用拳头说话。

对于学龄期儿童以及青少年来说，欺负是经常发生的，也是这个阶段攻击行为的主要表现形式。欺负对于双方带来的伤害都是不可避免的，对于被欺负的一方，会造成儿童的社会回避行为，害怕上学、害怕与他人相处，严重的可能还会造成抑郁、孤独，甚至自杀。对于实施欺负行为的一方，虽然表面上是处于绝对的优势地位，认为自己是一个小霸主，别人见到自己就会闪躲，虚荣心得到满足，但是“用拳头说话”得不到真正的友谊，无法结交愿意真心实意与自己交往的好友，一些围绕在身边的所谓的“小跟班”要不就是为了依仗暴力使自己免于受他人欺负，要不就是因为暴力而不得不向其屈服。儿童长期使用暴力，不但可能会导致更严重的行为失当，甚至可能触犯法律，产生犯罪行为。

插入板块

指导儿童如何正确面对不良情绪

1. 有不良情绪时，要学会控制与调节，采用合理的方式缓解和抒发不良情绪，而不是通过攻击行为来发泄。

2. 主动与父母、老师、朋友等沟通交流，感受来自他人的关心与温暖。

3. 遇到困难，学会寻求他人的帮助。

4. 正确认识自我，提升心理素质，放松心情，保持良好的心态。

5. 加强自控能力，提高意志力，正确对待挫折。

预防与应对措施

1. 家庭

首先，对于家长来说，需要思考造成暴力的原因以及自己的管教方式是否得当。造成暴力的原因主要有两种，一是缺少他人的关爱、敦促和制约，经常以攻击的形式发泄自己的愤怒和不满；二是由于家人的溺爱养成无法无天的个性，微不足道的事也可以大发脾气，向对方施暴。因此，要正确看待儿童的攻击、暴力行为，首先要了解儿童具有暴力或者攻击行为的原因，站在平等的地位上，听取儿童内心的想法，而不是一味使用更加暴力的手段去制止他，更不能纵容儿童，对儿童采取不管不问的态度。

其次，要理解留守儿童的攻击性行为。留守儿童长期与父母分离，得不到父母的呵护，缺少健全的家庭环境，心理发展受到影响。没有足够的经验以合适的方式应对挫折和难题，表现出攻击行为可能是他们出于本能的反应。所以，当发现子女采用攻击的方式来处理问题时，不要一味指责儿童，要更加心平气和地安慰儿童，理解他们这样做的原因。等儿童恢复平静后，认真倾听儿童讲述事情的经过，站在客观的角度帮助儿童分析事件始末，以此向儿童讲明道理，引导儿童如何正确处理此类问题。在生活中给予儿童更多的爱和呵护，使其拥有足够的安全感。家长必须帮助儿童明白攻击性行为的危害，引导儿童正确处理与同伴的冲突，纠正儿童与人交往的方式和态度，避免儿童攻击性行为的出现，甚至习惯化。

此外，父母应与儿童建立稳固安全的依恋等级关系，尤其是母亲作为儿童的第一依恋对象，应与儿童形成稳定的亲子关系。当然培养父亲、祖父母、老师、同伴与儿童的亲密关系也同样重要。这样的依恋等级关系会增加儿童的社会亲和力，从而减少儿童的攻击性行为。虽然留守儿童需要父母更多的关心和呵护，但并不意味着要溺爱他们。如果儿童的要求总是能够得到满足，当某种行为被限制时，极易产生逆反心理，出现攻击性行为。所以，家长应该理性对待，而不是溺爱，更为主要的是增加与儿童的交流，尽可能地把子女带在身边亲自照顾，如果条件限制无法实现，也应加强与儿童的沟通，定期通电话，了解儿童的现状，倾听儿童的心声，增加与儿童心灵上的交流。父母应鼓励儿童积极参加集体活动，帮助儿童逐渐融入集体生活，掌握与人相处的技巧，从而与同伴建立良好的关系。

最后，给予儿童足够的关注。有些留守儿童感受不到父母的关注，久而久之会出现低人一等的想法，感觉自己是没人管教的野孩子，从而产生自卑感、孤独感和挫折感。家长应留意对留守儿童表现出更多的关注，抚慰他们敏感的心灵，让他们在成长的过程中，感受到父母的存在，感受到爱的存在。

2. 学校

学校要建立完备的留守儿童心理档案，使得学校教师能够对留守儿童的心理状况有全方位的了解，掌握其发展变化情况。此外，学校也应该建立和完善儿童心理健康的筛选和评价机制，对攻击性强的儿童给予专业的辅导。比如可以采用角色扮演的方法，在攻击行为中，攻击者扮演专制、残暴的角色，被攻击者则体验着恐惧、逃避、愤恨、顺从甚至悲伤委屈的情绪体验。让爱打架、爱欺负人的儿童充当一下挨打者的角色，体验一下被欺负的心情，引导喜欢打架的儿童想象并体验挨打后的情绪反应(委屈和悲伤),这个方法对于矫正他们的攻击行为很有帮助。还可以通过心理剧形式对儿童进行引导,让他们学会从挨打者的角度思考问题,意识到打架不仅会给他人造成严重的身体伤害,甚至会造成心灵上的痛苦,从而抑制自己打人的冲动。

此外,学校应该配备相应的专职心理健康教师和心理咨询室,使儿童有可以倾诉的对象并由专业的老师进行疏导。同时学校也要设置科学的心理课程,教会儿童一些排解不良情绪的方法,使儿童学会正确认识攻击行为并控制自己的行为。

3.社区

社区作为留守儿童聚集生活的单位,应发挥自己的积极作用,广泛开展社区活动,充实留守儿童的精神生活,使他们通过运动、艺术等健康渠道释放自己的压力和情绪,减少留守儿童的攻击性。有条件的社区还可以搭建"爱心妈妈"平台进行帮扶,聘用专业人员定期对留守儿童的心理健康进行排查和监督。一方面社区人员要对留守儿童的成长环境进行监控,减少留守儿童因模仿而产生的暴力行为;另一方面在一定程度上弥补留守儿童成长过程中因父母外出产生的关爱缺失,使其感受到家庭般的温暖。

四、劳动最美丽——劳动教育促进留守儿童的身心发展

《中小学心理健康教育指导纲要(2012年修订)》中明确要求,心理健康教育要"使学生学会学习和生活,正确认识自我,提高自主自助和自我教育能力,增强调控情绪、承受挫折、适应环境的能力,培养学生健全的人格和良好的个性心理品质"。其中的"学会生活""自主自助"等能力都离不开劳动。在劳动过程中学生会充分调动身体的机能,而身体的参与会让人产生愉悦的情感,进而促进儿童心理健康各个维度的正向发展。姜凤萍2017年发表的一项调查表明,小学生的劳动时间、劳动内容与其心理健康水平呈正相关。

留守儿童大多家庭经济条件不是很好,可"穷孩富养"现象却十分普遍。留守儿童的祖辈对孩子的管教大都比较宽松、过分迁就、过度满足、包办代替,至

于对孩子成长十分重要的劳动教育，更是少之又少，导致很多留守儿童不再是“穷人的孩子早当家”，反而是“衣来伸手、饭来张口”。

张蕊在2018年的调查研究发现，农村小学生的劳动素质状况总体上存在着一定程度的问题，小学生在劳动能力上的欠缺尤为突出；虽然大部分学生对劳动有一定的认识，并没有在深层次上认识到劳动的价值；即使大多数学生拥有端正的劳动态度，但还是不愿意花费时间在劳动上。

综上所述，引导留守儿童崇尚劳动、尊重劳动，有助于提升留守儿童的身心健康发展水平，应大力提倡劳动教育。

心理叙事

乐乐是一名五年级的小学生，从小和爷爷奶奶一起在湖南永州的一个农村生活，爷爷奶奶对乐乐非常宠爱，家里的家务和农活基本上是爷爷奶奶承担。乐乐的奶奶说：“乐乐在家基本没什么劳动，每天吃饭要帮他盛好，书包也要我收拾。他自己能穿衣服、洗漱我就知足了。像指导他学习这种事情我是做不了，其他的活我是不用他帮忙的，他只要好好读书就好了。”乐乐的爸爸妈妈都在建筑工地做体力活，他们也时常告诉乐乐：“儿子，你如果不好好学习，就要像我们一样靠体力赚生活了。”乐乐有时候想帮忙做点家务活奶奶也会把他支开，让他去学习，因此乐乐从小到大几乎没有做过什么家务活。这种现象在乐乐的同龄人中并不少见。他们班主任在一次调查中发现，超过一半的孩子从未洗过衣服，更有超过40%的孩子不知道怎么使用电饭锅煮饭。学校寒暑假作业中有时会布置“做家务”“养动植物”“学习做一道菜”等内容。但一般来说，只有在假期，家长为了孩子完成作业才让其帮忙干家务，平时不会主动让孩子劳动。乐乐的班主任说道：“现在大家的经济水平提高了，农村需要干的农活也没那么多，‘隔代亲’的抚养模式也让留守儿童从事劳动活动的空间变得更窄了。”

案例分析

“四体不勤，五谷不分”“手不能提，肩不能扛”，这是当下很多青少年学生的生活写照，即使在农村长大的孩子也不例外。劳动教育的确与社会环境有关，对于大部分农村家庭而言，生活条件改善了，不再需要儿童帮助父母劳动，并且一些学校只注重升学率，学习被当作是最重要甚至是唯一重要的事情。殊不知，这样的一种劳动“绝缘”状态将会带给孩子许多负面影响。

（1）缺少感恩意识。没有做过家务的儿童不能够体会家长持家的辛劳。在他们看来，家长做家务，自己享受是天经地义的事情，所以即使有些家长告诉儿童他们的付出，但儿童因缺少感恩意识，并不能理解父母的辛苦。

（2）缺少责任意识。由于从小到大儿童一直缺乏家庭责任感，或认为他们仅需要承担学习责任即可，由此带来的就是在儿童社会化的过程中责任感的缺失。

（3）不认可体力劳动。长期缺乏劳动的锻炼，尤其是家长如果对体力劳动持鄙视的态度，会逐渐让儿童产生“重脑力、轻体力”的价值观念。由此在儿童成长到就业年龄时，就会不顾及实际情况拒绝一切“蓝领工作”，一味追求“白领工作”，这并不利于儿童成长成才。

随着经济的发展，留给现在的学生特别是留守儿童的“劳动空间”其实并不多，现在的儿童很少再需要参加繁重的农业劳动，即便家里种田，也基本是机械代替人工操作，甚至很多儿童连洗脸、刷牙等个人卫生都是由祖辈们协助完成。更有一些儿童存在不理解劳动、不愿意劳动的现象。有的儿童认为学习很忙，劳动会占用时间；有的认为劳动这么累，为什么非要自己动手，花钱找人做就好；有的会说如今科技这么发达，劳动可以交给人工智能。在家长的包办帮助下，儿童放假在家，对家长起早贪黑打工视而不见，依然我行我素睡懒觉，有时还要家人催促才起床。令人担忧的是，如今一些家长对以上现象习以为常、见怪不怪。其实，劳动教育对于儿童成长成才是极其重要的，从现在开始就应当注重培养儿童从我做起、热爱劳动的观念与习惯。

实际上，适当的体力劳动，可以改善大脑的调节能力，提高神经系统的兴奋性和灵活性，提高人对各种外界刺激的适应能力，思维和记忆能力也能够得到发展，同时还能促进新陈代谢。劳动与体育锻炼一样，能刺激大脑分泌多巴胺。多巴胺是大脑释放的“快乐分子”，让人们在付出努力后，得到心情愉悦的奖赏，从而使人产生愉悦感。更重要的是，学习劳动知识，掌握劳动技能，符合儿童适应社会和成长成才的现实需要。

心理学家指出，一个完整的人应该构建三大关系：人与世界、人与他人以及人与自我的关系。劳动可以帮助儿童发现世界、探索世界，可以引导他们与他人建立良好的人际关系，可以增强个体的自我管理能力，锤炼个人意志。劳动是性价比最高的帮助儿童成长的方法与途径。留守儿童长期缺少父母的陪伴，本来就面临不利的发展环境，因此他们不仅要克服困难成长，更需要通过劳动来拓展他们与世界、与他人、与自我的关系。

插入板块

劳动实践种植园

安徽省定远县张桥二小留守儿童之家联合校少先大队在校园东南角开辟了一块“责任田”，作为劳动教育实践基地。这个为该校留守儿童提供课程实践和课外活动的平台，其投入使用能够增强孩子们的责任意识和实践能力，丰富他们的校园生活。

每到劳动实践课或是课外活动时间，张桥二小劳动实践种植园都会是一片忙碌热闹的景象，这里都会成为留守儿童们的乐园。孩子们会和老师一起来“责任田”里劳动，贡献自己的热情和汗水。面对地里长势喜人的玉米、花生、茄子、西红柿等农作物，莫大的快乐和成就感在孩子们心头油然而生。

（2020年6月10日凤凰网安徽综合）

预防与应对措施

1.家庭

首先，家长要注重引导儿童从身边的小事做起，帮助他们养成良好的行为习惯。比如自己洗衣服、整理房间、帮助家里做力所能及的家务等。

其次，劳动教育也是一种教育方式，家长除了提要求和看结果，对劳动过程也应当循序渐进地指导，这样才能使留守儿童真正掌握劳动方法和技能，同时感受到劳动的快乐。

最后，很多留守儿童的父母会片面地告知儿童“好好上学，以后就不用像我这么辛苦”。长此以往很容易让儿童产生绝对不再以体力挣钱的意识，到了就业年龄，他会缩小自己的职业选择范围，因此造成很多人到了就业年龄后宁愿待在家里“啃老”也不愿意就业的情况。作为家长更应该身体力行地以自己的经历感染儿童，倡导儿童以劳动为荣，用劳动创造美好的生活不是一件可耻的事情。进行劳动教育的前提是家长不能带着“劳动就是吃苦受累”的想法，而是要让儿童体会到劳动中的美，这样儿童才能在生活中尊重劳动者、尊重劳动精神。

2.学校

学生劳动素养低下，与教育现实中只求分数、重智轻德等有很大关系。当今中小学教育教学实践中，在德智体美劳五个维度中，劳动教育最为薄弱。

学校首先应当充分认识到劳动教育对学生成长成才的重要性，并针对所在地域，因地制宜地开展有针对性的劳动教育活动。学校应开设劳动教育课程，其目的是为培养学生的劳动精神，帮助学生掌握劳动技能，养成劳动的习惯，让学生在劳动的过程中建立起人与物之间的和谐关系，进而建立起人与人之间的和谐关系，最终形成人与外界的和谐关系。

充分利用主题活动渗透劳动教育。主题活动是学校教育的重要方式和手段，比如“学雷锋”“防溺水”“社会实践活动”等主题教育。在主题活动中，学校可以组织“劳动小达人”“劳动小标兵”“劳动小能手”等主题评比活动，或根据年龄特点组织诸如“整理书包比赛”“叠衣服比赛”“厨艺比赛”等主题劳动竞赛活动，吸引学生平时多多练习，形成“你追我赶”的劳动氛围。学校在培养留守儿童劳动品质的同时，让孩子们懂得集体的力量大于一切。学校可以将各年级分成几个小组，并选出小组长。平时可以由教师带队，由小组长带领小组学生去开展一些适合自己年龄的劳动。

值得注意的是，“劳”之所以与其他“四育”成为青少年培养中的重要一环，是因为每个人本来就有参加劳动的需求。但劳动教育的加强一定要以尊重各学段儿童的心理发展实际、学习生活的实际与社区环境的实际为前提，“大呼隆”“一刀切”的形式主义教育不可能达到任何理想的效果。与此同时，专设劳动教育课程是劳动教育开展的重要着力点，应当引起高度重视，劳动教育应当与各学科教学结合起来。比如道德与法治、语文、历史、地理、艺术、体育，甚至数学、物理、化学、生物等自然学科都可能蕴藏着大量劳动教育的素材，因而各学科领域的教学也都有因势利导地开展劳动教育的可能性。

学校应当承担开展劳动教育的主体责任，通过家校共育，让一代代新人崇尚劳动、尊重劳动、热爱劳动。其中非常重要的一步就是要引导家长认识到劳动与学习并不冲突，劳动也是一种学习，学习书本知识必须与生产劳动、社会实践、科学实验相结合。另外，适度的劳动可以促进孩子文化课程的学习。劳动虽然会占用孩子的一些时间，但是合理地利用劳动可以帮助儿童调节学习节奏，启迪孩子的实践智慧。此外，孩子的勤俭之习、感恩之心、吃苦耐劳之意志、责任意识与担当精神等，都需要在劳动中培养。

除了树立正确的劳动观之外，劳动教育也要依靠扎实的行动举措，其中最为关键的是引导家长学会放手，鼓励孩子真干实干。这也是在日常家校沟通过程中应当渗透的理念。

与此同时，师生互动、校园环境、课业评价、学校制度等教育生活的方方面面都需要强调劳动教育，比如在开学第一课、入团仪式、成人仪式、毕业典礼、校庆典礼等常规性仪式中都应增加和突出劳动元素，以此引领青少年学生感悟劳动的魅力和意义。同时，学校要通过家长会、家长学校、社区宣讲、网络媒体等途径，引导家长树立正确的劳动观，认识到“五育”并举才是不可逆的教育大势，明确家长的劳动教育责任，让家长主动指导和督促孩子完成家庭、社区的劳动任务。与此同时学校要与相关社会实践基地共同开发并实施劳动教育课程。劳动教育只有有机融入全部的教育生活中，才能取得真正的实效。

3.社区

北京师范大学公民与道德教育研究中心主任檀传宝曾经讲过，一些青少年儿童在体验过劳动的艰辛后，很可能得出这样的结论：长大后绝不做辛苦的劳动者。这就是为什么普通劳动者子女经过漫长的学校教育后，往往更加不尊重身为劳动者尤其是体力劳动者的父母的原因。要解决这类问题，除了学校教育以外，社区应加大弘扬劳动精神的力度，扩展对“劳动最光荣、劳动最崇高、劳动最伟大、劳动最美丽”的宣传。社区的劳动教育建设必须站在价值观引导的高度，将劳动教育与弘扬劳模精神、劳动精神、工匠精神相结合，在社会上形成“实干才能梦想成真”等劳动价值理念。如果留守儿童处在一个不尊重劳动工人、缺乏劳动保障的社会环境中，很难培养儿童积极正向的劳动精神，同时也会削弱学校开展的劳动教育成效。

社区层面要夯实制度基础，宣传优秀文化价值观，为留守儿童的价值观教育保驾护航，强调劳动是一切财富、价值的源泉，劳动者是国家的主人，一切劳动和劳动者都应该得到鼓励和尊重。倡导通过诚实劳动创造美好生活、实现人生梦想，反对一切不劳而获、崇尚暴富、贪图享乐的错误思想。

依据《中共中央、国务院关于全面加强新时代大中小学劳动教育的意见》，社区层面应当加强政府统筹，拓宽劳动教育途径，整合家庭、学校、社会各方面的力量。家庭劳动教育要日常化，学校劳动教育要规范化，社会劳动教育要多样化，形成协同育人的格局。并且坚持因地制宜的原则，根据各地区和学校实际情况，结合当地在自然、经济、文化等方面的条件，充分挖掘行业企业、职业院校等可利用的资源，宜工则工、宜农则农，采取多种方式开展劳动教育，避免“一刀切”。

劳动教育所涉内容宽泛、纵横交错，要按“一根红线穿到底，各个学段写春秋”的思路，贯穿大中小各个阶段，校内外各个领域，搭建社会教育、学校教育、家庭教育和受教育者本身四位一体的教育体系。劳育建设应形成以学校为主导、家庭为基础、社区为依托的协同实施机制，通过共育合力，确保劳动教育能够人人、时时、处处开展，真正起到促进留守儿童实现动手实践、出力流汗，接受锻炼、磨炼意志的目标。

劳动是通向美好生活的唯一途径，因此，劳动教育不能缺位。要让儿童从劳动中获得勤劳、吃苦、独立、担当等优良的个性品质，从而成为一个更加健全幸福的人。

五、悦纳自我，珍爱生命——留守儿童的生命教育

心理叙事

杰杰是个腼腆的三年级小男孩，课堂上从来不主动举手发言，老师提问时他也总是低头回答，声音小得像蚊子，课间活动时总是默默地趴在座位上，不愿意跟同学们打交道。班主任黎老师经过仔细观察，渐渐发现杰杰还存在许多其

他问题，如：课堂上精神恍惚，注意力很难集中，作业不能按时完成，而且马虎得很，学习成绩也很差，稍微批评几句，他就泪水涟涟。一天课间，黎老师拿着他满是错误的家庭作业本轻轻坐到他的身边，他像受惊的小鹿般向旁边闪了一下，眼睛里流露出一丝莫名的担忧。黎老师把他轻轻地搂在怀里，指着外面玩耍的小朋友，说："看，他们玩得多开心！你为什么不去和他们一起玩儿呢？"听黎老师这样一说，他虽没有言语，但是眼神中明明流露着失落和无奈。

之后黎老师通过一次家访得知，杰杰一直由年迈的爷爷一人抚养，爸爸妈妈外出打工两年了，与家里的联系非常少。他每天放学回家之后就是自己闷在房间里，也不大愿意与人交流，由于爷爷还要做很多农活，也没有很多时间与杰杰交流。杰杰在家里得到的关注极少，导致他做很多事情都没有自信，如果学习上遇到一些困难通常很快就会选择放弃。爷爷告诉黎老师，有一次杰杰肠胃炎发作，在床上疼得直抽搐，他也没有让任何一个人知道，直到傍晚爷爷终于发现时，杰杰也只是说："不用管我，我不想当你们的累赘。"黎老师这才发现杰杰一直认为自己对大家来说是个负担，父母就是因为想摆脱他才把他丢给爷爷抚养。

案例分析

像杰杰这样，较少得到家人关爱的留守儿童有时会采取一些自己的方式找"存在感"，让家人更加关注自己，甚至有些留守儿童会因为对现状的负面认知而产生低自我评价，丧失对生活和学习的信心，从而出现不珍惜生命、自我封闭甚至自暴自弃的行为。留守儿童的生命教育关乎儿童的身心健康成长，这时期的儿童正处于培养正确的世界观、人生观、价值观的关键阶段，得不到家庭教育在价值观念和思想意识上的正确引导，极易使他们在道德品质上发生偏离。有些留守儿童存在生活热情不高、没有人生理想、没有明确的学习方向的现象，而有的甚至会出现不服从学校管教，肆意违反学校纪律，沉溺于网络等行为，这严重影响到留守儿童的身心健康发展。加强对留守儿童的生命教育是促进儿童身心健康发展的重要内容，也是提高其综合素质、促使其人格健全发展的必然要求。

留守儿童的生命教育如今引起越来越多人的关注，由于留守儿童的父母长期外出工作，陪伴孩子学习成长的时间非常少，忽视了对孩子的生命启蒙教育。很多留守儿童对生命的认知几乎空白，不理解自己生命的意义，缺乏积极生活和学习的原动力。以学业为导向的教育方式则让处于青春期的留守儿童更加叛逆，甚至在人际交往和自我认知方面都存在认识偏差和行动偏差。

高淑玲和张伟伟的调查显示，在中小学安全易发事故人群中，农村留守儿童占据首位。据近年儿童安全事故统计，留守儿童的意外死亡、意外伤害、轻生等生命安全问题尤为突出。留守儿童的安全事故发生呈现四个特点：年龄较小，辨别是非能力弱，容易受到不法分子的诱导、欺骗以及被敲诈勒索。安全事故中自杀现象严重，由于生命意识的缺乏，留守儿童容易产生轻生念头。因为缺乏正确的引导，或者由于生活所迫，他们也更易发生偷窃、抢劫或伤害他人等失控行为。

导致农村中小学留守儿童意外事故频发的原因可归纳为以下两个方面。其一，家庭的教育职责和监护功能严重弱化乃至缺失。家庭的不健全导致尚处于义务教育阶段的留守儿童无法感受到正常的家庭温暖，不能得到正确的引导。其二，留守儿童尚处于义务教育阶段，年龄小，明辨是非的能力较弱，极易受到不良环境和不法分子的诱导。尤其是在当今这个多元文化交织的社会，不良文化正侵蚀着孩子们的思想。

20世纪90年代，我国生命教育逐渐兴起。关于生命教育的概念，众说纷纭，各有千秋。其中较有代表性的是：生命教育就是在以物质性生命为前提的条件下，把个体的生命教育视为基础，帮助学生能够逐步地、有计划地了解什么是生命，生命的意义是什么，如何实现生命价值，人生应怎样才能得到升华。

近年来，我国道德教育理论和实践以生命教育为主体展开。学者们逐渐感到生命教育的重要性，认为教育应当尊重生命、关爱生命，应重视对学生的生命教育。学校也逐渐开始重视生命教育在课堂中的开展。从2004年上海开始制定并出台《上海市中小学生生命教育指导纲要》时起，“生命教育”这一现代教育理念已进入我国中小学校园。在《中共中央、国务院关于进一步加强和改进未成年人思想道德建设的若干意见》指导下，部分省市也进行了生命教育的实践，较好地推动了我国儿童生命教育的发展。但不可否认,我们目前仍缺乏具有针对性的、科学有效的留守儿童生命教育内涵、内容、形式等的研究成果。从传统意义上讲,学校一般给予留守儿童的是文化知识方面的指导,家庭才是道德、安全等生命教育的主要引导者。在生命教育方面,家庭对青少年的成长起决定性的作用。父母应通过家庭互动营造良好的家庭文化氛围,从而影响子女的行为与价值观,进而潜移默化地对子女进行有关生命方面的教育。

留守儿童生命教育包括尊严教育、生死教育和安全教育。

(1)尊严教育。尊严教育就是让留守儿童在悦纳自我的基础上,关心他人,喜欢自然界的事物。第一,尊严教育应以悦纳自我为前提,让留守儿童喜欢自己,接受自我,了解自己的独特性,从优点与缺点两方面找出真实的自我,并接纳自己的优点与不足,在此基础上努力改进和完善自己,发展潜能,从而建立自尊与自信。第二,在自尊与自信的基础上积极与同学交往,懂得关心同学和家人,尊敬、理解和感恩父母。第三,认识和亲近大自然,爱护环境,珍惜自然资源。

(2)生死教育。生死教育主要是让留守儿童了解生与死的意义,从而认识生命、尊重生命和珍惜生命,活得自信、充实,最终加强留守儿童的生命保障意识,提高生存质量。

生死教育分为以下两部分内容:第一,帮助留守儿童认识生命,知道死亡的意义,进而欣赏生命的丰富,了解生命的可贵;第二,协助留守儿童掌握如何珍惜生命与尊重生命的方法,培养良好的生活习惯和学习习惯;第三,引导留守儿童用爱经营生命以及思考生命的方向,明白“善良”和“良心”是人的特质,培养正确的人际交往观和自省的方法;第四,帮助留守儿童认识到痛苦、困难、死亡与分离都是生命的一部分,引导其使用积极的态度和方法去面对痛苦、困难、死亡与分离等带来的失落、彷徨等负面情绪。

(3)安全教育。根据《中小学公共安全教育指导纲要》,中小学校园安全教育主要包括食品卫生安全、校园暴力、消防安全、自然灾害安全、交通安全、校舍安全、心理安全、网络安全、文体安全等。针对留守儿童缺乏监护人约束的特殊性,安全教育应在以上基础上着重帮助留守儿童掌握安全知识与技能、形成安全意识、提高保护自我的能力。首先,学会应对意外情况与自然灾害的预防和处理方法，特别是掌握溺水、交通事故等意外的预防和处理措施，掌握安全用电、用火、用水、用气；其次，注意培养良好的饮食习惯，形成较好的卫生习惯，拒绝烟、酒和毒品的诱惑，科学使用网络，避免网络成瘾；最后，学会用恰当的方法保护自己，避免受到性侵害，提高识别危险的能力，学会应对敲诈、恐吓等突发事件的方法。

预防与应对措施

1.家庭

家庭是孕育生命的源泉，在安全教育中的作用十分重要。但实际上很多留守儿童在已经解体的家庭中成长，这时在外的父母更应该注意，应尽可能通过家庭互动营造有爱的家庭文化氛围，进而潜移默化地对子女进行有关珍爱生命方面的教育。

如果孩子采用一些不恰当甚至是偏激的方式“刷存在感”，企图让家人更加关注自己时，家长不应过多责备，而应在充分理解孩子的前提下，多多表达对孩子的关爱，使孩子充分理解父母外出打工的原因。在日常生活中也可以跟孩子说说他们自己外出务工的生活细节等等，多多关注孩子的留守生活和情绪变化，少一点批评和责问，多一些关心和呵护，尽量营造轻松愉快的交流气氛。

如果孩子开始出现自我评价低、丧失对生活和学习的信心等情况，家长更应充分关注，尽量给予孩子想要的心理和物质支持，鼓励孩子发现自己的优点，接纳自己的不足，并在此基础上努力改进和完善自己，不断发展自己的潜能。同时鼓励孩子勇敢大胆与他人交流，关心、理解身边的家人、同学和老师。

值得注意的是，家长还应帮助留守儿童掌握安全知识与技能，树立安全意识。如了解安全用电用火等知识和应对办法，注意良好饮食习惯的培养，拒绝烟酒诱惑，远离毒品，避免网络成瘾等等。这些安全意识的培养不仅可以帮助留守儿童掌握保护自己的技能，更能让他们知晓生命可贵，值得好好珍惜。

2.学校

针对因成长中家庭不健全和教育不足所带来的生命意义感缺失的现状，农村学校应采取多种措施来加以弥补，努力探索加强农村留守儿童生命教育的有效途径。学校应注重农村留守儿童生命理念的树立和实践指导。

首先，农村中小学应注重留守儿童生命理念的树立。帮助他们树立珍惜生命的理念，认识生命只有一次，人生最宝贵的便是生命。只有将生命充分利用起来，做更多有意义的事，才不会虚度一生。

其次，帮助他们树立人生理想。理想信念是支撑一个人坚持不懈奋斗的动力源泉，是人的世界观、人生观、价值观的集中体现。只有树立了坚定的理想信念，人生才不会出现迷茫。当然，对处于义务教育阶段的中小学生来说，树立理想是一件困难的事情。这需要学校用一些先进的事例来教育留守儿童，帮助他们树立理想目标，引导留守儿童逐步实现制定的目标。

再次，学校要做到统筹全局，丰富教育内容。对于留守儿童来说，农村有很多天然的娱乐场所，在带来欢乐的同时也带来了很多危险。要加强对儿童生存意识、生命责任、生命挫折、生命死亡等方面的教育，增强他们的自我保护意识，引导其用积极的态度面对人生，努力创造更大的人生和社会价值。

学校应设立针对农村留守儿童的生命教育模式。通过加强思想政治教育来帮助留守儿童从本质上正确理解生命的意义和价值，从而加强生命教育的效果。对于处于义务教育阶段的留守儿童来说，生活阅历还是一张白纸，只能在别人的帮助下成长。学校应加强对留守儿童的思想教育，用真实的事例引导他们，驱散孩子们心中的迷茫。农村中小学应注重生命教育实践，学校可通过开展以生命教育为主题的校园活动来增强他们对生命的理解。同时，通过带领学生实地考察、危险场景的现场模拟等实践活动的开展，让农村留守儿童更直观地感受生命的意义，了解生命的价值。学校应加强关于生命知识的教育，在多个学科中进行有关“生命教育”的渗透，拓展生命教育的载体。重视和优化学校心理健康教育和心理咨询工作，注重校园文化活动和社会实践的开展，将生命教育融入学生的课堂学习和课外活动当中，从而努力创造更好的生命教育环境。

此外，学校还应注意将生命教育与其他学科的教学相结合。健康的身体是学习的基础。只有保证学生的生命安全，学校的教学活动才能正常开展。但是，一般的学校教育往往将传统的文化知识教学放在首位，容易忽视学生的生命教育。所以，学校应当加强对生命教育的重视程度，设置独立于传统学科教学的生命教育课程，培养农村留守儿童的生命意识。众所周知，学习科学文化知识是学生的首要职责。在传统的教育模式中，科学文化知识的学习是整个学校教育的重中之重。学生在学校的大部分时间都是在正规的课堂里学习文化知识。学校应将生命教育与其他学科相结合，潜移默化地将生命的意义渗透到留守儿童的内心。这种渗透式的教学方法既能保证生命教育能够作为独立的板块开展，又能保证生命教育未完全脱离科学教育，使学校教育资源得到充分利用。这样，生命教育的意义才能够更加有效地得到实现。

应该注意的是，学校在尝试着对留守儿童进行生命教育的同时，更要重视加强对留守儿童情感上的关怀和弥补。义务教育阶段的中小学生是天真、脆弱且需要呵护的，据调查统计，大多数少年犯罪的原因是家庭教育的缺失，他们从未有过正常的家庭体验，所以不能够设身处地地体会其他人的感受，道德观念较差，家庭意识淡薄。面对长期家庭缺失的问题，学校可以通过亲情教育、温暖教育以及感恩教育等情感教育模式，将对留守儿童的情感关怀作为教育的重要部分，让他们感受到学校不仅仅是学习的地方，更是一个温暖的“家”。

3.社区

留守儿童是整个社会的弱势群体，社区倡导应当着眼于如何帮助留守儿童认识生命、珍惜生命和尊重生命。

社区可以将留守儿童的生命教育以及社会支持体系作为留守儿童成长教育的切入点，探索社会工作专业服务进入学校和社区的模式，构建起覆盖面更广的“家、校、社”留守儿童支持网络。将社区留守儿童关爱行动与学校生命教育结合起来，给学校生命教育提供平台和支撑，也可通过社会工作服务项目，连接街镇、小学、幼儿园、学生家长、朋辈群体、社工、志愿者等多元参与，更可将辖区的部分商业资源也纳入其中，搭建起以留守儿童为中心，以社区留守儿童为服务试点的留守儿童服务项目。

社区开展生命教育可从以下内容着手。

首先，打通留守儿童关爱保护工作链。通过县级民政部门购买社会服务的方式，融合专业社会工作力量参与儿童关爱保护工作，有利于实现儿童需求与资源的匹配。

其次，多元合作，撬动留守儿童关爱保护的资源网络。在开展相关留守儿童的生命教育期间，多方联动，对接服务落实村居场地资源，链接专业教育机构、基金会等资源；联动教体局、区（县）委办、市（县）未成年人心理保护中心等单位；联合省、市级专家老师、本地高校志愿者等投入项目，充分回应农村儿童生命教育需求；提供个案服务，做实特需留守儿童关爱保护随访工作。针对陷入生命困境的留守儿童，开展定期随访工作，并形成个案服务档案，协助此部分留守儿童身心层面的关爱教育和疏导工作，同时主动链接社会各界资源，助力留守儿童更好地学习和生活，更好地实现儿童的基本权利。

师范院校应当对师范生开展生命教育知识与技能方面的培训和相关知识与实践竞赛，切实提高他们的生命教育能力，为将来从事教师职业打下坚实的基础，以便更好地提升儿童的生命教育质量，从而促进农村留守儿童身心健康发展。

总之，生命教育需要联动家庭、学校和社区，让留守儿童通过经历、思考、学习和演练生命教育，建立更加自知和自信的人格，引发他们对生活更内在更深刻的思考和领悟，激发儿童对美好事物的渴望与追求，树立积极向上的价值观，促使他们有更大的动力去探索和发现生活的美，以更大的勇气去面对生活、承担责任。

插入板块

"种子计划"悟生命

作为成都经开区民政局2020—2021年度社会工作服务示范项目，由龙泉驿区微光社会工作服务中心承办的"种子计划"生命教育活动，在洪安镇义和小学、洪安小学、黄土幼儿园等陆续开展，将爱的阳光洒向了该镇的留守儿童和困境儿童，从儿童生命教育主题入手，搭建"种子计划"交流平台。

微光社工前期深入开展“家访”活动，走进每一户留守儿童家庭，了解他们家庭的基本情况，倾听他们的需求，整理形成需求报告，根据需求及建议合理设计策划活动，为后期开展活动做好准备。留守儿童是“特别”的，但他们又不想被“特别对待”。“去标签化”能够保护他们的自尊心，让他们在润物细无声中感受关怀，领悟生命、肯定自己，这才是活动的宗旨。微光社工经过与区民政局、洪安镇和相关学校沟通，决定将课堂搬进相关学校和班级，为更多孩子带去生命的教育体验。

在洪安小学举行的首场活动，通过欢乐有趣的互动游戏、团队小组合作比赛、聆听故事、展开讨论，让孩子们在欢乐的氛围中与社工建立起信任关系的同时认识生命，了解生命的意义。在另外几堂“种子计划”的课堂上，社工们带领孩子们种植大蒜、观察大蒜成长，在等待中感受生命破土的过程；在观察中发现生命是动态的，在养护中懂得每一个生命都是值得被爱的，从而正确认识自己，以优势视角发现自己的无限潜力，增强自信心。开展故事绘本主题活动，让孩子们树立自信，更加喜欢和热爱自己，种植小植物——多肉，体会自然界中生命成长的力量；绘制疫情防控主题绘本，提高孩子们认识生命健康的意义，掌握预防措施。

（2021年11月28日腾讯新闻）

六、弘扬孝道促成长

孝文化是我国的历史文化遗产，其核心是敬老养老。黑格尔曾说道：“中国的国家特性便是客观的家庭孝敬。”孙中山先生曾说：“讲到孝字，我们中国尤为擅长，尤其比各国进步得多。”从“孝”的基本含义来说，养老是传统孝道的基本要求，敬老是传统孝道的精神所在。

孝文化是中华民族文化的重要组成部分，也是中华民族的传统美德。在大力加强儿童思想道德教育的今天，将中华传统的孝文化精华融入校园文化建设中，会使校园文化建设更具特色。开展孝文化教育，有助于培养儿童的爱心和责任心，能够对儿童的思想道德素质养成教育起到推进作用，对学生爱国主义思想的养成具有启迪作用。

我们常常听到老师和家长抱怨现在的孩子难教、难管、难以沟通，在这样的背景下，“弘扬孝文化”被学校和家长重视起来，希冀孩子们从小学会感恩师长，孝老敬亲，建立起对自我、家庭、集体和对社会的责任感。然而在现实操作中，让施教者和受教者真正领悟“孝”的真谛绝不是一蹴而就的易事。研究表明，传播孝文化对于激发儿童的感恩意识和责任意识有着积极的作用。在湖南省新田县，学校正借用部分古代孝子的行为教育今天的孩子们。“百行孝为先”的观念已成为该县学校德育教育的核心内容之一。

心理叙事

新田县冷水井学校将24个古代孝子的故事纳入了校本课程，其中还包括《三字经》和《弟子规》等内容。“黄庭坚身为大官，每天晚上都要为自己的母亲洗马桶，让我很惊讶。”该校7年级学生陆振华说。他提及的便是《二十四孝》中的“黄庭坚涤母溺器”的故事。

陆振华的父母在广东打工，一年只回来一次。陆振华独自住在家里，自己做饭吃，还种了一些蔬菜。他已经习惯这种生活，不再感到害怕。在老师的引导下，陆振华对父母的选择表示理解，他说，父母必须要出去，因为家里很贫困，“他们出去也是为了供我上学。我肯定要做一个孝顺的孩子”。不过，他每天都盼着父母的电话，也很期待，“等他们回家过年，帮他们洗洗脚、洗洗头、做做饭”。

“陆常平是一个很值得我们学习的同学，她那么小，就在家里做那么多事，很了不起。”她的同学眭思静说。七年级的陆常平还不到13岁，已经成了家里的顶梁柱。她和双腿残疾无法行走的父亲以及年迈的爷爷住在一起。母亲在她8岁的时候离家出走至今未归。“做饭、洗衣服，给爸爸洗头，主要的活儿都是我干。”陆常平说，上学前，她还会去井里挑来六七桶水，把水缸盛满。“再苦，只要有爱就不觉得累。"陆常平说,有时候觉得很累,想要放弃了,但看了《二十四孝》里的一些故事,会感觉充满力量。

在以留守儿童为主体的冷水井学校,以"孝"为主题的班会开得格外热闹。人人都有话说,一节课都说不完。陆常平说,她的班上共有37名学生。在这样的班会上,他们改变了对一些同学的看法,"比如某个同学读书不是很认真,但在家里很孝顺爷爷奶奶,非常了不起"。"某个同学在学校调皮,爱惹事,但是在家里很孝顺,也有优秀的一面。"

陆常平所在的冷水井学校是九年一贯制学校,共有599名学生,其中留守儿童约占三分之二。校长陈石新1989年毕业于中等师范学校,他把办学目标确定为"教学生做人"。陈校长说,在农村,成绩稍好的学生都跑到县城读书去了,留在这所学校的学生大都成绩一般,让他们都考上大学很不现实。孝道教育正是这所乡村学校道德教育的重要内容。陈校长说:"做一个好人,对社会也是贡献。"他认为,在以留守儿童为主体的农村学校加强孝道教育很有必要,也很迫切。他说:"许多留守儿童因为常年见不到父母,缺少父母的爱,家庭教育严重缺失,对父母很冷漠。"而在新田县教育局副局长骆桐雄看来,父母外出务工,使得孩子们失去了向父母表示孝敬和学习孝道的机会。在新田县近日举行的孝文化公园开园仪式上,民政部原副部长、中国老龄事业发展基金会理事长李宝库在致辞中表示,孝道教育要从娃娃抓起。新田县在中央党校报刊社文化发展部的支持下,将孝文化建设和新田社会发展相结合,力图进一步弘扬孝道文化。孝文化公园建有"二十四孝雕塑群"和"孝文化博物馆"。

(2012年5月10日中国青年网)

案例分析

对于很多留守儿童,"孝"有着特殊的含义。很多留守儿童长期跟自己年龄差距巨大的爷爷奶奶或者外公外婆一起生活,而父母长期在外也容易导致他们对自己的父母缺少了解。孝敬长辈意味着不仅要理解和尊重自己的长辈,更意味着为所在家庭付出自己力所能及的努力。故事中的陆常平和陆振华都是成长环境欠佳的留守儿童,但他们并没有自怨自艾,而是充分发挥自己的主观能动性,充分利用已有的环境促进个人成长,这充分展现了心理学人本主义流派中每个人都有“自我实现”的潜能这一主张，同时也充分展现了其所在学校和社区大力传播孝文化的成果。在本案例中，学校将古代孝子的故事纳入了校本课程，其所在社区也将孝文化建设和社会发展相结合，力图进一步弘扬孝道文化，使孩子们逐渐认识到，“孝老敬亲”是值得推崇的，也就愿意在“知孝”的前提下“行孝”。

现今，重智轻德的家庭教育观念在很多留守儿童家长的脑中根深蒂固，急切的“望子成龙”之心严重束缚了家长的教育思想。在很多家长的眼中成绩优异的孩子是好孩子，考上大学才能光宗耀祖。于是，父母不管多累，也不让孩子干活，为了给孩子充足的时间多读书；不管多么省吃俭用，也不让孩子受委屈，父母一心想子女成才却往往忽视了首先应该让子女培养正确的价值观念，这也是造成很多留守儿童孝老敬亲意识淡漠的原因。

由于很多留守儿童家庭法律意识淡薄，仅仅依靠法律的震慑力量无法根本解决部分留守儿童敬老意识淡漠的问题，要想解决问题，还必须辅之以道德教育。孔子说：“道之以政，齐之以刑，民免而无耻；道之以德，齐之以礼，有耻且格”。古人这些话充分证明，道德教化的作用是不可忽视的。加强留守儿童的孝道教育，需要家庭教之以情、学校晓之以理，社会助之以术。

预防与应对措施

1. 家庭

父母在家对子女进行孝道教育时，首先要注意自己应当做好“孝老敬亲”的模范，同时使孩子多与父母进行情感沟通，培养爱父母的情感。爱是孝的起点和动力，如果缺乏爱父母的感情，这种孝道仅仅是一种道德意志和理性，不具有更为纯洁和高尚的道德价值。对留守儿童而言，父母更应引导他们对跟自己朝夕相处的监护人心怀感恩，在日常生活中践行孝老敬亲的理念。爱要以爱唤起爱，如留守儿童可通过给长辈梳一次头，洗一次脚等孝行实践，来培养对长辈的爱心和报恩的情感。另外，孝道不仅是爱也是敬。在家庭的孝道教育中要加强对子女进行日常生活礼貌的训练，如出门或回家时有固定的语句向长辈打招呼以表示尊重，或者每周向长辈说一句体贴的话；每月为他们做一件侍奉性的事；每学期给长辈或老师写一封信，反映自己的学习、思想及生活情况，交流感情；

在节假日通过电话、短信等形式向长辈问好等。

家长还要改变“分数高于一切”的教育观念。一个孩子将来能否成才，成为什么样的“才”，德育起着决定性的作用。宋人司马光曾说：“才者，德之资也；德者，才之帅也。”德育不仅传授道德理论，还要做到知行统一；不仅要考虑到人不同身心发展阶段的特点，更要符合人的全面发展。智育可以使人增长知识，“知识即美德”是苏格拉底伦理学的重要命题，在他看来，人的行为之善恶，主要取决于他是否具有有关的知识。只有知道什么是善、什么是恶，才能趋善避恶。体育可以增强体质，健全精神，以养成勇敢、正直、服善、爱群诸美德。美育可以陶冶人的情感，培养高尚纯洁的习惯。“劳动最光荣”就是一种良好的道德价值导向，帮父母多干点儿农活既能锻炼身体又能尽孝心。总之，智育、体育、美育、劳育都离不开德育，德育又寓于智育、体育、美育、劳育之中。转变重智轻德的观念，才能真正养成健全的人格。

2.学校

从小学到大学都有思想品德的课程，可是这些教材里较少有关于孝道的内容，一些学校对思想品德课不重视，思想品德课时少，专业老师少，老师上课时对孝道文化涉及少，更谈不上老师会在课堂里向学生讲解孝的文化内涵了。蔡元培认为“世之不忠不孝、无礼无义、纵情而亡身者，其人非必皆恶逆悖戾也，多由于知识不足，而不能辨别善恶故耳”。

学校可开展“学孝、行孝、传孝”的系列实践课程，帮助留守儿童直接了解孝道文化的核心内涵，鼓励其实践和传播孝文化。比如：(1)诵读《三字经》《弟子规》等国学经典，可在诵读活动中重点讲解“首孝悌，次见闻”“入则孝，出则悌”等与孝道有关的内容。(2)签订“家务承诺书”。通过活动让留守儿童了解做家务的意义，知晓长辈的辛苦，掌握一些做日常家务的技能，能主动承担家务劳动，学会自己的事情自己做，更要让他们懂得自己对家庭也应该有所贡献，也应该尽到力所能及的责任。(3)“敬老孝亲我来讲”。“敬老孝亲”的传统美德由来已久，“敬老孝亲”的故事最是感人肺腑，发人深省。通过“敬老孝亲我来讲”的活动，让留守儿童以前人为榜样，以身边的模范为榜样，鞭策自己的言行举止，让自己也成为敬老孝亲的主角。(4)“传统节日表决心”。“羊有跪乳之恩，鸦有反哺之义”，春节、中秋节、重阳节等传统节日有着重要的意义，学校组织开展丰富多彩的实践活动，“洗一次碗”“捶一次背”“洗一次脚”“做一顿饭”“聊一次天”，让身边最亲近的人感受自己的感恩与回报。(5)“家务擂台练兵场”。生活的技能光靠纸上谈兵是行不通的，光说不练假把式。组织留守儿童进行叠衣服、系红领巾、整理书包、剥玉米、打扫卫生、烹饪等形式多样的家务擂台赛，让学生通过身体力行，懂得“自己的事情自己做”“家里的事情学着做”“集体的事情抢着做”。

除了开发传播孝文化的专题实践课程和组织孝道实践系列活动外，学校还可充分开发学科教材中所包含的丰富的孝文化教育资源，以适合留守儿童的方式开展孝文化教育。例如统编版语文教材中《短诗三首》《繁星（七一）》《我们家的男子汉》《母鸡》《挑山工》等多篇课文，道德与法治课程中的《少让父母为我操心》《我的家庭贡献与责任》《爸爸妈妈在我心中》等内容都是极好的孝文化教育内容。教师可通过真切的事例，组织学生开展讨论、采访、表演，邀请家长走进课堂，运用丰富多样的教学手段，让学生懂得要心怀感恩，更要知道担起责任，培养他们回报家庭、敬老孝亲的思想意识。

另外，还需将感恩教育纳入教育评估体系。示范校评比、各级重点校的申报都应有孝道教育的考核内容，德育教科书、语文、历史等教材中增加孝道的内容由专业老师任教，从而使青少年有感恩行孝的思想基础和制度保障。否则，孝道若只是在少数专家学者和青少年工作者中议来议去，很难落实。

3.社区

大众传媒是孝道教育传播的重要途径，在倡导孝道教育的主流声音、宣传家庭教育科学知识中肩负着重要的使命，因而社区要整合媒体资源，借用媒体优势，加强媒体对留守儿童的正面积极的引导。例如，在电视节目中开辟“孝敬父母大家谈”栏目，举办社区“爱父母，献爱心”系列活动，播放相关宣传教育片，制作“以孝敬父母为荣”为主题的公益宣传展板等等。

2016年3月，27名广州市政协委员向广州市政协十届四次会议提案，呼吁倡导“感动、感激、感恩”的“三感”教育。该提案还建议政府有关部门建立一个孝道教育的计划或长效机制，整合各单位各行业零散的宣传行为，在整个社会的平台上，一贯性地、经常性地推动“三感”文化；电视上要有一定比例的专题公益宣传广告；经常性地开展像“社会中，令我们感动的事”等弘扬家庭美德的专题讨论;成立“三感”事迹报告团,用事实感动和说服教育人们。这一提案体现了对孝道教育宣传的重视,具有很强的可行性,值得借鉴推广。

社区也应通过相关系列活动或者生活课程宣传孝文化,培养留守儿童的敬老孝亲情感,让他们学会对他人、社会负责任,学会感恩,让家庭和所在社区变得更友善,更和谐。帮助留守儿童进一步体察长辈劳动的艰辛,倡导留守儿童向长辈学习与年龄相符的劳动技能,并带领留守儿童寻访“最美行孝者”“不忘初心回馈社会模范”等。让留守儿童在实践中真真切切地体会到“行孝”的必要,同时也能体会到在给家人、社会带去幸福时自己是有价值感的。社区还可定期评选“十佳孝老爱亲模范”,将推荐人选的事迹做成展板用于宣传,充分发挥先锋模范的示范带头作用。

另外,在网络普及的今天,抢占网络阵地,加强网上的正面宣传和管理力度,充分运用网络资源开展丰富多彩的思想道德教育活动具有很强的实效性。

七、树立正确的价值观

价值观是人们用来区分好坏标准并指导自我行为的心理倾向系统,为人们的行为提供充分的理由。它是一种内在尺度,支配着个体的行为、态度、信念、理想,具有主观性、选择性、稳定性和社会历史性。

价值观对动机具有导向作用,人们行为的动机受价值观的支配和制约。在相同的条件下,具有不同价值观的人,其动机模式不同,产生的行为也不相同。动机的目的方向受价值观的支配和调节,只有那些经过价值判断被认为是可取的思维理念,才能转换为行为的动机,并以此为目标引导人们的行为。

价值观反映了人们的认知和需求状况。价值观是人们对客观世界及人的行为结果的评价和看法,因而,它从某个方面反映了人们的人生观和价值观,映射了人的主观认知世界。

价值观通过人们的行为取向及对事物的评价、态度反映出来，是世界观的核心，是驱使个体行为的内部动力。它支配和调节一切社会行为，涉及社会生活的各个领域。

心理叙事

同学们都说小浩是学校的小霸王。小浩不遵守校纪校规，学习也应付了事，上课注意力不集中，自制力较差，常偷偷去黑网吧上网，有时候还会打架，勒令同学给他钱去上网。经常能听见他说“上学有什么用，以后还不是要出来挣钱，还不如趁现在好好玩呢。”小浩爸妈常年在外打工，只有年老的奶奶在家抚养他。

案例分析

小浩父母常年在外打工，潜移默化给小浩灌输了“读书无用”的思想。并且家中奶奶年迈，无法对小浩好好进行监督和教育，家庭监督与教育基本处于空白,造成了小浩的学习自觉性较差,责任感淡薄,思想品德缺乏的现状。由于家庭角色的缺失以及教育的偏差,小浩逐渐偏离社会化的正常轨道,养成了各种不良的行为习惯。如果不当的价值观念在个体的生活中占有相当大的成分,甚至主导着个体的心理活动,那么就会造成严重的后果。其具体表现有:懒惰、物质欲望极强、抽烟、喝酒,严重的甚至打架斗殴、偷抢钱财等等。对于这类儿童,要注重品德教育,让儿童学会用道德品质来规范自己的言行,洁身自好。

价值观的形成受个体所处的自然环境与社会环境的影响,其中个体的社会阶层和物质经济条件对价值观的形成起重要作用。个人的价值观是随着知识的积累和生活经验的丰富而逐步形成的。以下从个人和环境两方面来谈论个体价值观形成的影响因素。

(1)个人因素:价值观受遗传、生活阅历、兴趣爱好等方面的影响。不同年龄阶段儿童的生活、社会经验的丰富程度不同,直接影响个体价值观的形成与发展。兴趣也是价值观的表现形式之一,不同个体的兴趣也存在差异。

(2)环境因素:处于成长关键期的留守儿童,其价值观受家庭环境和所处社会环境的共同影响。影响价值观形成的家庭环境因素有,父母的启蒙教育、父母的性格、父母的处世态度、监护人的教养方式、性格特征等。在《母亲的影响力》一书中有一句话:"一个家庭,哪怕家徒四壁,只要有一个正直、勤劳、善良、乐观的母亲,这样的家庭就是心灵成长的圣殿和源泉。母亲对孩子的影响力,犹如一股永不间断的力量,将持续孩子的一生。"因为父母是孩子本能的模仿对象,对儿童最初的认知、理解、判断等所有意识上的影响,父母都会直接影响到正在成长中但心智等各方面并不成熟的孩子。因此,父母的一言一行、处世方式都会在无形中被孩子接受。

学校环境是指学校中能够对学生的身心发展产生实际影响的全部条件,包括教师性格、教育方式、教育内容、教育状况等,是学生赖以成长和发展并不断走向社会化的重要土壤。社会环境是指由一定的社会生活方式所决定的生活条件和文化因素,如留守儿童经常接触的邻居和小伙伴、亲戚朋友以及社会风气、社会规范和法律等,这些构成了个体价值观发展的现实环境。

插入板块

教育儿童树立良好的价值观

1. 应该帮助儿童树立符合社会主义核心价值观的个人价值观念，以社会主义核心价值观倡导的富强、民主、文明、和谐，自由、平等、公正、法治，爱国、敬业、诚信、友善作为教育思想的行动指南。

2. 随着个人生活阅历的丰富，指导儿童使用唯物辩证法的观点，坚持用一分为二的观点、坚持具体问题具体分析的观点看待自己身边发生的事情。

3. 明白价值观具有差异性，既会受到个人因素的影响又会受到环境因素的影响。所以不论何时每个人都应该根据自身的具体情况，树立符合自我主客观条件的价值观。

预防与应对措施

1. 家庭

首先，家长要率先垂范，加强自身修养。家长自己要有正确的人生观、价值观，通过榜样作用培养儿童形成正确的人生观、价值观。家长只有先规范自己的思想，才能在儿童心中树立起良好的形象，做出正确的为人处世的榜样，培养孩子人生观的正能量，使儿童在与父母相处中受到潜移默化的感染，引导儿童朝着积极向上的方向前进。

其次，家长要负起责任，根据实际情况积极引导儿童。如果父母不对儿童加以正确的教育，儿童不一定能像父母一样拥有正确的思想观念。所以，家长一定要在思想上重视对儿童的教育引导。虽然学校可以给儿童传授科学文化知识，引导儿童培养正确的价值观念和良好的道德情操，但父母是儿童正确观念形成发展的第一责任人，一定要以高度负责的态度，承担起引导教育的责任。

最后，家长也要加强学习，改进教育方法。有些家长在对儿童进行教育培养的过程中，常常付出了很多努力，但是教育效果往往不理想，甚至出现儿童不接受或对着干的情况。这就需要家长明白儿童与家长毕竟不是一代人，客观上存在着代沟。此外，儿童由于年龄较小，认知发展水平较低，家长必须通过不断学习，采取高效的方法及时与儿童交流沟通。通过多种多样的方式方法进行教育，使儿童更易于接受正确的人生观和价值观的引导，从而取得事半功倍的教育效果。

2.学校

首先，教师可以通过主题班会，对儿童加强教育，引导留守儿童树立正确的人生观和价值观。通过各种形式的班会，让儿童在参与实践的过程中，认识人生的价值，树立远大的理想抱负，学会感恩，学会认识当今这个迅速发展的社会，抵制社会上的一些不良现象对儿童的诱惑，从而树立正确的人生观、价值观。

其次，通过社会综合实践活动，让儿童亲身体验感受，引导他们树立正确的人生观和价值观。儿童通过参加这些活动，既提高了社会参与感，也让他们体会到作为主人翁的自豪感，作为祖国未来建设者的责任感。

再次，通过学科知识教育的渗透，让儿童在学习知识的同时，形成正确的人生观和价值观。不论哪个学科，都渗透着育人的知识，对儿童正确的人生观价值观的形成都起着非常重要的作用。

最后，通过召开辩论会等形式给予留守儿童辨析不同价值观的机会，从而引导儿童树立正确的人生观、价值观。开展各种有意义的活动，营造一个积极向上的校园环境，营造一个活泼和谐的班级氛围，让儿童在这样一个宽松、快乐、健康的环境里学习成长。

3.社区

村民委员会、村团支部、妇女联合会、公益组织等都可以积极探索和努力，在留守儿童所在的社区环境中开展一些极具特色的活动，利用广播、墙报、宣传板、竞赛等形式做好宣传普及工作，为留守儿童的健康成长保驾护航。

社区要注意在开展具体的留守儿童志愿关爱服务活动的同时，也要将学校、家庭与其他社区资源整合起来，利用寒暑假开展各类留守儿童的实践活动，使得留守儿童的价值观培育活动更为系统化。比如针对生命价值观的培育，当前社会各界对留守儿童生命价值观等关注较多，但这些关注多是“标签式”的，并没有触及背后的深层次问题。地方社区应化空为实，加强宣传，尝试改革，联合学校、家庭与社区资源开展有实效的“种子计划悟生命实践活动”“人的一生系列观影活动”等各种形式的生命教育相关活动，在改善留守儿童的价值观状况方面有所作为。

针对感恩价值观的培育，可以在一些重要节日如父亲节、母亲节、儿童节等，利用节日气氛，开展感恩家人实践活动，通过具体活动使儿童的价值观发生潜移默化的改变。但同时要注意不要“关爱形式化”，加强感恩实践活动之后的持续性的心灵沟通与交流。此外，不能将关爱留守儿童的关爱工作当作负担，要本着有利于留守儿童的身心健康的原则，而不仅仅流于形式。

第八章　帮助留守儿童自我成长

成长和长大是两个不同的概念。长大是一个人年龄的增长，而成长和年龄没有关系，不管在哪个年龄段，都需要不断成长，依然每天要习得新的知识、新的能力。儿童的成长有一个非常必要的条件，那就是父母和老师的陪伴及指导。

对于留守儿童来说，父母可以陪伴儿童的时间很少，即使有常常也是无效的陪伴。比如父母匆忙回家一趟也只是询问一下儿童的学业情况，并没有做一些更深入的交流或是走进孩子的内心，他们更多的是关注儿童的日常生活，忽略了对儿童心理上的关心以及心灵上的沟通与交流。长期不能和父母在一起生活，出现了部分儿童在学习上落后、在行为习惯上松懈的情况；有的儿童在思想上不求上进，给学校教育也带来了一定的困难；有的儿童出现了不良的心理健康状态，影响了其自身的健康成长，造成社会适应不良，如人际关系紧张、处世能力不足、心理内外失调。

因此，我们迫切需要把留守儿童行为习惯的养成教育落到实处，充分分析儿童的现有资源，挖掘儿童的自身优势，唤醒其内在成长的动力，并借助留守状态下的现有资源，对留守儿童的自我养成教育进行引导并提供必要的帮助。

一、提高心理弹性

心理弹性是当个体面对压力、挫折、创伤等消极事件时所表现出来的一种个人能力或特质，良好的心理弹性使个体在遭遇困境时能够充分调动内外支持资源与条件以适应环境变化。个体缺乏心理弹性,在面对困境时“不知所措”,长期如此,会使个体逐渐对自己失去信心,缺少应对挑战、解决问题的心向,进而丧失对生活的热情。

心理弹性对于留守儿童的自我成长尤其重要。留守儿童由于长期面临着亲子分离,在面对生理与心理的一系列变化与问题时,缺少可以陪伴左右并对其进行适当引导的长辈,进而在成长过程中长期暴露于心理亚健康的风险下。在学校和同学产生矛盾而无人倾诉、取得好成绩却找不到对象与其分享、青春期面对身体的变化不知所措,在留守儿童的成长过程中会遇到许多诸如此类的问题。影响留守儿童合理解决问题的因素大体可分为外部环境的支持和儿童自身的心理素质。心理弹性是儿童心理素质的重要部分。

心理弹性是个体在面临严重压力或逆境时所表现出来的一种“韧性”,它随着环境的变化而变化,并在变化中达到对环境的动态调控和适应。当面对困难时,这一能力能够帮助留守儿童有效防御内心的恐惧和忧虑,排解负面情绪,避免外界伤害。随着儿童的成长及生活经验的丰富,心理弹性对于维持人格的统一性、保护个体免受危险情境的伤害具有重要意义。

心理弹性能够促进个体积极健康地发展。心理学家常用心理健康、社会能力来定义心理弹性。心理弹性能帮助处于负面情绪中的个体快速摆脱负面状态,并形成一种自我防御机制。具有良好心理弹性的个体,在面对各式各样的威胁与挑战时,其“心理弹簧”就会自动弹出并形成自我保护的防御机制,进而实现自我的健康发展。

心理弹性对个体的人际交往、社会化具有重要意义。每一个人的成长都是一个社会化的过程。留守儿童作为一个特殊的群体,其早期童年经历缺少了父母的陪伴,这使得他们在与同龄人的交往过程中缺乏适当的引导与帮助,进而可能产生一系列的心理问题。例如,当遭遇同伴的拒绝时,留守儿童由于缺乏与父母的沟通,往往会不知所措,这可能会导致他们害怕与人接触、拒绝参加集体活动、厌学,甚至导致自闭、抑郁等心理困扰。而此时心理弹性就显得尤为重要,因为对于心理弹性良好的人,他们不会因为一个小小的举动就备受打击,而是更加努力寻求如何建立良好的人际关系。

影响留守儿童心理弹性的因素主要有性别、社会支持、人格因素等。研究发现，留守儿童心理弹性具有性别差异，女生的心理弹性高于男生。一般认为，女生的心思更细腻、更善于情感表达与倾诉，这有利于其发展良好的亲子关系、师生关系和同伴关系，因此，更容易在人际交往中倾诉情感与感知情感支持；但是对于男生来说，人们更加注重的是男生的能力、独立性、自主性，相应的情感支撑较少。留守儿童心理弹性的发展是多因素综合作用的结果，如社会支持，父母、老师、同学等对留守儿童的关心与关爱，以及高自尊、积极的应对方式都是留守儿童心理弹性的促进因素。

心理叙事

亲爱的爸爸：

您好！

爸爸，你现在过得好吗？在我很小的时候，就特别希望有一个幸福美满的家庭。但是妈妈离开了我和弟弟，你也出去打工了。你出去打工后，家里的收入不高，爷爷奶奶体弱多病，家里又有地要种，一年四季都比较忙。我也上了中学，活也增多了，加上弟弟不听话，帮不上忙，连弟弟的衣服也要我帮他洗。

生活的艰苦，一方面我自己可以承担，另一方面我也希望爸爸可以回来。在我心里家里人在一起就是幸福，我可以不要什么好看的衣服和漂亮的鞋子，只需要你可以陪伴在我身边。我会好好照顾爷爷奶奶和弟弟，等着爸爸回来。

祝您身体健康，万事如意，工作顺利。

此致

敬礼

小燕

（杨元松主编《中国留守儿童日记》）

案例分析

自从爸爸外出打工后，小燕的生活遇到了许多挑战——帮助爷爷奶奶种地、做家务；照顾年幼的弟弟；完成自己的学业——小燕所面对的这些问题实际上也是留守儿童常见的境遇：家中有年迈的老人和年幼的弟妹需要照顾，同时还需要兼顾自己的学业。在大众视野中，留守儿童通常给人以坚强、独立的形象——正如上述案例中小燕所表现的那样，她勇于承担责任，懂得感恩，能够乐观、积极地应对困难和挑战。这背后体现了小燕良好的心理弹性，这种心理弹性使得她在面对生活中的各种困境时都能够及时调整自身状态以摆脱负面情绪，进而实现对环境的动态适应。

但另一方面，即使小燕拥有优秀的心理弹性，但其内心深处仍然渴望父母的陪伴。“我可以不要什么好看的衣服和漂亮的鞋子，只需要你（爸爸）可以陪伴在我身边”，小燕的独白实际上代表了众多留守儿童的心声——再丰富的物质资源也难以弥补心灵上的空虚，再懂事的外表下也无法掩盖对亲情的渴望。心理弹性可以帮助留守儿童更好地适应生活，但更多的陪伴才能真正给他们的生活带来阳光。

插入板块

心理弹性自我提升小贴士

留守儿童可以按照以下方法，提升自我的心理弹性。

1. 保持乐观的心态。要理解父母外出打工的苦心，相信未来的生活会越来越好。为此，面对生活中的困难要积极主动地应对，将生活中遇到的困难与挑战当作对自己的考验。时常对自己暗示：与其被动地接受这些挑战，不如积极主动地想办法去应对。同时，在积极应对挑战的前提下，逐渐积累解决问题的方法与经验，建立自我对问题的应对感，提升自我对于生活的主动感和掌控感。

2. 积极建立与照看人、老师、同伴的亲密关系，获得更多的情感支持。建立良好的人际关系，不但可以使儿童在交往中体验到情感的温暖，而且也会使儿童找到情感表达的出口，促进自身情感的健康发展。此外，来自外界的情感支持作为一种对自我的保护因素，有利于个体塑造心理弹性品质，增强个体面对问题与挑战的信心和力量。

3.参与一定的心理弹性训练。如:引入心理拓展训练干预技术。心理拓展训练干预技术是一种运用认知心理学、情绪心理学、行为心理以及心理咨询、治疗与卫生等学科的基本原理,通过让儿童进入陌生环境进行探索、创设情境让个体参与其中,从而提高个体的心理素质和心理健康水平的心理学方法。常见的有学校夏令营活动、团体辅导等。

4.利用自己的优势或身边的资源(如老师、朋友或家人的帮助)去解决问题。

5.设定适合自己的人生目标,减少过高的期望。

预防与应对措施

1.家庭

家庭支持对留守儿童心理弹性的发展具有良好的推动作用。父母应当充分利用现有资源与儿童沟通,充分发挥家庭成员的支持作用。如,利用便捷的网络多与孩子聊一聊,不仅与孩子沟通他们的学习、生活,还与孩子分享自己在外遇到的挑战、困难以及应对方法,使孩子在日常的亲子沟通中受到潜移默化的影响,让孩子认识到人生成长路上难免会有困难,正确的做法是坦然面对,而不是逃避,要学会接纳与积极应对困难。

家长要以身作则,在工作、生活中保持良好的状态,潜移默化地教会儿童更加积极地认识自身与身边环境,教会他们应对困境的方式方法,这样有助于儿童更好地解决问题,提高自我效能感、掌控感,提升心理弹性。

父母也需要多鼓励儿童向自己倾诉苦恼,并向孩子提供相应的物质帮助或情感支持,让儿童深刻认识到即使父母不在身边,自己也并不是孤单的一个人,父母仍是呵护自己的港湾。如,可以让孩子分享自己在学习、生活上的烦恼,父母可以引导孩子自己思考解决问题的方法,尊重孩子的想法,学会换位思考,站在孩子的角度,理解孩子。

此外,父母还需要注重挫折教育,让孩子树立正确的输赢观。引导孩子正确地认识成功和失败,帮助其建立积极乐观的心态。如:鼓励孩子参与游戏活动，在活动体验中明白成功和失败的意义，提升对失败的承受力和耐受力，学会从成败经验中找到应对问题的方法，做到“胜不骄，败不馁”。

2.学校

学校可以通过多种教育形式增加儿童的自信与安全感，以增强心理弹性，帮助他们在各种困境中更好地解决问题。如：在心理知识讲座中讲解心理弹性的重要性以及提升方法，分享积极应对逆境的故事；模拟成长中遇到的困境，设置情景，在课堂中进行表演，使学生在潜移默化中感受困境、找到克服困境的方法；在心理团体辅导课中，设置活动与挑战任务激发学生解决问题的心向，提升其抵抗挫折的信心。

学校还应制订面向留守儿童的教育计划，建立留守儿童档案，定期与留守儿童的家长进行沟通，做好家校共育，及时了解留守儿童成长过程中遇到的挑战，并进行积极干预。

老师与同伴的支持于留守儿童而言也十分重要。教师是学校环境中留守儿童成长的重要他人。教师不仅要关注留守儿童的知识学习，更要关注留守儿童的情绪、行为、认知等方方面面。教师还应当主动觉察问题，在留守儿童需要时主动给予帮助；教给学生一些解决冲突、应对生活压力的策略；培养留守儿童合作、宽容等积极观念；设置“师生沟通信箱”加强与留守儿童的沟通；为留守儿童有选择地推荐一些课外读物，使留守儿童在丰富知识中懂得自立自强。

良好的同伴关系可以使留守儿童的社交需要得到满足，帮助留守儿童获得社会支持并建立安全感。同伴的接纳对留守儿童的亲情缺失具有补偿作用，留守儿童在面对新环境时，要本着真诚相待、相互理解的原则，积极与同伴交往，与同伴建立良好的人际关系。即使在与同伴交往中遇到困难，也要有勇气去尝试面对，融入集体。

班级同学之间应友好相处，互相帮助。当同学遇到问题时，可以多给予对方一些支持、多几句关心的话语或是耐心的倾听与无声的陪伴。不要因为他的留守儿童身份而欺负、嘲笑对方，也不要戴着有色眼镜看待他们，留守儿童与其余同学一样，不应该被区别对待，不要让留守儿童感觉到自己是被特殊照顾的、被可怜的，不要让他们感觉到自己被贴着问题儿童的标签。

还可以借鉴心理弹性的干预训练，如亨德森（Henderson）和米斯汀（Milstein）

在1996年提出的“心理弹性六策略训练计划”，这六个策略分别为：为学生提供机会去参与有意义的活动，建立并且保持对学生的高期望，创立一个互相关爱与支持的学校氛围，增强学生的亲社会倾向，制订清楚并且一致的行为规范，传授给学生社会和生活技能，针对每一主题定期进行专门训练。

3.社区

为留守儿童树立学习榜样。社区可以从“树立榜样”的角度出发，以社区为单位评选出优秀的留守儿童个体，讲述他们积极面对困难、应对挑战的故事，并以他们为榜样树立留守儿童的积极形象，改变“留守儿童即问题儿童”的错误刻板印象。让人们不再戴着有色眼镜看待留守儿童，同时有助于留守儿童更加积极、客观地评价自己，能够从榜样身上汲取养分、收获成长妙招。

开展综合扶助留守儿童的项目工程，提升留守儿童的社会支持。如：成立“留守儿童之家”，帮助贫困地区设立爱心电话亭，加强父母与留守儿童子女的情感沟通。社区也可以通过定期组织“代理妈妈”（留守儿童监护人或志愿者）与留守儿童一起参加社区活动，以此增进留守儿童之间以及留守儿童与“代理妈妈”之间的关系，保证留守儿童能够获得所需的社会支持，增强留守儿童面对困难、挑战的信心。使留守儿童懂得困境的破解之法，在遇到困难时能够主动求助，在遇到挑战时能够更加积极、乐观地面对。

二、自立自强——意志在留守中坚强

自立自强，是指个体秉持自身信念，不受外界事物与过去曾经依赖的东西的影响，而依靠自己的力量独立自主、奋发向上的过程。自立自强是一种良好的品质，是健全人格、理想人格的重要方面，它与人的独立性和个体性密切相关。自立自强属于意志范畴，意志是人自觉地确定目的，并支配行动、克服困难，最终实现目的的心理过程。自立自强是一个人生命中必不可少的精神动力，是个人意志强弱的集中体现。只有自立自强，个体才能在痛苦时增添继续坚持的勇气和经验，才能走出自身面对的种种困难与挫折，才能在这竞争激烈的世界中站得更稳。

留守儿童在成长的道路上需要克服许多困难，更需要强大意志的支撑。克服困难的过程就是意志活动的过程，坚强的意志是在不断克服困难的过程中锻炼出来的。只有经受住生活的考验和磨砺，才能拥有坚强的意志和顽强的毅力，才能在困难和挫折面前镇静自若、永不退缩。

心理叙事

小磊是个苦命的孩子，4岁那年母亲因为一场车祸被夺去生命，父亲带着小磊艰难度日。为了让小磊的生活条件能更好一些，父亲只能选择把小磊留在农村，自己孤身一人去城市拼搏。看着父亲为了挣钱供养自己上学，含辛茹苦地工作，小磊觉得自己应该好好学习，将来好好报答父亲。因此，他学习特别刻苦，成绩一直名列前茅，还会帮助爷爷奶奶做一些力所能及的家务活。在学校老师夸他是好学生，在家邻居夸他是好孩子。小学毕业小磊顺利考取初中。结果不料在小磊读初二的时候，父亲患病去世。失去父母的小磊一直和上了年纪的爷爷奶奶相依为命，拼命努力学习，克服了生活上的诸多困难，最后取得了优异的成绩。

小怡是一个大眼睛、自信快乐的女孩。虽然来自农村，但是在她身上，丝毫看不到孤僻和胆怯，更多的是乐观、勤奋、坚强。小怡平时待人热情，同学有困难就主动帮忙，对老师也很尊重。小怡的父母一直外出打工，她6岁时起就自己洗碗、洗衣、整理房间，8岁时开始学做饭。小怡还很体贴关心老人，姥爷生病的时候她总是陪在身边给姥爷讲故事。看到班里很多同学的父母常年在外打工，她向老师建议成立“留守儿童帮扶小组”让留守孩子不再孤独，帮助同学们阳光快乐地成长。由于表现突出，小怡被评为2013年“全国优秀少先队员”。

（柳友荣主编《留守儿童成长指导手册》）

案例分析

案例中的小磊是个苦命的孩子——幼年时母亲便因意外离开了他，上中学时父亲又因病去世，至亲的接连离世对一个孩子的打击可想而知。但即使生活给了他诸多磨难，小磊依旧保持着对未来的乐观与向往，在家照顾老人、操持家事，在校奋发向上、努力学习。案例中的小怡也是从小因为父母外出打工而缺少双亲的陪伴，但她从未丧失对生活的热情，她既主动承担家务事、帮助家里减轻痛苦，又热心帮助身边的同学与老人。事实上，并非所有的留守儿童都像媒体报道中那样充满着对生活的无望，更多的留守儿童独立、坚强、乐观，就像案例中的小磊和小怡，虽然他们经历了许多苦难，但他们在苦难中反而会更加懂得父母的辛苦、更加珍惜生活中的美好。他们的坚强与乐观值得所有人尊重与学习。挫折有时并非只有苦难，它也可以是一种财富。

但需要承认的是，也有些留守儿童自信心严重不足，他们胆小、自卑、敏感、脆弱，对生活充满了畏惧乃至厌恶。这类留守儿童在交往中害怕别人不接纳自己，不敢交朋友，交际范围狭窄，不善于与人沟通；对学习缺乏信心和热情，认为自己能力不够，甚至会害怕老师提问，不敢表达自己的观点；依赖性强，害怕做不好事情；意志力薄弱，缺乏进取精神，没有明确的目标，适应环境能力差。成功需要自信，有了自信才能产生勇气、力量和毅力。拥有了这些品质，困难才有可能被战胜，目标才可能达到。留守儿童虽然生活艰苦，容易遇见许多的困难和问题，但如果充满自信，自强不息，奋发向上，最终也会获得美好灿烂的人生。

插入板块

激励儿童的生活热忱小贴士

热忱是一种发自内心的、对外部世界的探索精神。在相同的成长境遇下，一个成功的人和一个失败的人往往在能力和智慧上差别甚小，真正使二者走向不同结局的因素实际是个体是否能保持对生活的热爱。换言之，一个始终保持热忱的人将会更愿意接受挑战、更不容易被困难打倒，也更容易取得成功。诚实、能干、友善、淳朴——所有这些特质对于留守儿童的健康成长来说都是不可缺少的，但更不可或缺的是热忱——将奋斗、拼搏看作是人生的快乐和荣誉。留守儿童可以按照以下方法，激发自我对生活的热情。

1. 确定一个明确的目标。一个人只有知道自己想干什么、想成为一个什么样的人，他的人生才会有意义，才会有冲劲，才会有热情，也才会成功。但同时需要注意的是，不要盲目地制定目标，缺乏思考、仅仅凭借一时兴趣而为自己制定的目标有时反而会成为自己的束缚，最终导致失败，并摧毁自身的热忱。

2.为了自己的目标努力拼搏。作为一个想要有所作为的人,仅仅明确自己的目标与计划是不够的,还要为了自己的目标而切实付出行动。只有正确且坚定地按照计划去行动,才能取得成功。

3.学会辩证地看待困难。留守儿童在生活中往往会遇到各式各样的困难,但不能仅仅把困难看作是一种消极的遭遇,要善于把困难看作是自我提升的挑战,要善于发现困难背后的希望。困难可以帮助我们积累解决问题的经验、增强解决问题的能力,提升自我对于生活的掌控。随着困难的克服,个人的热情也就随之增长了。

4.远离负能量,培育正能量。负能量是使人情绪消沉的最大敌人。它可能是你接触了负能量的人,或是看到了负能量的信息等等。远离它们,就能极大减少消极因素对个体的影响。个体要多接触具有正能量的伙伴,多看正能量的书籍、影视、信息等,这样热情才会逐渐增加。

预防与应对措施

1.家庭

拥有坚强意志的儿童才能拥有应对困难的勇气。家长可以从以下几个方面做起:让儿童学会持之以恒地做每件事,养成习惯,使其在坚持中获得自我效能感。比如说,可以让孩子坚持每天看书,走进阅读,积累一段时间以后可以与他交流讨论,并及时恰当地进行肯定;还可以每天坚持身体锻炼,例如跑步、打羽毛球、打乒乓球、跳绳等,在给予孩子鼓励与支持的同时也让其自己体会自身的体能变化。

合理地对成功与失败进行归因,养成积极的归因方式。留守儿童要拥有坚强的意志,就需要在享受成功的同时正视失败。人生道路上不可能是一帆风顺的,总会有许多的坎坷和困难,只有合理地面对失败,才能具备坚强的意志力,才能克服前进道路上的种种困难。要重视挫折教育,为孩子树立正确的输赢观。在学习上,要让孩子客观地看待自己的学习成绩,不要因为考得差而失去信心,也不要因考得好而骄傲自满。考试是对一段时间所学知识的检测,如果考得不好,要及时反思,分析哪些知识点还没有掌握;如果考得好,也要做好总结,总结自己这段时间的一些好的学习方法与状态,保证在接下来的时间继续保持。在生活中,不论是参加正式的学校或社会活动,还是其他非正式活动,都要教会孩子有始有终,不要中途放弃。如果在活动中赢了,也要尊重对手,尊重彼此的友谊;如果在活动中输了,也要有良好的心态去接受。

提高儿童的自控力,培养自律的品质。让孩子树立规则意识,学会自我约束;培养儿童自身的坚强意志,要放手让儿童自己去尝试,在体验中得到成长;要培养儿童的独立性,让儿童更可能地对自己所做的活动负责,意志坚强的孩子会自觉地处理好自己的事情;给予孩子充分的选择空间,培养孩子对自己命运的掌控感;鼓励儿童将自己的日常活动做个有条不紊的计划,约束自己,从日常的小事做起,逐步塑造自身的坚强意志,从而达到培养坚强意志的目的。

引导儿童将留守困境当作磨炼自己的成长挑战。坚强的意志是与克服困难相联系的,艰难、困苦和不幸是生活中真正的磨刀石。所以父母应当鼓励留守儿童在艰苦的环境中锻炼自己,让留守儿童自己学会坚强。例如:父母可以与孩子分享自己在生活、工作中遇到的困难,或者是在寒暑假有机会带孩子去自己工作的地方看看,让孩子真实地感受工作的不易、生活的不易,然后告诉孩子自己是怎么应对的,给孩子一些启示。

2.学校

培养儿童自立自强的能力。对于留守儿童来说学校就是他们温暖的第二个家,教师就是对他们全权负责的另一个"父母"。可以在学校里开展多种活动,如:在主题班会上,分享自主成长的生活知识;组织生活技能比赛,引导学生掌握基本的生活技能和自护自救的知识;开展实践活动,教会儿童独立分析问题、独立解决问题等。

培养儿童自立自强的心理素质。学校也可以请有资历的心理咨询师给留守儿童做心理疏导工作,提高他们的心理素质,引导他们正确认识自己、检查自己、反省自己。如:在每年新生入学时建立学生档案,了解学生。同时,当学生遇到困难时,要及时给予指导,并在必要时进行帮助,做好辅导记录。在每学年结束以后,记录学生一学年的变化,肯定学生在面对困难后的成长和坚强意志,对于学生不足的地方要耐心引导、合理恰当地指出,帮助学生及时调整与完善。

3.社区

社区可以协同社会力量,根据本地实际情况,因地制宜,协同村委会等共同开展关爱留守儿童的活动,形成监护教育网。

实践教育可以让儿童在生活中获得启发和成长,社区工作者可以组织多种多样的实践考察。在参观与实践中,使他们走向自律自强的道路。例如:进行植树造林环保活动,带领儿童走近劳动,感受劳动的辛苦与不易。活动结束以后,社区工作者要肯定孩子的劳动价值,并在此基础上进行升华,说明孩子们植树造林的意义,同时帮助儿童发现自己身上的优点、找寻自己生命的意义。组织留守儿童参观当地工厂,丰富儿童对于职业的认识,体会每一种职业的价值与意义。

三、教儿童发现自己的优点——助力自我提升

留守儿童在成长过程中,虽然会由于其留守状态而遇到种种困难和问题,但另一方面,这种成长环境也为这一群体带来了许多独特的优势。具体而言,留守儿童拥有如下优势。

(1)成长分化的优势,这是留守儿童最大的优势。成长分化,指儿童只有走出与父母的共生圈,在精神上成功与家庭分离,才能顺利地独立成长和社会化。

(2)自主抗逆的优势。留守儿童在认知上接受并适应留守生活;在情绪上学会发泄负面情绪,不压抑自己的感受;在行为上自我照顾,承担家庭责任。这些能让留守儿童理解父母外出打工的意义,同时自主接受并改善留守生活,进而实现健康成长。

(3)亲近自然的优势。儿童的灵性需要大自然的滋养。现代社会中儿童的生活被“去自然化”,带来了肥胖率增加、注意力紊乱等问题。这些问题对于生活在农村,基本处于“放养”状态的留守儿童来说,是不存在的。

(4)开阔视野的优势。相比农村非留守儿童来说,一些留守儿童利用假期

到父母打工的城市团聚，是一件幸福和快乐的事，既可以见到父母，又可以看到外面精彩的世界。这有利于孩子开阔视野、发愤图强。

心理叙事

今天早上，我起床的时候已经不早了。想做饭吃了再去读书吧，又怕迟到，不吃吧，又确实有点饿。后来我就拿柴烧火煮面条。想到煮面条得有汤，烧汤又要一些时间，我就简单地做：干脆不单独烧汤，直接煮面！

我拿了两个鸡蛋，先用油炸了再掺水煮。等水开了，我直接把面条放进锅里。我放的面条有点多，汤太少了，吃起来味道很不好，我才吃了一碗就吃不下去，只好倒给狗吃了。

以前跟我一同上学的姐妹已经不见了，大概她们早就到了学校，看看时间，马上就要上课了。我就赶快往学校跑去。还好我并没有迟到。

杨敏2010年3月22日

放学以后，我们班的同学准备了很多水，要送去给我们那个小寨子里面用水困难的人家。装水的有两个大塑料水壶，每个装五十斤，另外有三个稍微小一点的塑料水壶，其中一个装三十斤，一个装二十斤，一个装十斤。其他的都是装三斤的矿泉水瓶子，有三十多个。

出发的时候，我起初只抱了一瓶，后来就跟我们班的徐江一起抬一个五十斤的大水壶。也不知道为什么这么重，我没有走太远就很累了，就需要休息，另一位同学就接替我抬。才走一小截路，我们就休息了很多次，班主任一个人背了一大壶水。有的同学想了好办法，把很多个小瓶子用绳子拴起来，挂在一根木棒上，由两个人抬这根木棒。这样走起来要好一些，只是上坡的时候，走在后面的人不太好看路，那路实在太陡了。

这样来之不易的水有一壶送到了我的同桌杨海的家，一壶送到杨海的奶奶家，小瓶子装的有十六瓶送到我家，另外十六瓶送到杨海刚家，其他的都送到邓海秀家去。

这次送水的人除了我们班的同学之外，还有五年级的岳朝虎、夏丛春和夏敏，他们都是好心人！

杨敏2010年4月15日

（杨元松主编《中国留守儿童日记》）

案例分析

案例中所述的是一个留守儿童的两则日记，分别记录了该留守儿童日常的生活点滴。杨敏的父母常年在外地打工，家里的家务都需要她来忙活。在兼顾学业的同时，杨敏不但早上起床会自己做面条吃，放学后还会帮助寨子里用水困难的人家送水。当读到杨敏对自己做的面条难以入口、给人送水时的艰苦跋涉，我们不禁既为这个懂事又独立的孩子感到辛酸，又为她的坚强感到欣慰。辛酸是作为想要关爱这些儿童的人，能为这些留守儿童做得太少了。欣慰是不管生活有多艰苦、会面对多少苦难，他们依然能懂得互相帮助，依然能用乐观的心态去看待生活和未来。这点非常重要，所以要把这一点变成儿童生活和学习的动机、动力和出发点。在给儿童给予帮助的方面还有局限的时候，让孩子们学会乐观，学会自我提升。

自我提升是个体在认识自我和评价自我过程中的积极效应和积极偏向。自我提升与个体的心理健康、社会适应等联系紧密。心理学家指出人们有三种指导个体进行自我认识的动机：第一是寻求准确的自我认识，第二是保证自我确认，第三是自我提升倾向。在这三种自我认识的动机中，自我提升的动机最强，更具有普遍意义。

（一）自我提升的重要性

心理学家在“需要层次理论”中指出，人具有生存需要和成长需要，需要的最高层次是自我实现。自我实现主要是对自我人生目标的追求，其在一定程度上与自我提升相似，自我提升可以增强人的动机，为其完成各种任务提供助力。

留守儿童自我提升对个体适应性发展具有重要作用，自我提升与心理健康、学业成绩、社会适应等都有着密切的联系。自我提升可看作留守儿童适应性的保护因素。

（二）自我提升的影响因素

自我提升既受到主体自身的影响又受到外界因素的影响，其中自身因素主要包括情绪情感和自尊，外界因素则主要是社会文化。

（1）情绪情感。一般来说，当个体处于良好的情绪状态时，较倾向于积极地知觉和评价事物，相反，当处于不良情绪状态时，人们更容易倾向于消极地看待事物。对个体自我提升来说，积极情绪有利于自我提升的维持，而较长时间处于消极的情绪往往会消耗自我提升。情绪伴随着每个人的生活，情绪不仅包含积极的情绪状态，也不可避免地包含消极情绪，所以接纳自身产生的消极情绪是悦纳自我的一部分。如何应对与调节消极情绪，不仅能够增强个体的自我控制感、塑造其良好的心态，也有助于其自我提升。

（2）自尊。每个人都具有自尊的需要。自尊是个体对自我肯定的、积极的评价与体验，与个体自我价值的产生与形成联系密切，它既是积极评价的产物，又是积极评价产生的动机。自我提升与自尊相互影响，自尊的需要体现了个体的自我提升倾向。

（3）文化。文化影响着个体的自我提升的内容。在不同的文化背景下，自我提升的内容具有一定的差异。一般来说，人们会在其认为重要的、有价值的方面表现自我提升，也就是说，自我提升具有一种文化性的普遍动机。

插入板块

助力儿童自我提升的三部曲

留守儿童的父母以及老师可以按照以下方法，助力儿童自我提升。

第一部曲：设定详细的目标。首先让儿童设想自己的未来，让儿童对未来充满期待，下定决心进行自我提升。其次，让儿童清楚自己哪些方面需要提升，哪些方面则无须改变。制订详细的目标，分清轻重缓急。最后，教育儿童学会听取意见。兼听意见可以促进人的执行力，更好地完成目标。

第二部曲：做出改变。首先，让儿童为自我提升做好准备。清楚自己所在的阶段，确定自己是否做好准备迎接改变，是否准备不足而还需努力。其次，让儿童坚持自我。日常的自我监督和自我指导是推动自我改善的好方法，每日自省可以了解自己的进度，促进达成目标的能力。其次，学会寻求外界帮助。最后，多多历练。告诉儿童做出改变需要时间，尤其是做出大的改变。坚持不懈，直到完成目标。

第三部曲：激流勇进。首先，让儿童认识到挫折是常有之事，尤其是对于留守儿童来说，成长过程中往往面临更多的问题。其次，集中精力规划未来。对犯下的错误耿耿于怀无助于达成目标。集中精力弥补过失，为未来做打算，这样才能向目标推进。最后，让儿童接受自己、肯定自己、客观地认识自己，既要认识自己的闪光点，又要接受自己存在的缺点。

预防与应对措施

1.家庭

家长可以为儿童提供体验成功的机会，引导儿童建立自信心。儿童的自信心是通过成功的体验逐步积累起来的。成功体验是儿童自身的体验，虽没人能代替，但抚养者可以为儿童创造条件，帮助留守儿童获得成功的体验。每个儿童都有成就动机，每个儿童都渴望品尝成功的喜悦。成功由小到大，在于点滴积累，抚养者不要总拿高标准去要求儿童。

家长要帮助儿童正确地评价自己，客观对待人生，学会悦纳自我。指导儿童客观地分析自己的长处，引导儿童发现自身的闪光点。让儿童把自己的兴趣、爱好、能力和特长全部都列出来，找到优点，增强儿童的自我价值感与做事情的信心。对自己的弱项和失败持理智态度，及时补足和完善自我。既不自欺欺人，又不把它们看得过于严重，而是积极地去想办法改变它们，接纳自己的一切，自然就不会产生自卑的心理。

我们要帮助儿童树立奋斗目标，让儿童学会奋斗、学会独立。根据每个儿童的实际情况确定合理的目标，管理好目标实现的过程。儿童每达到一个小的目标，就要及时肯定，这样儿童就会增加一分自信，增加一点自强精神。帮助儿童制订奋斗目标时，必须要有达到目标的具体措施。在儿童追求成功的过程中遇到困难时要给予支持、鼓励和具体帮助，这是培养自立精神的关键。

在给儿童创造成功体验的同时，也要学会理解儿童的困难，找到与儿童的共同体验和共同语言。教育儿童如何面对失败并不是丢人的事情，一次的失败并不能说明自己比别人差，家长需要帮助儿童分析失败的原因，在以后的成长过程中取长补短，继续努力以争取成功。

2.学校

学校老师可以帮助学生在目标制订和执行中调整自我认知。在制定目标的过程中，很容易看到学生对自己能力的认知是偏高还是偏低。这时老师不要急于干预，而是通过和他分析自己的行为结果，来让学生对自己形成一个准确的认知。学生在经过自我认识的调整后，能够更好地做出自己能够达成的目标和计划，这样一来，学生的目标达成率就会提高，能力也会随之提高，学生的自信将会自然得到激发。

老师还要鼓励学生自我反省和自我评价，帮助学生认识自己的心理感受。与学生聊天时，可以交流哪些事情是他最喜欢的、最烦恼的、最不开心的、最难忘的和最有成就感的，让学生把这些感受表达出来。同时需要帮助学生总结和归纳他的感受，这能让学生更好地了解自己。

老师要帮助学生树立自信,强化学生的自我肯定。当学生不自信的时候,可以引导学生认识到自己是独一无二的,引导学生发现自己的闪光点,提升学生的自我价值感,可以进行言语上的鼓励,还可以专门为班里的学生设计一个"功劳本",让学生把自己做好的事情写下来,把自己的努力记录下来,积累学生做事情的信心,并及时给学生一些鼓励。这样学生的自我否定就会越来越少,即使事情失败,也不会一直陷入怀疑自己的境地,而是些许失落后的重新出发,分析自己的优势,以积极的方式应对。

3.社区

社区作为留守儿童的生活环境,应当充分组织和利用当地的教育资源,对留守儿童及与其成长相关的人员(父母、老师、照看人)进行全方位的心理健康知识普及与技能培训。如:开展鼓励式教育知识讲座,引导家长、老师、照看人等在孩子成长过程中犯错误的时候,不责怪、不打骂,而是从其他好的方面进行鼓励,从而让孩子认识到自己的错误。这样的教育方式有利于帮助孩子塑造良好的性格,培养他们的自信心。

开展丰富多彩的社区活动,如舞蹈大赛、歌咏比赛、演讲比赛等,让孩子们勇于表达自己,培养自己在生活中的乐趣,在活动中找寻自我价值。

四、引导儿童树立责任意识——激发自我成长的内在动力

责任心是儿童青少年社会性发展的重要内容,也是健康人格的重要组成部分。留守儿童需要担负起自我生活和成长的责任,甚至是需要承担部分的家庭责任。激发留守儿童的责任意识,培养留守儿童的社会责任感,对于其成长与发展具有重要的价值与意义。

责任是个体在社会活动中履行一定社会义务的行为过程。责任受个体所处的环境因素和情感因素的共同影响。首先,不同的责任受到个体生活的特定

环境的影响，不同的生活环境给予个体不同的社会信息、不同的思维方式和不同的事物评价角度。此外，责任也因个体当时的情绪体验和社会角色的不同而呈现出一定的波动和起伏。留守儿童在亲情上缺少父母的抚慰、心理上缺少父母的疏导、学习上缺少父母的帮助、安全上缺少父母的保护，属于相对弱势的群体。留守儿童更需要学会自我生活与成长，去发现成长的价值与意义，担负起自身的责任。我们要引导儿童建立社会责任心，帮助儿童建立与其生存的社会环境之间的相互联系、取舍平衡的心理认知，是青少年发展的核心内容之一，也是其健全人格的核心品质之一。

留守儿童作为特殊的群体生活在社会环境中，他们的行为在很大程度上受制于社会的总体行为规范和价值观念，同时，也在影响着社会中的其他人。承担相应的社会责任是个体存在的必要条件和基本方式，只有拥有责任心的个体，才能有效地、发自内心地去迎接生活和成长中遇到的挑战，并从挑战中收获成长的果实与喜悦。

责任是自觉地做好分内的事情，是一种负责和承担的态度。拥有责任感对孩子的成长和发展十分重要，它能使孩子逐渐地走向独立和成熟，成为勇于担当的人。儿童青少年的责任心分为个体责任心、他人责任心、集体责任心、社会责任心。个体责任心是指在自己的生活中承担责任(如珍惜时间、珍爱生命、保护自己、积极乐观等)、对自己的行为负责(如诚实守信、勇于承担错误、对自己的行为后果有前瞻意识等)、对自己的学业负责(有较好的内在学习动力、良好的学习态度和学习习惯，知道学习是自己的事等)。他人责任心是指有利他的行为意识和实际的利他行为，具体表现为体贴父母、做力所能及的事情、心存感恩、尊重老师、按时完成布置的任务，团结、爱护同学等。集体责任心是指能够热爱集体、维护集体，在集体中有归属感和荣誉感，积极主动地承担集体的责任和义务。社会责任心是指热爱祖国，关心国家大事，有环保意识、法律意识和道德意识等。所以，儿童责任感的建立，要从多个方面来进行。

心理叙事

鲁俊毫是一个留守儿童,他的父母长年在外打工,他平日里和爷爷奶奶一起生活,只有在寒暑假期间,才会去城里和父母待上一段时间。这个孩子的特点是既聪明又贪玩,常常是学习上不自觉,不能主动地完成作业,导致做作业的效率很低;生活上也总是拈轻怕重,不愿主动帮助老人分担家务。特别值得注意的是,每次开学回来上课,他的学习态度总是难以端正,学习成绩也有所下降。

(何群,安徽基础教育研究,2018年第1期)

案例分析

鲁俊毫是一个天资聪颖的孩子,但由于父母常年在外务工导致缺乏和孩子进行有效沟通和管教,以及日常生活中祖辈对其溺爱,最终使得他在学业和日常生活中表现出避重就轻、逃避责任的行为倾向。可以想象,在寒暑假期间,鲁俊毫的父母出于补偿心理,总想用物质的满足来弥补对孩子的爱的缺失,而这导致孩子在父母身边的时候,想要什么父母就得给什么,想干什么就干什么。在老家上学的时候,爷爷奶奶也比较溺爱,什么都不让孩子做。虽然家长都是出于好意，希望尽自己所能弥补自己在孩子成长过程中的缺席，但这种过分的补偿反而会适得其反——由于孩子缺乏适当的监督与约束，他们无法建立起良好的学习和生活习惯，更无法培育出健全的责任意识。

鲁俊毫虽然学习不够努力，自制力差，但从不在班级惹事，由于天资聪慧，学习成绩一直处于中等偏上的水平。为了更好地帮助他养成良好的学习与生活习惯，提高自制能力，培养责任意识，组长、同桌会监督他学习、值日，对他的要求也比其他同学更加严格。比如，如果他说作业忘带了，组长就会督促他抽时间去老师面前写作业，不给他偷懒和撒谎的机会，时间一长，他知道撒谎是没用的，坏习惯就慢慢改掉了。

对他这样的留守儿童，最怕的是放寒暑假。因为一放假，没有老师的管束和同学的监督，他又会回到原点，导致开学后很长一段时间，都难以进入学习状态。这也是家校共育呈现的突出问题。所以，在家校共育中，老师多联系他的父母，和他们共同探讨教育孩子的方式、方法，让他们挤出时间来教育孩子，引导孩子树立责任意识，明确自我成长的意义。

案例中的小鲁同学只考虑自己的感受，没有换位思考，所以不能体谅父母在外工作的不易，也不能意识到自己身上担负的责任。可以利用寒暑假，带他参观、体验父母的工作环境、生活环境，真切感受父母在外的不易。从打工体验活动中，使他明确学习的重要性，明白自己应该帮助家里人做些力所能及的事情，去回报爷爷奶奶、爸爸妈妈的爱。

心理叙事

朱瑞瑞是一个人见人爱的男孩子，帅气聪明，在所在的留守儿童班级中，他属于优秀学生的一类，成绩优异，品行端正，活泼可爱，团结同学，深得师生的喜爱。这个孩子不足之处是在学习上目标不明确，学习不够主动，没有养成细心答题的习惯，虽然成绩优异，但总是难以出类拔萃或者说更进一步；在生活中缺乏自主动手的意识，在家很少做家务，自己的衣服、鞋子等都是爷爷、奶奶帮忙整理，自己的自制能力低下，责任感缺失。

（何群，安徽基础教育研究，2018年第1期）

案例分析

朱瑞瑞跟大多数留守儿童一样，平时跟爷爷、奶奶生活在一起，只有在春节等长假期间才能和父母团聚。他虽然在各方面都表现不错，但是缺乏理想，学习上目标不明确，没有主动养成好的学习和生活习惯。因为处于留守的状态，父母不在身边，所以每当他在生活或学习中遇到困难、挑战时，往往得不到及时的安慰和帮助，导致他缺乏依赖感和安全感。

朱瑞瑞的爷爷、奶奶平时在生活中对他要求严格，经常讲父母在外挣钱打工不容易。因此，孩子在学习上比较用功，基本能够养成一定的好习惯，学习上不用家人和老师费心，也基本能够完成自己的学习任务。谈到父母不在家，你想不想他们时，瑞瑞说："想啊！只不过分离的时间长了，想也没用，慢慢地也就习惯了。"

在留守状态暂时无法改变的条件下，只能是更多地利用便捷的网络进行沟通。一方面，孩子要主动与父母沟通；另一方面，父母也要通过短信、电话、微信等多种方式加强与孩子的联系，不仅要关心孩子的学习，更要关注孩子的生活、孩子的内心想法。父母还可以给老师打电话询问孩子的在校情况。这样一来，孩子可以感受到父母虽然不在身边，但还是很牵挂自己、关心自己的学习和成长。作为父母，知道孩子的在校表现，心里也就放心，工作起来也更加有动力。

为帮助朱瑞瑞树立志向、明确学习目标，可多给他看一些名人志士成长成才的书籍或分享相关的故事，让他在阅读中，体会目标明确的重要性，并找到自己的人生志向，明确自我人生成长中担负的个人责任、家庭责任和社会责任，在学习上才能有无穷的动力和浓厚的兴趣。

心理叙事

小鲁同学是一个与爷爷、奶奶、哥哥生活在一起的留守儿童。她性格活泼开朗、聪明伶俐，可是她个性张扬，在生活和学习中比较强势。能力虽强，成绩好，但却十分爱表现、出风头。经常在试卷上画与题目无关的图画，写不相关的文字，出现的错误也都是非常基础、简单的错误。在家里，爷爷奶奶对她很是溺爱，从来不让她做家务事，她自己更不会主动做一些力所能及的事。

（何群，安徽基础教育研究，2018 年第 1 期）

案例分析

作为一名留守儿童，小鲁跟大多数留守儿童一样跟爷爷奶奶生活在一起。爷爷奶奶文化程度比较低，学习上无法对她提供监督与帮助，生活中由于她是家里最小的孩子，对她更是百般溺爱。

在学校里，小鲁生动活泼，伶牙俐齿，在小学时成绩一直都出类拔萃，也有很强的领导力，经常会组织和参加学校和班级活动。值得注意的是，她很喜欢出风头。学习上爱表现，但往往很粗心；有时甚至制造小插曲，故意表现自己，引起老师的注意。比如说，她在作业或试卷上画无关的画，写无关的文字，也经常出现一些低级的、本不应该出现的错误。

小鲁渴望表现自己，渴望得到他人的关注，也因此对别人的评价十分敏感。面对这样的学生，老师和家长要正确引导。

在学习上，可采用"先扬后抑"的原则。先肯定她的学习成绩，表扬她能认真完成老师布置的作业，上课能够积极地发言回答问题，每次考试的学习成绩也不错。同时，也让她分析自己在学习上的不足，引起她自己的反思，比如说：学习上不够用心，眼高手低，粗心大意。所以，每次考试结束，拿到试卷先谈谈自己的感受，小鲁可能会总结有几道题是不应该错的，失掉了不该失掉的分数，老师再对此因势引导，鼓励她从日常生活中的小事做起，养成良好的学习习惯，多用心一点，多仔细一点，也就更能进步。

针对小鲁爱表现、能力强，在班级里有影响力，可以让她多负责一些班级活动，可以借用班级活动，培养她与人相处的能力以及组织能力等，也可以培养问题解决的能力。

在家里她很少做家务，这时可以让爷爷、奶奶主动分一些小鲁可以力所能及的家务事；分享许多名校大学生上大学了还不能自理，导致被退学的案例，让她明白从小养成劳动的好习惯的重要性，也体会主动承担一些力所能及的家务事的价值与意义。

预防与应对措施

1.家庭

在日常的家庭教育中拒绝溺爱，培养孩子的独立自主意识，适当让儿童承担和体验家庭义务，如饭后扫地洗碗、帮助爷爷奶奶做事情等。外出的父母要对孩子多一些亲情关爱，每天或隔天给予孩子电话上的关心和叮咛。

2.学校

学校要通过社会实践活动培养学生的责任意识。如：一对一帮助留守儿童、组织学生参观养老院、孤儿院或定期到里面做义工等方式，提高儿童对责任心和责任行为的认识。组织学生参加一些比赛活动，如：篮球比赛、足球比赛、知识竞赛等活动，培养对自己所在集体的热爱，在集体中找到归属感，激励学生维护集体荣誉、主动承担集体责任的行为。

学校教师尤其是班主任老师，应当发挥榜样作用，以强烈的责任心去感染学生，如：与学生分享古今中外的伟人和楷模的榜样力量；以学生为本，将责任感在内的德育目标（法制教育、环境保护教育等）与各学科有机结合起来。同时，要给学生创造机会，培养责任心，如：下放班级管理权力，实行班级“自主管理”，培养学生的主人翁责任心；创造合作平台，在班级活动中促进学生之间的彼此尊重理解和相互协作，从而培养学生对他人和集体的责任心。

加强班集体的情感联系，营造健康和谐的班级氛围和心理环境。使留守儿童在父母关怀缺少的情况下仍能享受到温暖。老师们要给孩子多一些微笑、一份关注、一个眼神、一句赞扬、一些鼓励，用自己宽广的胸怀去接纳他们。

开展主题班会使学生明确和强化对责任感的认识。比如说设计有针对性的问卷调查，使学生从日常生活中感受责任，原来自己在校遵守学校纪律，不迟到，不旷课，上课认真，按时完成作业，热心帮助同学，认真完成自己的卫生清洁任务，就是有责任心的学生。

落实责任行为，体验责任。班主任及任课老师可以设计责任卡，可以让学生填写，记录一到两个责任行为。规定学生的角色，角色越小、越具体越好。在填写责任卡的过程中，把行为落实到每一件小事上。引导学生从身边做起，在看似不起眼的小事中培养责任感。培养对自己负责的生活态度。

3.社区

通过日常教育，让儿童感受到什么是责任。在社区中创设多听多看的环境，对孩子进行心理暗示。如：在社区里设置标语："责任会让你遇见更好的自己""评价他人不如主动承担""责任就是在恰当的时候做恰当的事""保护自己就是你的责任"，楼道里张贴提示："嘘，此处，不追逐打闹、不大声说话，就是你的责任"等等。组织丰富多彩的关爱活动，使儿童融入社区，真正成为社区当中的一员。要使孩子们对自己所在的社区形成归属感，树立主人翁意识。如：开展重阳节送温暖活动，号召儿童加入志愿者队伍，向老人送关爱，在活动中主动承担起自身的职责；开展传统佳节庆祝活动，组织儿童主动体验社区活动，感受传统文化的魅力，如在中秋佳节活动中鼓励孩子主动表演才艺，分享自己对于中秋节的了解；开展美化社区、爱社区活动，鼓励儿童对社区的建设出谋划策，贡献自己的一分力量。

五、引导留守儿童树立诚信意识——筑牢成长基石

诚信不仅是中华民族的传统美德，而且是社会主义核心价值观的重要内容之一，对人们的日常生活具有潜移默化的影响。"诚"通常指人们身上的一种内在品质，"信"关乎自己的言行和与他人的关系。诚信不仅是一种人格品质，也是个人道德品质的重要指标和为人处世的原则。在儿童成长的过程中，树立诚信意识，培养诚信品质，是纠正儿童发展中不良行为的关键，也是儿童青少年形成正确的价值观和人生观的基础。

留守儿童易产生不良行为与诚信问题。有调查研究显示，留守儿童的课堂违纪行为占13.7%，有抽烟等不良行为占27.7%，经常撒谎欺骗师长占15.4%。留守儿童处于生长发育的关键时期，其发展体现出很多不平衡的特点，加上有效关注不够，使一些儿童生活散漫、习惯差，容易出现诚信问题。

心理叙事

李欢和李乐姐弟俩是两个留守在家的儿童,他们的父母很早就去了南方打工,每年只在过年时回家十来天。李欢从八个月大的时候开始跟着外婆生活,李乐则是由爷爷抚养。

案例一:

每逢夏天,外婆家每天都会买上个西瓜,然后切下最好的部分专门拿给李欢吃。暑假时,李欢回到了农村的爷爷家,爷爷问她外婆平时有没有给她买什么好吃的,她撒谎说:什么都不买,连西瓜都不买一个。过了几天,舅妈带她出去玩时,给她买了一支很受欢迎的悄悄豆雪糕,舅妈细心地帮她剥好了包装袋,递给她。谁知回去后她竟对大人说,舅妈自己吃雪糕,吃到一半吃不下才给她吃。李欢像这样经常撒谎、爱背后讲人坏话的例子还有很多,包括对她的外婆、舅妈、朋友,也是如此。

案例二:

李乐在上一年级时,有一次上课因为贪玩被老师批评,第二天无论如何不肯上学,直到爷爷答应为他换一个班,他才肯去。可是没过多久,他又要换班,同年级的几个班都换过一遍后,他又要换学校,闹了很久直到换了学校,才逐渐平息下来。偶尔还会不做家庭作业逃学,到外面玩够了才回家。

案例分析

自小与父母分离的姐弟俩,不仅与父母感情淡薄,在与其他人的交往中也有猜疑、狭隘、孤僻、不诚信等负面倾向。较早的亲子分离,严重影响了姐弟俩安全感的建立,因为没有良好的依恋关系,使得姐弟俩在成长中缺乏信任感,难以与他人友好相处。

为使儿童形成良好的依恋关系,留守儿童的抚养人要尽早定下来,不要随意更换,以免增加儿童的不安全感,另外儿童成长的身边最好有一些有文化、有责任感的年轻人,以便与孩子及时、有效地沟通。把孩子交给完全没有文化的老年人抚养是非常危险的,也是不负责任的表现。李欢在外婆家生活到四岁,身为幼儿园的老师的舅妈嫁到了外婆家,她非常喜欢活泼的舅妈。在舅妈、老师与其他亲人的共同努力下，她的性格逐渐开朗起来，改变了过去胆小、忧郁、爱撒谎的形象，找寻了儿童该有的天真与活泼。

心理叙事

案例三：

王毅同学，今年14岁。母亲病逝多年，父亲也长年在外打工。王毅同学在家一直由79岁的爷爷代为照顾。由于农村生活条件限制，爷爷虽然年老，也不得不坚持在田里干活，来补贴家用。爷爷除了给孙子洗衣、做饭这些简单的照顾以外，其他的像作业辅导、心理疏导等无从谈起，也没有多少时间陪伴王毅，这使他长期生活在放任自流的环境里，缺乏有效及时的约束管教。久而久之，王毅养成了许多坏习惯，如在家里不听爷爷的话，经常顶撞爷爷，做事情我行我素；在学校他纪律散漫，常常迟到、旷课、逃学、说谎、打架。自己家里条件本来就不好，他还形成花钱大手大脚的恶习，有时还敲诈低年级同学。这让老师很是头疼。

案例分析

王毅同学的母亲在其很小的时候就去世了。父亲长期在外打工，与他相处很少。爷爷年老也是心有余而力不足，对他缺少管教。儿童自身对自己也是抱着自暴自弃的态度，没有上进心，反而自甘堕落，染上很多恶习。

对于这样的学生，老师要走进学生的内心，站在学生的角度与其交流谈心。作为老师要与王毅谈话，不管是专门等无人时在办公室的私下交谈，还是在校园里相遇时的问题交流，都可以给他留下关心和重视的印象。还可以与班主任密切配合，寻求支持，走进儿童的内心世界。还可以发挥同伴的榜样作用，让其他优秀的同学与他建立友谊，在无形中对王毅产生潜移默化的影响。

预防与应对措施

1.家庭

在日常的家庭教育中以身为范引导留守儿童诚实守信，让自己的一言一行都成为孩子的正面教材，让孩子在潜移默化中感受诚信的美好，让孩子在良好的品德氛围中健康成长。如:在带孩子坐公交时,主动给老人让座。这就是很好的示范作用。

当发现孩子有不诚信表现时,如考试作弊,做错事撒谎等。要用真情、爱心温暖孩子,真正了解孩子的想法,有的放矢地去教育孩子分辨是非,有错能改善莫大焉,而不是一味地批评、指责。爱心、耐心也能唤起孩子对诚信的渴望,培养孩子的诚信品质。

2.学校

首先,学校的教师应首先提高自身的诚信素质,做好榜样作用。教师要以身作则,言谈举止要以诚信为先,在学校营造良好的诚信氛围,在班上形成一种诚信的人格力量,以良好的榜样对学生进行潜移默化的教育,向学生传递诚信的正能量。

其次,强调校纪,加强班规建设,用日常行为规范学生的诚信养成教育。在学校的规章制度上重视诚信的内容,制订诚信教育的实施细则和学生行为操守规范,然后在学校大力宣传校风校纪,利用广播站和宣传栏宣传诚信。还可以对同学们在日常生活中表现出来的诚信行为进行表扬,如在班上表扬拾金不昧的同学,遵守考试规则的同学。

学校可以将诚信教育渗透进学科教育中,让学生在课堂上,在学习知识的过程中也能接受诚信教育。

最后,老师要悉心指导留守儿童诚信交友。同伴在儿童成长过程中扮演着重要的作用。留守儿童在留守状态下,缺少父母的有效陪伴,如果与一些身上有着撒谎、作弊等不良行为的人成为朋友,很容易受其影响,养成做人做事无诚信的恶习。所以要教导学生,引导他们慎重交友,以防孩子与有恶习和品德败坏的人交朋友。

3.社区

社区可以通过日常教育,渗透诚信品质。对于儿童来说,首先需要让儿童感受到什么是诚信,感受到诚信在生活中的重要性。在社区中创设多听多看的环境,对孩子进行心理暗示。

组织丰富多彩的社区活动,营造诚信、友善的社区氛围。如举办有关诚信的讲座、办图片展、影片展等。这些活动既丰富了学生的知识,又能够使学生在潜移默化中养成诚信品质。

第九章　留守儿童的网络生活

当今社会是一个信息化的社会，在这个信息高速流通的社会中，网络成了人们生活与工作中的“必需品”。它遍布全球，与人类的生活越来越密切，也使人与人之间的联系更加便捷。网络生活是指人们在网上度过的虚拟生活。网上聊天、打游戏、看电视电影等都可以算在网络生活之内。网络与儿童之间的关系一直备受争议。许多家长不允许儿童上网，认为上网会导致儿童沉迷于网络游戏，影响学习成绩，但也有许多人赞同儿童上网，因为网上有大量的学习资料可以供儿童使用，并且在网上查找资料也远比查阅书籍便捷得多。

随着网络在农村的普及，越来越多的留守儿童接触到网络。但网络在给人们带来丰富的体验和便利的同时，也带来了深刻而普遍的伤害。网络是把双刃剑，利用得好就会有益，利用不好就会造成伤害。因此，若想让留守儿童拥有健康的网络生活，就需要留守儿童正确地认识网络，利用网络；也需要所有关爱留守儿童的人借助互联网为留守儿童打造优良的学习环境，构建起一个有利于儿童幸福、健康、快乐地成长的网络。

一、网络不是洪水猛兽

网络世界就像一个聚宝盆。首先，儿童可以从中快速地查找学习资料，学习课堂外的知识，巩固课内知识，促进思维和创造力的发展；其次，网络还可以打破时空和经济的制约，比如儿童可以在网上接受名校教育，更平等地享受教育的权利，有什么问题也可以随时通过邮件请教老师；最后，互联网上的交互式学习、丰富的三维图形展示、语言解说等多媒体内容，也使得学习变得轻松、有趣。

心理叙事

13 岁的刘丹丹是个留守的小才女，经常在贴吧发表自己的小说，灌水的人还不少，还有自己经营的小博客。通过运用自己计算机老师教的建立博客和网页的知识，刘丹丹回家就自己练习着建立了一个博客，经常去更新文章，写写心事。

刘丹丹的老师还把自己的博客地址向同学们公布，将班级学生的优秀作文粘贴到博客中，让每位同学在博客中留下自己的脚印。学生对此也充满新鲜感，久而久之，上老师的博客看优秀作品成为学生每天的习惯，孩子们的写作水平也在潜移默化中得到提升。

（李颖超主编《留守儿童安全防范手册》）

案例分析

故事中的刘丹丹和她的老师正确利用网络提高了同学们的写作能力。不仅如此，刘丹丹还利用自己所学的知识去探索新的事物，开阔了自己的视野。可见，正确利用网络对孩子的成长颇有益处。然而，由于很多媒体只注重网络负面影响的宣传，导致很多父母以及抚养者视网络为洪水猛兽，严格限制儿童看电视和上网，担心影响儿童学习。事实上，一些儿童沉迷上网甚至逃课打游戏，其实是家长的教育方法出现了问题。父母长时间不在子女身边，不知道子女上网在做什么，只是一味地限制和责骂，缺乏沟通，再加上青少年特有的逆反心理——不让他做的事反而越想去做，才最终导致这样的结果。

网络是把双刃剑，对于留守儿童来说更是如此。一方面，过度使用和沉迷网络不利于儿童身心健康的发展，网络的多样和丰富性不利于儿童抵制诱惑，特别是对于那些自控能力较差的儿童。另一方面，网络的虚拟性、隐私性和伪装性，也可以帮助一些在现实生活中怯于交往或者人际关系受挫的儿童找到自信，弥补现实的不足；此外，留守儿童还可以通过网络媒介与远在异乡的父母联系，弥补现实生活中亲情的缺失。

随着互联网的普及，中国网民的年龄越来越年轻化，年轻网民对于新鲜事物的抵抗能力较弱，更容易受影响，所以要教导儿童学会利用网络来帮助自己，而不是沉迷于各种娱乐项目。不能因为网络的负面影响就直接否定网络，而应该从有利于儿童发展的角度去支持和引导孩子正确对待和使用网络，比如可以通过网络了解不同地方的风土人情开阔视野，而不是沉迷于一些庸俗的、缺乏营养的视频。游戏可能是儿童沉迷网络的最大原因，适当玩游戏有助于儿童锻炼智力以及缓解学业压力，但是过度沉迷游戏会导致儿童玩物丧志、荒废学业，甚至可能为了要花高价买游戏装备而步入歧途，并且长时间使用电子产品还会损害儿童的眼睛。因此，要引导儿童正确地对待网络，适当地使用网络，比如可以指导留守儿童利用网络和家人视频聊天、学习知识和技能。

预防与应对措施

1. 家庭

首先，家长应当营造一个健康向上的家庭氛围。因为和谐的家庭生活会在很大程度上减少儿童对网络虚拟世界的依赖，有利于预防儿童沉迷网络。家长还应该注意开阔儿童的视野，让儿童感受到网络以外的世界也是精彩无限的。

其次，家长应多多引导孩子正确上网，比如指导孩子如何通过网络搜索需要的学习资源等。堵不如疏，一味地限制儿童接触网络，反而可能激发儿童的逆反心理，所以不如当好孩子网络生活的领路人。

最后，家长要注意培养儿童的自制能力。因为家长不可能一直监督儿童，所以帮助儿童培养自制能力才是解决问题的关键。如约定上网的时间和计划，经常提醒儿童要做个言而有信的人，要学会自制等。

2.学校

学校同样要积极引导学生树立正确的网络观。比如可以通过各种辩论赛、黑板报、知识扩展等活动让同学们自己去找寻相关的资料，使他们对待网络的态度朝着正确积极的方向前进。还可以像案例中的老师那样，利用网络进行远程教育，丰富教育方式。发现同学们自身的优势，制订有针对性的教育方式。

老师要多和班里的学生沟通，不能过于斥责和贬低学生，要获得学生的信任。只有这样，在学生遇到困难和挫折时，老师才能真正地走进学生的内心世界，了解学生的真实想法并提供帮助，给予学生充分的情感支持，让学生不再需要在网络中寻求慰藉。

培养儿童正确的网络使用技能。例如，指导学生学会管理时间，如制作上网时间提示卡片或用闹钟定时，按照规定时间及时下网；将网络的危害列在卡片上，放在电脑旁边提醒自己；制订学习及娱乐的计划安排，按照重要性进行排序并严格执行。

3.社区

社区工作人员要和政府的其他相关部门配合，加强对社区的监督和管理，做好对社区周边环境的整治。加强对电子游戏经营场所的管理，加强执法检查力度，打击黑网吧，严查网吧为图利招揽未成年人上网的行为，保障儿童的安全，为儿童的健康成长营造良好的社会氛围。

二、网络成瘾和游戏沉迷

游戏在儿童的成长过程中起着重要的作用，它能够帮助儿童锻炼思维能力、培养角色意识、加强团队合作等。游戏分为很多类型，有传统游戏，比如，丢手绢、过家家、跳绳、打陀螺、各种球类运动等，随着现代电子信息化的发展，传统的游戏对于儿童的吸引力在逐渐下降；随着电子设备的普及，电子游戏，如各类手机游戏、电脑游戏等对于儿童的吸引力逐渐上升，成为造成儿童网络成瘾和游戏沉迷的最大元凶之一。

儿童喜欢游戏是天性，无论是真实的现实游戏还是电子游戏，往往都对儿童有很大的吸引力。近年来，关于留守儿童网络游戏成瘾，不能让农村儿童成为网游成瘾"重灾区"等话题的相关报道显著增加。从目前的新闻报道和研究结果来看，留守儿童游戏成瘾有越来越严重的变化趋势，但城市儿童也有游戏成瘾人数上升的趋势，留守儿童群体不能因为游戏成瘾而被污名化，不该聚焦于责备留守儿童群体本身，而应注意到造成留守儿童网络成瘾的其他因素，如游戏设计本身就易诱导人沉迷，缺乏监护人的有效监督以及一些黑网吧不顾未成年学生的身心健康，纵容未成年学生上网，牟取更多利益等。

心理叙事

小刚学习成绩一般，在校期间基本遵守纪律，性格比较内向、腼腆，不善于语言表达，没有什么较好的朋友，上学放学基本上独来独往。家庭经济状况在整个村中算比较好，家里有爸爸、妈妈，还有一个姐姐，都在外地工作。

一年前，小刚的妈妈也去外地工作之后，小刚开始有旷课、逃课现象，班主任往小刚家打电话却没有人接听。小刚上课时无精打采，成绩快速下降。下午上课也总是迟到，家庭作业也时常不交。小刚又一直不愿意向老师提供父母的手机号码，所以班主任一直没能与他的父母取得联系。

直到两个多月前，小刚的父亲回家，家长和老师才有机会对学生小刚的种种行为表现进行沟通，通过家长多方察访，最后发现，小刚不但迷上了网络游戏，还深深地堕入网恋之中。

（李颖超主编《留守儿童安全防范手册》）

案例分析

案例中的小刚迷上网络的主要原因有性格因素和环境因素。小刚性格内向、腼腆，成绩不突出，不被老师重视，不善言辞，交友较少，既不愿意向人倾诉，又没有倾诉对象,这些是小刚沉迷网络的主要原因。对于小刚这样性格的儿童来讲,在学校里展示自己个性和聪明才智的空间很小,但是网络的虚拟性和隐蔽性弥补了他在语言、性格方面的不足。在网络上,他可以幽默机智,获得极大的成就感,不再感到孤独,所以沉迷网络使他不能自拔。环境因素也是留守儿童沉迷网络的另一重要原因。留守儿童辨别能力较弱,自制能力比较弱。他们独立生活,脱离父母的监管,在没有家长监督和引导的情况下,更容易放纵自己,小刚正是在这种环境中迷失了自我。

网络并不可怕,可怕的是成瘾、把握不住适度原则。儿童游戏沉迷背后反映的是村庄娱乐供给与学校娱乐供给的缺失,家庭缺乏娱乐引导能力。乡村游戏场所较少、邻里关系的疏远,使儿童户外游玩的时间减少。家长为了方便和子女进行沟通,都会给子女配备手机,加上无线网络的普及,儿童大多会约上三五好友“吃鸡”、打“王者”。家庭缺乏娱乐教育的引导,对于儿童使用手机也没有给予正确的引导。学校出于安全考虑,将学校变成一个全面监控下的封闭空间,通过安装监控、密集巡逻等方式,防范危机,不倡导甚至禁止学生在学校打闹玩耍。儿童在课间10分钟更多地待在教室里,而不是在短暂的10分钟里抢占乒乓球台或空地打打球、跳跳皮筋尽享游戏之乐。

预防与应对措施

1.家庭

首先,儿童的家长在使用网络时要起榜样作用。在儿童面前不能手机不离手、一回家就抱着手机玩,忽视和儿童的沟通。儿童是最容易受到他人影响的,特别是自己最亲近人的影响,容易有样学样。因此,作为父母或者主要抚养者,对待网络的态度要积极、要以身作则,这样才能更好地引导儿童树立正确的态度,给儿童营造健康、积极的家庭氛围。

其次,一旦发现儿童有网络成瘾的倾向,要先尝试沟通引导,帮助孩子树立正确的观念。如果沟通无效,必须及时将其与网络进行有效的隔离,比如可以通过设置自动关闭、闹钟功能等来强制执行,帮助儿童养成良好的上网习惯。如果儿童的网瘾问题比较严重难以根除,必要时要求助心理医生。

家长要合理引导教育,可以将娱乐时间变作积极的休息和发展时间。一方面教会儿童规划娱乐时间,另一方面教儿童提高娱乐质量。家长要加强对留守儿童的关注度,在儿童沉迷玩游戏时,家长要客观分析、耐心疏导,不能通过简单粗暴地责骂解决,这样只会让关系恶化,将儿童推向沉迷游戏的深渊。

2.学校

学校要加强校园文化建设和开办“家长课堂”等。比如开展校园学生书画展示活动,丰富学生的校园活动,创造平台使学生能够展示自己的才艺,获得成就感和荣誉感。组织专题家长会,引导家长做好榜样,积极承担对未成年人实施家庭教育的主体责任。

加强学校心理咨询中心建设,创办专业的网络成瘾治疗机构;定期开展青少年心理健康筛查,如果发现儿童有沉迷于网络的倾向,要及时进行干预。

如果发现有网络成瘾倾向的同学,可以和学生的监护人配合,转移学生的注意。具体的做法可以分为两个步骤:第一步是对学生进行团体成长训练,让他们在团体生活的环境中培养团队精神,学会与人交流,转移对网络的依赖心理;第二步进行家庭亲子互动,指导家长加强与学生的交流沟通,最终帮助学生重塑价值观和人生目标,正确对待虚拟的网络世界。在学生想要上网的时候,老师、家长引导孩子以看书、打球、跑步、听音乐等方式取代原来的上网行为。

学校要加强娱乐教育，提高学生的媒体素养。一方面引导学生开展健康的游戏活动，提高体音美教育的质量，为学生提供基本的娱乐场所，增加学生在校娱乐的时间，培养学生健康娱乐的观念与能力。另一方面要建立有效的激励机制，塑造学生积极向上的学习心态和奋斗观念，纠正他们不良的娱乐偏好，提升他们对学校的认同感和积极性。

3.社区

各级部门应加强健康上网的宣传。社区工作人员要和政府的其他相关部门配合，举办展览和公开讲座、设计宣传单、张贴健康生活小贴士等，以便儿童及其家长了解网络成瘾的症状和进行简单的自我评估，学习应对网络成瘾的方式，并鼓励儿童向专业辅导人员求助。也可以在社区张贴一些健康上网的宣传小标语。此外，还要加强对本社区的监督和管理，对于一些对未成年人开放的黑网吧，要坚决抵制，政府有关部门应责令其关门整顿，从而减少外界环境对留守儿童的诱惑。

对于一些可能存在网络成瘾或者有问题上网行为的留守儿童，社区工作人员要保持关注，帮助其寻求外界专业的帮助。社区也可以举办各种活动以丰富儿童的空余时间，既可以扩展儿童的视野也可以增进亲子感情。

村集体要积极发挥娱乐供给的功能。乡村儿童有大量的时间在村庄中度过，村庄是重要的教育场所，村集体要主动回应儿童的娱乐诉求，通过娱乐空间的再造和娱乐活动的开展，引导儿童将娱乐时间变得更有价值。村庄中可以建设一些可供青少年活动的娱乐场所，比如篮球场、乒乓球台等，给予他们玩耍的空间。有条件的村庄也可以组织一些针对青少年和儿童的游戏活动，比如暑期组织拔河比赛、歌唱比赛、特长培训等，通过丰富多彩的活动吸引他们的注意力，防止他们沉迷于不健康的游戏活动。

三、留守儿童网络打赏及预防措施

留守儿童的父母及监护者给儿童零花钱的时候没有节制，一味地用物质补偿儿童，这直接导致儿童在网络“打赏”的时候有一种“花钱无所谓”的心态，动辄就是数万元的“打赏”。主播陪伴儿童说话、唱歌，甚至给他们表演节目，这让渴望陪伴的留守儿童产生亲近感。儿童通过给主播“打赏”礼物，博得对方的好感，但儿童没有意识到通过这种“打赏”行为建立起来的“亲密关系”是虚无缥缈的，更不会意识到“打赏”意味着正常的人际交往被降格为金钱关系。基于虚拟交往模式之上的“打赏”，让儿童在“一掷千金”之后获得了满足感，满足了他们的虚荣心。

心理叙事

随着互联网的迭代，层出不穷的玩法对儿童有着巨大的吸引力。从最早的网络冲浪，到后来的网络交友、网络游戏，再到近两年流行的网络直播，互联网制造出一波又一波的浪潮，也不断把儿童的日常生活网络化。

11岁的小陈是某小学的学生，爸爸妈妈在外地打工，小陈从小和奶奶在一起生活，平日里就喜欢玩手机游戏，观看手机短视频。近两年，小陈非常喜欢观看一些帅哥美女的直播视频。小陈的奶奶平日里就把钱放在几张银行卡里，也没有绑定手机短信。

某天奶奶打扫小陈房间时，发现几张银行卡都在小陈房间内。奶奶觉得事情不太对，追问小陈，小陈才终于告诉奶奶实情。原来小陈拿着银行卡绑定了自己的微信，把钱拿去打赏主播，购买游戏装备了。

小陈的奶奶赶紧登录小陈的直播平台账号，在送礼记录中看到，密密麻麻的全是小陈给主播送出的礼物记录，仅仅10天的时间刷了13.9万人民币的礼物。其中最贵的礼物一个就需要3000元，小陈送出了16个。此外，小陈还给自己购买了几万元的游戏装备。

（华商网2019年10月19日报道）

案例分析

案例中的小陈不是个例，类似儿童“打赏”主播的行为近来频频发生。福州11岁女孩小丽用妈妈的支付宝购买虚拟物品打赏主播陆续花掉了4万多元；江西9岁的小悦在直播平台，因为主播不停“点名感谢”，先后打赏主播2万多元。

预防儿童的“打赏”行为。儿童对金钱观念较为淡薄，不知道父母挣钱的艰辛，所以要让儿童认识到劳动与收获的关系，认识金钱的价值，让儿童懂得珍惜“血汗钱”，知道钱来之不易。正是由于家长疏忽了对留守儿童的陪伴和教育，才会让儿童仅仅因为主播的“感谢”对主播“打赏”。因此，留守儿童的父母和监护人应多抽出时间陪伴儿童，多与儿童一起参加活动，如：亲子运动会、一起打球锻炼等，重视对儿童的成长教育。家长和老师应该引导儿童正确使用网络，不被网上的虚拟世界所迷惑，杜绝网上有损身心、不健康的消遣项目。网络游戏或直播平台应限制未成年人上网。相关部门应升级平台，设置身份验证或实名制等认证措施，限制未成年人的消费使用。

四、网络人际交往及网络人际信任

网络人际交往是伴随着互联网的发展出现的一种新的交往模式，它使传统交往方式发生了深刻的变革。网络世界的虚拟性、开放性、包容性，给予了人们更多的充分展示自我、实现自我的机会，而且在网络世界中，人们不受地理环境、家庭背景等外在条件的限制，能够满足现实社会所无法满足的各种需要。互联网便捷、快速的特点，加快了人们联络的速度，降低了交往成本，提高了交往的效率，为现代人们的交往提供了一个全新的场所。在网络虚拟空间里，人际互动双方并不像在现实交往中那样面对面地亲身参与沟通。在网络空间里，人们可以隐匿自己在现实世界中的部分甚至全部身份，并且重新选择和塑造自己的身份。互联网的匿名性和时空压缩与延伸特点，能够让原本素不相识、地理距离和社会距离都很远的陌生人相互结识和交谈。

网络人际交往这种新的交往模式的出现对儿童青少年的社会化产生了不少影响。对于留守儿童而言，网络的使用给儿童带来了很大的便利。一方面网络拓展了儿童的交友渠道，安抚了儿童孤独、寂寞的心灵，满足了儿童人际交往的需要，给儿童带来了来自“朋友”的情感支持；另一方面有不少儿童沉迷于网络交友，对自己的实际生活中的人际交往和学习产生不良影响，如不喜欢与现实中的同学交流沟通；沉迷于网络交友还可能使儿童的睡眠时间变少，睡眠质量变差，影响儿童的认知功能、心理健康和学业表现。此外，因为网络虚拟、隐匿的特点，可能有不法分子利用网络进行伪装，诱骗留守儿童，造成令人心痛和无法估量的后果。

网络人际交往充满了很大的不确定性，没有人能够准确预测未来网络空间他人的行为，网络人际信任可以在一定程度上减少或控制这种不确定性因素。因此，发挥新的人际交往模式——网络人际交往在儿童青少年成长中的积极作用，需要引导儿童在网络人际交往中正确估计与建立网络人际信任。网络人际信任是指在有风险的网络人际互动过程中，人们基于交往对象的言辞、承诺以及书面或者口头陈述，对该对象的可靠程度、信赖程度形成的一种期望。网络人际信任作为网络使用的一种积极因素，有利于促进网络人际交往的发展，还可以加强网络空间里的合作、知识共享等。

心理叙事

13岁的小莉，是一名初二的学生。她在一款社交软件上无意间添加了一位叫李丹的“女网友”。因为年龄相仿，彼此聊得非常开心。这位女网友抓住小莉想要变美的心理，不断给小莉洗脑说：只要和一名中年男子“磨合”就能让自己变得更美。

随后，有一名叫“天空”的男子，加了小莉。在男子的不断引诱下，小莉答应和中年男子见面，进行“磨合”。被带进宾馆的小莉，这时候才知道所谓的磨合，到底是什么。事情发生之后，男子更以将这件事情告知小莉父母为要挟，逼迫小莉与其又发生了三次关系。懵懂无知的小莉，不久之后就发现自己身体出现了异样。这时候，小莉的父母才察觉到了什么，在不断地询问下，小莉才鼓起勇气说出了事实真相。

之后，小莉的父母也迅速报警，经过不断侦查，罪犯最终落网了。

（央视纪录片《呵护明天——沉默的呐喊》）

案例分析

案例中的小莉懵懂无知，在网络人际交往中没有自我保护意识，对网络信息的辨别能力弱，在不法分子的诱导下很容易掉入陷阱。对于13岁的女孩来说，这样的经历无疑是痛苦的。小莉也变得越来越沉默寡言，只要一听到“身体”“触碰”这些词语，就变得情绪激动。这次性侵事件，也将给小莉的一生带来无尽的痛苦和噩梦。

随着互联网的发展，很多儿童能够随时接触到网络。根据中国儿童少年基金会发布的《新时代女童及家庭网络素养调研报告》显示，我国儿童首次接触互联网的年龄集中在6岁—10岁，占比高达61.4%，相比往年更加提前。网络世界的虚拟性、隐蔽性，给邪恶分子带来了犯罪的便利，特别是一些缺少父母监管教养的留守儿童，年幼的、懵懂无知、不谙世事的女孩，更是成为不法分子的首要目标。

预防与应对措施

1.家庭

首先，家长要教育留守儿童学会尊重、接纳和倾听。儿童之所以会沉迷于网络，主要原因是在现实生活中他们的很多需要得不到满足。所以家长一定要多与孩子沟通、交流，满足孩子的情感需要，尤其是在与孩子交往时要学会换位思考，尝试与孩子成为朋友，在平等、自由、宽松的环境和氛围中与孩子沟通，鼓励孩子表达自己。

其次，家长要与孩子分享自己成长过程中人际交往的心得体会。家长可以利用亲子沟通时间，与孩子分享网络交友的一些事例，使孩子在观察学习中学会正确使用社交媒介，建立网络人际信任。

然后，当发现儿童网恋时，要先尝试沟通引导、帮助儿童树立正确的恋爱观和提高网络人际交往认识。切忌一味强制反对与批评。要有耐心地向孩子说明爱情的本质、利弊，教其懂得正确对待学生时期的异性关系，引导孩子将对他人的好感转化为自己进步的动力，在成长的年纪遇见更好的自己。

最后，还要进行恰当的性教育，让性教育不缺席。很多受到侵害的儿童，压根不明白性活动是什么，甚至没有意识到自己正在被侵害，也说不出自己哪个部位受到了侵犯，这主要归结于性教育知识的缺失。只有儿童对性知识有了一定的了解后，才能在面对性侵时有所警觉，从而减少儿童受到的伤害。

2.学校

首先，学校应对学生进行网络伦理教育，教会学生在社交媒体的使用中正确把握网络伦理规范，提升自己的网络人际信任，营造良好的网络环境。

其次，学校要对学生进行网络安全教育。比如组织网络交友安全的讲座、知识竞赛等，用大量的案例让学生意识到网络交友需要慎重，提高警惕性。在心理健康、道德与法治等课程中，开展人际交往主题知识学习，学习改善人际关系的方法，在团体辅导中训练学生的人际交往能力。此外，应普及网络交友相关的知识，教会学生在网络人际交往中学会辨别真假，树立保护自己的思想意识。

然后，班主任老师可以利用每周班会加强网络安全意识，叮嘱儿童要警惕网络上的陌生人，不要随意添加陌生人。禁止浏览不明网站，不要轻易留下自己的个人信息，以防犯罪分子加以利用。只有让学生意识到这些，才能减少恶性事件的发生。

最后，加强学生网络媒介素养教育，提升学生的人际交往能力。网络媒介交往是指对网络媒介及网络信息的认识、评价能力以及运用网络获取信息为自身发展助力的能力。良好的网络媒介素养有助于学生在网络人际交往中秉着理性的态度，对网络社交信息有着清醒的认识，对网络信息做到甄别，选择有价值的社交信息，获得有效的同伴支持，构建有价值有意义的网络人际关系。

3.社区

为了留守儿童网络人际交往的良性发展，社区要加强宣传，如：可以在社区公告栏张贴网络诈骗案例，利用社区广播宣传网络人际交往的注意要点，开展公益讲座普及儿童及看护人辨别网络信息真假的知识与方法等。

五、远离网络购物狂欢

大部分的少年儿童都曾有过网购行为。广东省少年儿童网络安全论坛上发布的一份调查报告显示，当前“触网”孩子年龄越来越小，7岁时就会网购，14岁使用网上支付的人数占调查人群的60%以上。中国互联网络信息中心发布的第52次《中国互联网络发展状况统计报告》中显示商务交易类应用持续高速增长，截至2023年6月，我国网络购物用户规模达到8.84亿，较2022年底增长3880万人，占网民整体的82%。这意味着网购成为人们越来越重要的生活方式。

购物狂欢背后的机制在于青少年财商观的缺失。财商以财富的观念和支配方式为核心内容。财商并不涉及绝对的对错，其发展水平是相对于年龄而言的，与年龄不相匹配的财商，不但无法实现对儿童发展的积极作用，还可能会给儿童带来心理伤害。例如，低自尊使儿童更容易受外界影响而丧失自主性，容易通过盲目追求物质来满足欲望。焦虑、抑郁等负面情绪也会诱发儿童对消费的渴求。就留守儿童成长环境而言，当儿童对学校持消极态度、缺乏学习内在动机、学业成绩不佳时，学业上的不足会诱使儿童通过消费等途径来建立自信、满足自我需要。和父母之间的冲突、较低的生活满意度和幸福感，也会诱发以物质来满足自身的情感缺失需要。如果父母一味用物质来满足儿童的需要，所传递出来的就是“金钱万能”“挣钱就是生活的意义”“通过哭闹就能满足自身的物质需求”等观念。这样，金钱观消费观的扭曲、理财能力的缺乏、环境中的诱惑就成了物质主义泛滥的帮凶。

应对网络购物狂欢，最重要的是形成合理的财富观念和消费模式，而不是一味防堵。

儿童的消费心理具有“促进”和“预防”两个焦点。当儿童购物动机由前者主导时，会关注于实现积极的行为后果，而当儿童动机为防御定向时，则关注于避免消极的行为后果。学校、家长等应当指引儿童对自身的消费需要进行识别，明白通过购物想得到什么，哪些因素是需要追求的，哪些是需要理性对待的。如果消费或购物是为了建构自我效能感，减轻负面情绪的干扰，拓宽人际沟通，认清社会角色，那么适当的消费就是合理的；如果是为了追求刺激而冲动购买，超出了自己的真实意愿和财富支配水平，或因追求时尚而引发享乐主义等这些极端购物行为则需要避免，需要充分考虑消极后果，合理控制消费行为。学校和家长等可以帮助儿童刷新、建构合理的财富观、消费行为和消费模式。但对财富观的合理认同并不等于贯彻或实现这些价值观念，关键是在面临物质诱惑时如何抑制冲动。无论多合理的财富价值观、消费观、金钱观，在强烈的情绪波动面前也会不堪一击。因此，还需要配合自我控制能力的发展。

预防儿童沉迷网络购物，一方面要大力推动保护未成年人网络安全的技术手段，在身份认证方面增强实名制认证，以达到完全甄别未成年人的目的；另一方面，在推动完善相关机制以外，学校、社区或监护人，要多关注留守儿童，合理地运用信息技术关爱留守儿童的成长，促进学校、家长、社区之间的沟通和交流，从而更好地关心、爱护、教育、帮助留守儿童这一群体。

六、手机短视频的流行与应对

近年来，随着智能手机的普及与发展，以智能手机为传播载体的短视频应用逐渐成为大众娱乐和生活消遣的重要平台。短视频以超常的速度“进入”寻常百姓家，小到幼儿园的孩子，大到七八十岁的老人都在观看短视频，手机短视频可以说是火遍大街小巷。据《2023中国网络视听发展研究报告》显示，截至2022年12月，短视频在网络视听行业市场占比高达34.1%，位居第一，同比增长达57.5%。短视频的用户规模达10.12亿，短视频网民使用率持续走高，目前已达94.8%。短视频已成为互联网的底层应用，成为吸引新网民触网的第二大因素。

短视频主要是指几十秒到几分钟不等的小视频。短视频内容非常紧凑、丰富，有才艺展示类的、知识科普类的、影视动画类的等等，但其内容质量参差不齐。由于短视频的碎片化、互动性、丰富性、嵌入性等特征很好地迎合了青少年受众的网络社交需要，短视频逐渐成为青少年的“新宠”。目前短视频用户主要是青年人群，《2021年全国未成年人互联网使用情况研究报告》数据显示，2021年我国未成年人互联网普及率高达96.8%。未成年网民尤其偏好于使用短视频、动画或漫画等娱乐应用。短视频看似短短的几十秒，时间不长，但一个接一个的视频让人们在不知不觉中就耗费了大量时间。

短视频内容的丰富多元，为人们打开了多彩的感官世界。一方面短视频几十秒甚至更短的时间，正好停在了人们的最佳接受点上，适应了现在人们的快节奏生活。其作为人们生活的娱乐方式之一，确实起到了重要的作用。短视频可以作为一个有效的资料库，学生在平常接触不到的世界，搜索一下就能够很直观地展示，填补了纪录片没法完全覆盖的领域。而且对于主动搜索出来的内容，还可以重复观看加深理解，对孩子更有帮助。另一方面，各大短视频应用平台如雨后春笋般出现，一些具有不良导向的短视频也渗入其中，甚至不少短视频平台为了博出位，充斥着攀比、丑化、低俗的不良内容。如抖音部分主播炫富成风，被新华社点名批评；一些美食博主，用畸形饮食吸引用户关注，行浪费之实。成长中的青少年，正是形成世界观、人生观、价值观的关键阶段，接触这些低俗、丑化的不良内容，会对其成长造成不良影响。当儿童有接触不良短视频内容的情况时，家长、老师、社会等要及时进行纠正，进行引导，并向相关部门进行举报、投诉，督促相关部门对短视频内容进行审查，进一步规范短视频市场。下面我们分析一下短视频对儿童成长的利弊。

（1）短视频对儿童成长的积极影响。短视频融合了文字、语音和视频，能够更直观地、立体地满足人们展示与分享的需要。短视频作为新一代大众传播媒介，降低了人们获取知识的门槛，促进了社会信息的良性循环。短视频给儿童提供了多样化的信息，丰富了他们的知识获取方法，满足了儿童的好奇心。在学习知识、了解文化、培养技能、创造性表达等方面，提高了儿童在学习体验过程中的效率。因此，短视频平台为儿童成长中的学校教育和家庭教育起到了很好的补充。同时，短视频赋予儿童更多的表达权，满足了他们的创作和社交需求，给予他们更多的自我表达机会与空间。总而言之，短视频内容符合儿童的心理特点，贴近儿童的情感需求，能够使儿童旺盛的表达欲和表现欲得到释放，满足儿童在虚拟世界和现实世界的双重需求。

(2)短视频对儿童成长的消极影响。短视频由于传播和制作门槛低、成本低，低俗化、庸俗化内容层出不穷，容易误导儿童，甚至出现一些视频涉及危险动作、猎奇表达，造成儿童风险性模仿，严重危害其身心健康。再加上有些短视频平台缺乏对平台内容的系统性监管，使视频制作者在短视频制作和编辑上偏重娱乐而非宣传正确的价值观，会对儿童造成很大的负面影响。此外，儿童自制力尚不成熟，面对这种快节奏的短视频，会忍不住不停地刷，不知不觉耗费大量时间，久而久之性格也容易变得浮躁。

心理叙事

不知什么时候开始，上小学的孙子迷上了手机里的短视频。放学后回到家就直奔房间刷抖音、快手，一边刷一边发出阵阵笑声，我怎么劝也不理睬。

一天，我买菜回来，刚进门就听见房间里传来响亮的笑声。

我大声喊："小亮，奶奶回来了！"没人回应。我继续喊："小亮，你怎么又在看抖音啊？"还是没有人回应。我径直走向房间，使劲敲门却没有一点动静。我嗓子提高八度："张毅亮，你赶紧给我开门！"孙子这才慢悠悠地开了门，眼睛却只盯着手机，看得津津有味。

我生气了："张毅亮，你太不像话了，作业完成了吗？"孙子说等下再做。听到这话，我更是生气："作业还没有做完就看手机！你这有学生的样子吗？学生要好好学习，好好做作业！你看手机能当饭吃吗？而且，你看奶奶出来买菜拿了这么多东西，喊你你也不来帮我一把。你真的太气人了。"孙子听完这话反而顶嘴道："你还不是一样，你不是也有看手机，刷视频嘛。"就这样，一场家庭争吵就这样爆发了，我和孙子的关系也冷了下来。

事后，我将这件事告诉了小亮外出工作的爸妈，他们也对小亮进行了教育，说不能玩手机，要好好学习。小亮很不情愿地答应了下来。只有我们待在一起的时候，小亮还能不看手机。但是，只要我有事情去做的时候，他总是忍不住拿起手机来刷视频。每次说他，总是有抵抗的情绪。为此事，我也是很苦恼，很担心孩子以后的学习和对手机的依赖。

案例分析

案例中的小亮迷上了手机短视频，沉迷于短视频，奶奶喊他，他也不理睬。开始刷短视频以后，小亮对学习不上心，总是控制不住地刷手机，无心学习；与爷爷、奶奶的沟通也少，更多的是争吵。主要原因有儿童自制力弱，手机短视频对孩子的吸引力大，长辈没有起到有效的监督和管理等。

儿童的自制能力比较弱，而短视频播放时间短，并且会自动推送与用户相关的观看内容，导致儿童很容易在刷短视频的过程中停不下来，过度浪费时间。经常观看短视频还很容易使儿童注意力不集中，出现注意力分散等不良表现。这对孩子的学业、亲子关系乃至成长都会造成很大的危害。

心理叙事

据《齐鲁晚报》报道，悲剧发生在2019年8月22日山东省枣庄市市中区永安镇梁辛庄村小雨的家中。当天，两个女生在家模仿网络短视频用易拉罐制作爆米花，因点燃了高浓度酒精引起爆炸和着火，两个孩子随即被送往枣庄市立医院住院治疗，12岁的小雨伤势相对较轻，14岁的哲哲却受到特重度烧伤，全身烧伤面积达96%。

小雨说，当天下午她和哲哲两人一起模仿网上看到的用易拉罐做爆米花的视频，在火还没灭的时候，两人又向易拉罐中倒入酒精，并最终导致了爆炸。

9月5日上午，哲哲因感染过重不幸离世。

哲哲父亲周先生说，正逢暑期，两个女孩经常一起玩耍，看手机短视频。事后，他查看相关短视频平台上的类似视频，发现无风险提醒。

据报道，哲哲父亲觉得女儿正是因为模仿短视频中的操作，才会导致被烧伤酿成恶果。他在电话中几度哽咽:“我现在心情很沉重。”

《齐鲁晚报》报道中,小雨表示她们是看了“办公室小野”的作品后产生的模仿行为。

案例分析

案例中的小雨和哲哲在观看某博主的短视频后,对其进行模仿,导致被火烧伤酿成恶果,而该短视频没有对其内容的危险性进行提示。心理学家认为模仿是最基本的社会现象,模仿在个体的人格形成和社会化的过程中起着重要作用。儿童正处于人格形成和社会化过程的阶段,辨别能力较弱,但好奇心却很强,极易受到外界环境的影响,对很多高危行为进行盲目模仿,受到心理和身体的直接伤害。并且在网络的引导和暗示下,有时儿童为了获得归属感,也会盲目跟风与多数人保持一致。比如不少儿童为了获得粉丝群体的认同,做出非理性行为,成了“脑残粉”。

预防与应对措施

1.家庭

当发现儿童经常刷短视频,家长要先尝试沟通,引导儿童树立正确的网络观念。一旦发现儿童刷视频成瘾,对短视频用语脱口而出,必须及时将其与手机短视频进行隔离。

同伴环境对儿童观念的养成和行为的改变发挥着重要的作用。因此,作为儿童的监护人要及时关注儿童的交友情况,以防他们受到同伴刷手机短视频的不良影响。

家长可以引导儿童利用手机短视频便捷的方式获得更多的课外知识,与同伴分享有趣的故事、神奇的大自然景观、奥妙的科学世界等,促进同伴之间的良性发展。

2.学校

学校的老师要积极引导学生正确地使用手机短视频。可以通过各种活动让他们了解手机短视频的类型,分享使用手机短视频的感受,以及从学生自己的角度来谈谈刷手机短视频时发生的事情,丰富学生对于手机短视频的认识,形成正确对待手机短视频的方式。

如果发现有同学模仿不良或有危害性的短视频时，要及时制止，并利用相关事例进行说服教育。必要时，在全校开展主题教育。

3.社区

目前来看，短视频的发展速度还将继续加快。针对网络短视频的规范管理，相关部门也应不断更新观念，加强立法约束，对视频制作、视频传播等进行规范化管理，规范短视频市场。还应将具体的相关法规落地于广大社区，加强对社区的监管，对未成年人加强正确引导。对于短视频中的不良信息要坚决抵制，责令其进行整顿，减少外界环境对留守儿童的不良影响。

插入板块

提升儿童的媒介素养

媒介素养是指公众利用媒介资源的动机、使用媒介资源的方式方法与态度、利用媒介资源的有效程度以及对传媒的批判能力等。提高儿童的媒介素养是整治短视频乱象的关键。目前，不少儿童的媒介素养与之运用媒介的能力仍不匹配。

一方面，学校应开展媒介素养的相关课程，引导儿童形成正确的价值取向；另一方面，家长在教育过程中，也应注重对儿童媒介素养的培养，提高其辨别是非的能力，同时，给予孩子适当的关怀，而不是让其从网络中寻找心理归属。

短视频作为新媒体时代应运而生的一种媒介形式，我们应该运用辩证的眼光去看待它，解决其现存的问题，让短视频的快速发展为儿童的茁壮成长助力。

第十章　对留守儿童的安全保护

人身安全问题对于每个人都非常重要，留守儿童较非留守儿童而言面临着更多的挑战：他们的成长环境缺少父母的陪伴与关注，因此，可能更容易遭遇意外事件。性侵害、拐卖、暴力事件等，既会对儿童身体造成伤害，也会导致儿童产生心理阴影，影响留守儿童的健康成长。

2017年，民政部会同公安部、教育部等7部委在全国开展了为期一年的农村留守儿童关爱保护专项行动，落实有效监护留守儿童的人身安全，兜住农村留守儿童人身安全的底线。目前全国农村留守儿童已经全部纳入有效监护范围。留守儿童的人身安全问题已经得到了政府部门的关注，对此不仅需要思考关注留守儿童安全问题的意义以及造成问题的原因，还要针对问题及原因，从多角度提出预防与应对措施。

一、对性侵犯的预防和保护

近年来，留守儿童遭受性侵犯的恶性行为频繁见诸报端。农村留守儿童的性权利保护现状令人担忧。受害人低龄化、熟人作案等典型特征引人深思。儿童性侵害是指施害者为满足性欲或其他目的，通过暴力、欺骗、物质引诱、讨好或其他办法，引诱儿童进行性活动。儿童性侵害有多种形式，包括身体接触和非身体接触。儿童性侵害是许多国家普遍存在的问题，其在中国儿童中的发生率约为10%；超过70%的儿童性侵害的施害者是受害者认识或熟悉的人，且女童比男童遭受性侵害的风险更大。

儿童性侵害在短期和长期内都会给受害者带来负面影响，也会给受害者的家庭和整个社会带来不良后果。预防儿童性侵害需要家长、学校和社区的共同努力，相关部门也应该促进性安全知识的传播，为家长提供性安全教育，改变家长“谈性色变”的态度；在社区和乡镇提供性安全的相关心理咨询服务，完善司法救助制度，为留守儿童保驾护航。

心理叙事

小月出生于广西平南县思旺镇，出生后不久就没再见过母亲，父亲在外打工。她与姐姐、年迈的爷爷奶奶生活在离镇上近20公里的村子里。为了省去徒步四个多小时的路程，在镇里上小学的她只能住在学校旁边的托管所里。也正是在这家名为“天天”的托管所里，小月和9个女孩遭到了宿管老师的长期性侵。她们当中最大的13岁，最小的只有六七岁。

小月的遭遇并非孤例。查阅近几年的新闻，屡见留守儿童遭遇性侵的悲剧：广西兴业，留守女童自11岁起遭多位村民长期性侵；湖北十堰，11岁留守女童被邻居多次强奸后服毒自杀；四川自贡，6岁留守女童遭另一位留守未成年人强奸。性侵者虽然最终得到了法律的惩处，但留下的伤害和遗憾却永远难以挽回。修补孩子们的伤痕，是一个漫长的征程。

案例分析

从世界范围而言，儿童性侵案都是一个难以攻克的问题。无论是事前预防，还是事后救助，都涉及立法、司法、教育监管、社会保障等各个环节的协同努力，也和民众的观念意识、重视程度、知识普及等因素息息相关。

首先，性教育普及程度低是儿童面临性侵害不知如何自处的原因之一。当前社会仍处于“谈性色变”的状况，社会公众对于“性”的相关话题避之不谈，导致许多家庭缺乏性教育；以至于儿童对性概念的理解还处于较为朦胧的阶段，对于性侵犯敏感度较低，甚至有些儿童并不明确自己是否遭受了性侵。

其次，留守儿童相较于普通儿童缺乏父母的陪伴，尽管会有其他监护人，但他们一般只关注儿童的基本物质需求，与儿童的交流比较少；即使儿童遭受到性侵害，也可能无法及时通过沟通发现。

最后，儿童的社会经验较少，反抗能力弱，这也是他们成为不良分子侵害对象的一个重要原因。所以家长要督促孩子加强其日常身体锻炼，掌握一定的自我保护能力。

性侵害会对儿童造成严重危害。从身体危害来说，受害儿童临床表现主要为生殖器官、肛门的损伤和感染；以及不明原因的腹痛、胃痛和头痛等。从心理危害来看，儿童被性侵害后也极易形成各种心理和行为障碍。儿童在受侵害后往往都会受到施害者的不同程度的恐吓、欺骗。如施害者可能会对在实施性侵过程中“不听话”的孩子进行指责，导致儿童留下严重的心理阴影。对女孩贞操的在意，容易使儿童产生一种强烈的罪恶感。不仅如此，受侵害儿童常常出现焦虑、抑郁、恐惧、紧张等情绪问题。有研究发现，受害者无法有效抑制不适当的分散的认知和情感反应，会导致警觉性增强、易激惹、情绪以及自主神经系统不稳定等大量症状。除了心理症状，有些受害者可能出现学习困难、逃学、离家出走、吸毒、斗殴以及攻击行为，或发生自残自伤、自暴自弃、酗酒、厌食、暴饮暴食、遗尿及自杀等行为，还可能有不健康的性观念和性行为。

值得注意的是，儿童期受到性侵害后会长期面临较高的抑郁风险甚至可能出现自杀倾向。遭受性侵害的儿童在事件发生后很长一段时间内，在情绪上可能出现悲伤、压抑、自尊心下降等情况，这些情绪问题在短时间内很难得以逆转。许多有童年遭受性侵害经历的成人还常将与性侵害有关的痛苦内化(如焦虑、抑郁等)或外化(产生行为和人际关系等问题)。男性常以外化痛苦的方式应对性侵害,如愤怒、攻击他人等;女性则多用内化痛苦的方式应对性侵害,如抑郁、自杀等。

预防与应对措施

1.家庭

家长首先应该从小就对孩子进行性安全教育,教授其如何判断、洞察身边的“朋友圈”,明确地告诉孩子哪些肢体接触是不合适的,教育孩子提高安全防范意识,并经常与孩子进行交流,及时发现孩子的“异样”。

其次,家长还要告诉孩子,不论在哪种场合,对于过于亲近的行为动作要勇敢说“不”;以避免一些不法分子打着亲近儿童的伎俩对儿童实施性侵。此外,家长还要注意提醒孩子不到荒凉偏僻的地方去;对于陌生人的接近要提高警惕。

同时,家长也要看护好儿童,对于年纪比较小的儿童,如果要外出,最好是家长陪同。即便是年纪稍大一点的儿童,也要提醒其结伴出行,避免独自外出。

最后,家长还要告诉孩子,如果遇到性侵害的威胁,要及时告诉监护人。一旦发生性侵害,监护人要妥善处理,不仅要报案惩罚犯罪的人,还要抚慰儿童的心理创伤。这时候监护人的处理直接影响儿童心理创伤的程度;所以要及时运用一定的方法、措施去关爱和帮助受到侵害的儿童,帮助他们走出心理创伤,找回安全感。

2.学校

学校老师要鼓励学生多提出生活中的问题,让学生遇到问题及时向家长、老师求助。学校还要加强教师的专业化建设,组织教师参加性教育的相关培训,还要针对农村在岗教师定期进行考核培训,强化其对留守儿童的保护意识。

学校还要加强学生的性教育,要意识到性教育的重要性。恰当的性教育可以使学生正确地对待青春期出现的一些性生理和心理现象,对性欲冲动保持理智的态度,使他们学会保护自己,调节自己,爱护自己,发展和完善自己,保护其免于在成长发育期间产生性生理疾病和性心理障碍。从社会的角度看,性教育对于提高青少年的性道德,防止性犯罪、建设性文明有着普遍意义。

学校老师对留守儿童进行性教育时，应将其和“色情”严格区分，帮助学生认识到人的性欲是一种自然属性，是正常的生理现象。性教育不只是性的教育，更是人的教育、文明的教育。最后，学校要加强对留守儿童家长和看护人的宣传教育，可以定期开展主题会，或邀请专家来进行宣传教育。

3.社区

在社区的居住环境中，人们要留意社区中的可疑人员，要存有警戒之心，如遇不法分子要交给公安机关及时惩戒，不能对其包庇纵容。

不良的文化环境会对社会成员的生活方式和处世态度产生影响。大众传媒在方便大家的同时，也成为色情信息传播的载体。政府各部门要严格规范各种书刊的印刷、出版和贩卖，杜绝“纸上的色情”，要加大对淫秽物品生产和销售的打击力度；要重视对网络环境的治理，严格监管网络信息，及时处理不良内容。

各个社区应该设立相关的援助组织。该组织主要的作用是调查留守儿童遭受侵害的事件，分析侵害事件发生的原因，从根源出发不断完善预防措施，为留守儿童发声。同时，在社区内设立专门的心理援助支援服务组织，为受到性侵害困扰的儿童提供关爱与帮助。

二、保持警惕的心——预防拐骗

“诱拐儿童与越来越多的人背井离乡外出打工有关联”，中国政法大学犯罪学家皮艺军说，“农民工越多，留守儿童就越多”。留守儿童的父母由于外出务工，居无定所，对孩子缺乏看护，给犯罪分子留有可乘之机，使社会上出现了许多留守儿童失踪的案例。儿女失踪不仅给家庭带来骨肉分离之痛，也给社会带来巨大伤害。

心理叙事

“阿姨给你买火车好不好？”仅仅这样一句哄骗，3岁男孩轩轩（化名）不哭不闹地跟着人贩子离开。在和对方接触的15个小时里，孩子不仅没有吵着要回家，而且还喊对方为“妈妈”。

这是发生在广东深圳的一件事。1月26日下午5时许，深圳龙岗坂田派出所接到市民罗某报警，称其3岁大的孙子轩轩在家门口玩耍时失踪。接警后，民警通过调取案发地周边的视频发现，轩轩是被一名穿着绿色风衣、黑色长裤且留着长发的女子带走的。当时，轩轩正在和小伙伴一起玩耍，韦某上前主动与孩子搭讪。随后，孩子跟在她的身后一起离开。并且在附近的一间旅店看到了轩轩和女子的身影，但已退房离开。原来，人贩子韦某因自己的孩子夭折，为了瞒骗三年没有见面的情人，竟想着抱走别人家的孩子"一起过年"。最终，在深圳、武汉两地的警方联手下，轩轩被成功解救，犯罪嫌疑人被抓获。

案例分析

在上述案例中，轩轩由于缺乏防备心以及未经受住陌生人的诱惑而被拐骗，警醒家长要教育孩子警惕陌生人，尽量不与陌生人交流，不轻信陌生人。儿童还未完成社会化过程，缺乏明辨是非的能力，对于外界诱惑缺乏辨别力和抵抗力，加上抚养者对儿童监护不足，留守儿童经常会成为人贩子拐卖的目标。对此，要重视培养儿童的安全意识，促使其树立防范意识。对遭受犯罪侵害的留守儿童，学校、社区、公安机关应互相配合，定期与儿童进行交流、谈心，同时做好解释和劝导工作，避免周围同学的歧视和误解，为其创造一个良好、宽松的学习生活环境。

预防与应对措施

1. 家庭

家长要做好安全防范措施，要培养儿童的安全防范意识。告诉儿童在上学和放学的时候和其他同学结伴而行，不要单独行动；不走偏僻的小道，要走开阔的大道。家长要时刻留意儿童的人际交往，要告诉儿童在外不结交不良朋友、不去不良场所。

要明确告诉儿童，单独外出时，一定要留下联系方式并确定回家的时间。比如去同学家之前留下同学家的电话和地址，敦促其如遇临时有事晚回，一定要先打电话告知。

要让儿童牢记家长、监护人、社区民警、工作人员等可在紧急事件发生时联系并提供帮助的地址、单位及电话；提醒其遇事要保持冷静、不冲动，主动联系警察或家长寻求帮助。

2.学校

在学校中,学校应该禁止陌生人随便进出学校,对进出学校的人员按证件进行登记。在学校一些必要的地点安置监控摄像装置,以便及时发现可疑人员。

学校应该加强学生的安全防范教育。学校领导要高度重视安全防范教育工作,建立安全防范制度,将安全防范教育渗透到学习、生活的各个环节;同时定期召开安全工作汇报会,建立日常检查学生活动场地的规范,及早排除安全事故隐患;规范学生日常安全教育进课堂的制度,让每一个学生对常见的学校安全事故应对措施做到牢记在心,最后应做好学校与家庭的联系,做到协同推进、安全育人。

3.社区

社区可以建立安全联防平台,配合学校对留守儿童的教育、生活和安全实行全方位的关爱保护。同时,针对留守儿童和家长分别开展法治讲座、法律教育,提高他们的安全防范意识。

社区可以针对留守儿童的家长进行集中培训,通过培训及时沟通了解儿童的生活学习情况,教授预防拐骗的方法,提高监护人的安全防范意识。

社区可以与学校配合组织集体活动,围绕"常见的儿童拐骗手段""拐骗儿童易发地""儿童防拐骗的基本技能"等内容,通过图片、视频、讨论等形式传授儿童防拐骗的基本知识。通过活动的开展,提高孩子们的防范意识,增强自我保护能力,帮助他们懂得在紧急情况下如何辨别是非、处理问题和自救。

三、互爱互助——反对校园暴力

研究者通过中国人民大学中国调查与数据中心的中国教育追踪调查第三期调查统计数据分析发现,超过六成的农村儿童过去一年曾遭受校园欺凌,其中留守儿童受欺凌比例更高,更容易遭受校园欺凌。近年来,全国各地校园欺凌事件频发,严重影响了孩子们的身心健康。发生在留守儿童身边的校园暴力,也频频进入公众视野。留守儿童中既有施暴者,也有受害者。

家庭、学校、社区应当协同教育，将心理健康与法制教育、感恩教育等联结，引导留守儿童自我调控消极情绪，塑造阳光心态，促进家庭和谐、校园和谐、社会和谐，给留守儿童营造一个温暖、安全的生活环境。

心理叙事

贵州省毕节市纳雍县郑同学是留守儿童，父母都在浙江务工，其平日住在学校，周末去亲戚家住宿。他的学习成绩优异，在学校表现乖巧，疑因考试期间郑雄未给同学抄袭而遭殴打。因伤势过重，郑雄4日后经抢救无效身亡。

（采自腾讯网）

案例分析

这个案例是一起典型的校园暴力事件，案例中郑同学因为考试未给同学抄答案而被殴打。一些留守儿童既得不到父母的照管，也缺乏看护人的关爱与照料，使得对儿童的保护处于一种缺失的状态。校园内外会出现一些敲诈勒索、打群架、斗殴等现象发生，这不仅影响学生的学习和学校的稳定，而且更伤害着儿童的心灵，不利于留守儿童的健康成长。

作为留守儿童交往最多、接触最频繁的群体，同伴群体成员最易成为儿童观察和模仿的对象，但很多校园暴力的实施者就是身边的同伴。留守儿童因父母外出而长期无法得到父母正确及时的引导，其价值观的形成很大程度受到同伴群体内共同价值观的影响。若留守儿童的同伴群体是积极向上的，那么他们更可能相互帮助，追求自己的理想目标。若同伴群体中传播的是较为消极的观念，则会对留守儿童产生负面影响。留守儿童因亲子交往缺失，对同伴群体的依赖性更强，而遭受同伴的校园暴力也会让留守儿童感受到更大的压力感和羞愧感，从而严重影响其学习生活。

经常遭受校园暴力的学生整日生活在暴力的阴影中，学习成绩会严重下降。有的学生由于受到严重的暴力伤害，以至于不得不住院治疗或者休学，导致正常的学习被迫中断。甚至有的学生会对学校产生恐惧感，不愿意再上学，在自卑、绝望等情绪下，儿童甚至会出现自我伤害行为，比如自伤、自杀等；因此，校园暴力对青少年的生理发育和心理人格形成的危害是非常严重的，幼年时期的心理困扰可能成为儿童未来成长过程中的隐患。

在社会文化环境相对稳定的情况下，家庭环境和学校环境是儿童是否遭受校园欺凌的主要影响因素，而“留守”改变了儿童的家庭特征及其所处的校园环境，一定程度上增加了儿童受欺凌的风险。良好的同学关系和师生关系能显著降低学生受欺凌的风险，但留守儿童较普通儿童更缺乏人际关系处理的经验，在表达和交流的过程中面临更多难题，加之缺乏家长监护，留守儿童受欺凌的风险大大增加。

预防与应对措施

1.家庭

家长应多针对防范校园欺凌问题对儿童进行指导，让儿童能将任何情况告诉父母及看护人，及时取得帮助。另外，家长也要多和学校进行联系，反馈儿童各方面的情况。若儿童经常上课迟到或迟迟不回家，则要做好联系工作，掌握行踪，及时处理，防患于未然。

要鼓励儿童多交往品行优良的朋友，对于已经受到暴力侵害的儿童多安慰，但不宜鼓动或煽动报复。

2. 学校

学校要承担预防和管制校园暴力的责任，如果有校园欺凌事件的发生，要及时制止并进行教育，对受欺凌者要及时给予帮助与关爱；要做好学生的心理辅导工作，消除学生的惧怕心理。对有轻微暴力倾向的学生进行心理疏导，化解矛盾，融洽其人际关系。

校园暴力与一般的违法犯罪行为相比，具有特殊性。我国目前并没有专门针对校园暴力的法律法规，一般发生校园暴力事件后，根据具体情节和造成的损害后果适用我国民法或刑法中的相关内容。学校应当针对校园暴力行为，从预防、教育、惩戒、行为矫治等方面着手，制定专门的、具有可操作性的校纪校规。同时学校要积极做好较难管教的学生的转化工作，抓住学生具有极大的可塑性这一点，积极发现学生身上的闪光点，耐心地做好学生的思想工作。同时还要加强法制教育，让学生懂得什么该做，什么不该做。

3. 社区

如果社区中有暴力事件发生，要及时制止，告知施暴者的父母，让其父母对其进行教育。

社区要培养和谐、友好的氛围，人人互爱互助，塑造“友爱社区”。社区与家庭、学校合力齐抓共管，可以针对儿童开展法制座谈会、法制小讲堂；增强与执法部门的联系，严惩社会不良分子对青少年的骚扰，从而创造一个良好的社区环境。

四、应对疫情，协心共进——传染病防控

针对留守儿童的健康防护，我国有相对比较完备的工作体系。早在2016年2月4日，国务院就发布了《关于加强农村留守儿童关爱保护工作的意见》。

2019年5月,民政部、教育部等10部门联合印发《关于进一步健全农村留守儿童和困境儿童关爱服务体系的意见》(以下简称《意见》)。《意见》要求,设立“儿童主任”和“儿童督导员”,具体负责农村留守儿童和困境儿童的关爱服务工作。

由于儿童的免疫系统发育不完善,而大多数留守儿童都处在医疗资源较为匮乏的乡镇,其主要看护人又常常缺乏相关的安全健康知识,传染病的防护一直都是关爱留守儿童的一个难题。儿童发生传染病,根据病原体入侵的部位和器官不同,轻则表现为发热、乏力、纳差等症状,重则发生高热、休克、昏迷,严重影响儿童的健康成长。

心理叙事

13岁的永州宁远县小兰,上初中一年级,母亲在其5岁时因病去世,父亲长期在深圳打工,小兰的生活由爷爷奶奶照顾。两个月前,小兰间断出现咳嗽、咳痰、食纳减退及消瘦等不适。2月初,小兰咳嗽、咳痰等症状加重,并出现胸闷、气促及持续高热等不适,在当地诊所输液等治疗,未见好转,后见情况迟迟未得到改善才送至县城医院,后经县城医院胸CT等检查,诊断为血行播散型肺结核。

案例分析

本案例由于对传染病的不够重视导致留守儿童的传染病加重。留守儿童因为没有父母的照顾,往往因诸多因素导致他们成为结核病等传染病发病的高危人群,而发病后由于发现不及时,错过了最佳的治疗时期,常常发展为重症结核,导致治疗难度加大,甚至留下后遗症。

传染病按照其危害程度分为甲类和乙类两种。甲类是指鼠疫、霍乱等危害极大的烈性传染病。这两种传染疾病曾给人类带来极大的危害,但经过科学家们的共同努力,这些传染病已经被很好地控制了。乙类是指病毒性肝炎、脊髓灰质炎、流行性感冒等危害稍小的疾病,大部分的疾病已经被消灭和控制,但有些病原体仍会在特定的条件下发作,向人类发起攻击。传染病是由病原体(细菌、病毒等)侵入机体引起的,并能在人群之间、人与动物之间传播。传染病是疾病种类的一小部分,它传播快,波及面广,危害大;但只要加强预防,做好早期监测,可达到理想的预防效果。如何有针对性地开展留守儿童的传染病防控工作,需要家庭、学校和社会协心共进。

预防与应对措施

1.家庭

家长是孩子的监护人,孩子的健康与家长的细心照顾密不可分。作为留守儿童的家长,更不能忽视孩子的健康,主要应做到以下几点:首先,掌握常见传染病的预防措施,教育孩子养成良好的卫生行为习惯,使其远离传染病,健康成长。其次,掌握儿童常见的传染病的临床表现,及早识别并及时就医。最后,掌握孩子患病期间的注意事项。

具体来说,关爱留守儿童,远离传染病的危害,家长要多留意孩子在日常生活中的一些表现,如果孩子咳嗽、咳痰2周,可由爷爷奶奶或其他亲人带孩子到当地疾病预防控制中心门诊,进行免费胸片及痰涂片抗酸染色等相关检查,以便及早发现传染病。

确诊传染病后,一定要带孩子定期复诊,监督其规律服药,顺利完成全疗程治疗。同时,要注意孩子的营养均衡,给孩子提供相应的物质保障。一旦确诊传染病,要按照传染病的隔离要求进行隔离,尽量减少外出。如需外出要戴好口罩,回家后清洗双手。痊愈后,要去当地医疗机构开具复课证明,方可返校继续上学。

值得注意的是,家长在平时也要做好个人传染病的防护,避免将病毒带到家里来。同时也应当提高传染病的防护意识,尽量多了解儿童传染病的防护知识,积极参与学校、社区组织的传染病防护知识的宣传活动,培养孩子的健康生活习惯,讲卫生,多锻炼,增强身体免疫力,平时注意家庭生活用品的定期清洗和消毒杀菌,给儿童提供一个卫生有保障的生活环境。

2.学校

为有效进行留守儿童的传染病防治,学校应当建立各项卫生工作责任制度,承担传染病防治知识的宣传和落实日常预防传染病管理措施的义务。

学校应建立各项卫生工作责任制,完善考核制度。设立学校传染病疫情责任人制度,明确各部门工作职责。学校校长是传染病疫情报告的第一责任人,负责监督开展对全体师生传染病防治知识的宣传教育，定期对全校学生的出勤、健康状况进行巡查。班主任及值周教师每天要做好晨检工作，发现问题及时报告，对身体异常的学生进行检查或治疗，并及时将信息反馈学校，保证学校预防疾病控制工作的顺利开展。

当出现传染病相关情况时，学校应在24小时内向县教育局、县卫生部门(卫生局和疾控中心)报告。

学校应普及卫生知识，利用黑板报、橱窗等各种形式做好预防传染性疾病的宣传，督促学生、教师正确认识传染病相关知识,做好防范。定期召集班主任及任课教师参与会议，聘请专家进行相关知识讲座，举办有关预防传染病的知识培训。教会师生防治传染病知识，培养良好的个人健康生活习惯。

可参考如下日常管理措施。

(1)保持工作、学习、生活环境通风换气，教学和生活用房应每天开窗通风不少于2—3次，尽量不要组织师生到人群集中的地方去活动。

(2)提醒学生注意个人卫生，经常用肥皂和流动水洗手，特别在打喷嚏、咳嗽和清洁鼻子后要洗手，不要共用茶具、餐具。

(3)提醒学生注意增减衣物和均衡营养，加强户外锻炼，保证足够休息。

(4)学生若出现发热、咳嗽、乏力、肌肉酸痛等症状要马上告诉老师或家长，及时就医；教师发现上述症状也应及时就医。

(5)学校卫生室应按照规定定期消毒。

3.社区

留守儿童年纪小，平时跟着爷爷奶奶或者外公外婆生活，缺乏科学防疫知识，是传染病防治中需要社区重点关注的特殊群体。通过实时走访、电话随访等方式对留守儿童情况摸底排查，及时掌握并了解他们的健康和生活状况。可结合实际，推出一系列关爱服务活动。

此外，社区还组织社会工作服务机构、志愿服务组织等社会力量，专门为留守儿童制作防疫“抖音”，帮助他们增强防范意识，提高防护能力；加强巡察巡访，帮助解决生活中的困难和问题，对隔离期间生活物资储备不足的留守儿童定点定人帮扶，保障其基本生活；村(居)委会应该动员并在留守儿童亲属中明确监护人，确保每名儿童都得到妥善的监护和照料。

从制度层面来说，社区可以从以下三点来做。

一是建立隔离人员未成年人子女临时照料保障机制，对留守儿童给予监护兜底。黄冈脑瘫儿童死亡事件表明，当前对隔离人员的残疾儿童子女的应急处理机制和社区服务存在盲区。应当引起注意的是，留守儿童及其父母因病被隔离后形成的“临时留守未成年人”也是极易发生危险的脆弱人群。建议采取协调一致的多部门响应措施，加强社区儿童监测追踪服务，建立隔离人员未成年人子女临时照料保障机制，做到对婴幼儿、残疾儿童、留守儿童的监护兜底。

二是在基础卫生健康教育中突出传染病防控教育，改善公厕条件。提升公众防护意识，帮助公众养成禁食野生动物以及勤洗手、讲卫生等良好生活习惯；帮助公众掌握卫生安全知识，做到卫生安全知识从儿童抓起，建议进一步加强中小学儿童卫生健康安全教育工作，加大对中西部贫困地区的卫生教育的支持力度，并将传染性疾病防控作为卫生健康基本教育的重点内容。同时，将改善厕所条件作为一项紧迫任务，以清除公共卫生隐患，保护儿童身心健康。

三是尽快建立一体化救助体系。对留守儿童、困境儿童的救助，都应当构筑起人人皆知且快捷高效的救助渠道，例如，广州的未成年人救助热线平台12355，在接到未成年人的求助信息后就会指定专人监督后续的问题解决。

只有家庭、学校和社会协心共进，才能共同保证传染病防治“早发现、早诊断、早报告、早隔离、早治疗”，更好地保障留守儿童的健康成长。

五、意外伤害的预防和保护

（一）交通意外

交通意外是指由于难以预料和防范的原因，或不可抗因素所导致的交通损伤事件或交通死亡事件。如在道路运行过程中，驾驶员因心、脑血管疾病等突发猝死，交通运输工具突发的故障，突发的地震、雷击、山体滑坡、路面坍塌，突遇的泥石流或台风、山洪等恶劣天气所致的交通损伤或死亡事件。

心理叙事

7月的某一天，中午天气特别炎热，9岁的李小明放学后回到家中，跟奶奶要零花钱，说要去商店买冰棒吃。奶奶正在忙着打扫家里的卫生，随手掏出一元钱递给了他。

待孙子出去几分钟后，奶奶才想起来买冰棒要穿过大马路，她急忙停下手里的活跑了出来。当她看见孙子的身影时，孙子已经一蹦一跳地跑到马路中央了，根本不看左右的车辆。这时，一辆摩托车正从西往东开来，她看着远处的孙子背影忙喊，可是没等她喊出声，“砰”的一声，摩托车极速冲了过来，李小明一下被撞倒在地，鲜血立即淌了出来。奶奶亲眼看见天真活泼的孙子葬身于车轮下，眼前一黑，昏死了过去。

案例分析

儿童对交通安全知识了解得比较少，独自过马路时容易忽视交通规则，加上没有大人的陪伴，极易出现交通意外。留守儿童的受监护方式大多是隔代监护，有些老人未能意识到让孩子了解交通安全常识的重要性，以至于缺乏对孩子的交通安全常识教育，所以在一定程度上会使交通事故发生的可能性增大。

随着经济的发展，农村地区的公路建设有了一定的发展，村民经济状况的改善，公路上过往车辆的不断增多使农村的交通环境变得复杂起来。加上儿童喜欢到村边公路上玩耍，有时可能会因为好奇做出追赶汽车、汽车通过时横穿马路等行为。此外，儿童走路时易分心，有时常常被周围的事物吸引，或者是与同伴打闹说笑，这时常易发生交通事故。所以，要提醒儿童在过马路或走路时保持一定的注意，不低头玩手机、不东张西望、不边走路边看书等。

插入板块

交通意外的预防及应对小贴士

1. 儿童要提高自我的安全防范意识，遵守交通规则，养成良好的习惯，例如：过马路时不做其他事情，专心观察路况等交通信号。

2. 当遇到交通事故时，可拨打122向警察叔叔求救，或向行人求救。要尽量记住肇事车辆的车牌号、车型、颜色等特点。在向警察叔叔求救时，要尽量用简明的话语说明情况，包括发生事件的地点、联系电话等信息。

(二)食物中毒

食物中毒是指食用了不利于人体健康的食物而导致的急性中毒性疾病，通常都是在不知情的情况下发生食物中毒。食物中毒的表现主要有发热、恶心、呕吐、腹痛、腹泻等症状，严重时可能会昏迷。

心理叙事

张奶奶家住寿县保义镇，由于儿女长期在外打工，其两个外甥女大梅、小梅无人照看，所以两姐妹交由其姥姥抚养看管。2010年9月21日的傍晚，两姐妹要吃零食，张奶奶便到该镇街道常某所开的超市内购买了山东省临沂市某食品有限公司生产的什锦水果罐头和夹心饼干。回来后，张奶奶将什锦水果罐头打开给两姐妹吃，孰料凌晨两姐妹便出现呕吐、神志模糊、四肢抽搐等症状，张奶奶被这种情形吓坏了，赶忙叫人把大梅、小梅送往寿县红十字会医院抢救，经诊断两姐妹为食物中毒，建议转院医治。大梅、小梅遂被转至六安市人民医院，六安市人民医院诊断两姐妹系急性食物中毒，经一段时间住院治疗，两姐妹的病情逐渐稳定。

案例分析

儿童年幼无知、生活经验少，容易发生食物中毒。加上食品安全监督、管理不到位等情况,时常会发生食物中毒的事件。除此之外,儿童缺少有关有毒物质的知识,极易误食有毒食物,如:未经处理的各种含毒动、植物,如发芽的土豆、生扁豆、河豚、蟾蜍等;吃变质的食物也可能会引起中毒,如剩饭菜可能引起亚硝酸盐中毒。在误食有毒物质时,儿童缺乏自我应对措施,在误食之后可能因为应对不当而产生不可挽回的后果。

(三)溺水

溺水是指人淹没于水中,呼吸道被水或泥草等异物堵塞称为湿溺(病死率70%—80%),或淹溺短时间内发生会咽、喉、气管反射性痉挛性堵塞呼吸道称为干溺(病死率10 %—20%)。不论湿溺或干溺均能导致窒息、通气障碍、严重缺氧、呼吸衰竭,甚至呼吸、心跳停止。对病情濒危但未死亡者称为濒临淹死,死亡者称为淹死。

心理叙事

2015年5月14日中午,阜阳临泉县黄岭实验小学一名学生去村里的池塘游泳,不幸溺水身亡。据了解,溺亡学生,今年十岁,是一名留守儿童。

2015年7月29日17:30左右,界首市芦村镇李寨村一名14岁男童溺水。当时三名男童一同在河里游泳,结果一人滑入深水处溺亡。

2015年8月1日17:22,颍州区三合镇有两名男孩野游溺水,均抢救无效死亡。

2016年7月11日下午的三点多,在阜阳颍泉区周棚镇,次淮新河船闸下游,有五个年轻人酒后在河上“泛舟游玩”。在游玩时不慎翻船,其中一人不幸溺亡。

2018年5月27日,安徽颍上,5名孩子到河边戏水,3人不慎溺水。村民赶来救起2人,另1人被救起时已无生命体征。溺亡孩子为留守儿童,父母都在外地打工。

近年来这样的事件在不断地发生……

(搜狐网)

案例分析

儿童好动、爱玩，且普遍喜欢在河边玩耍；尤其在夏季，天气炎热，儿童常常会彼此结伴去附近的河流游泳。如果儿童不会游泳又缺乏自我救助的能力，就常会发生意外。

提高儿童的安全防范意识，家长要告知在河边玩耍的危险后果。如果孩子想要学习游泳，家长应带孩子到安全的场馆进行，如游泳馆、水上乐园等。游泳既是一种运动技能，更是在面临相关危险情形中的一种求生能力；掌握一定的自救方法，比如游泳时如发生小腿抽筋，要保持镇静，采取仰泳位，用手将抽筋的腿的脚趾向背侧弯曲，可使痉挛缓解，然后慢慢游向岸边。

出现溺水情况时，儿童正确的自救方式是采取仰面位，头顶向后，口向上方，尽量使口鼻露出水面，以便能够进行呼吸。呼吸时，呼气宜浅，吸气宜深，使身体浮于水面，以待他人抢救。切忌将手上举或拼命挣扎，因为举手反而容易使人下沉。如果身旁有个矿泉水瓶子，可以握住，空矿泉水瓶在水面上有浮力，溺水者握住以后，在不慌张的情况下可以减缓下沉，关键时刻可以救人一命。只要溺水者双手不乱抓，沉下去的时间就会延缓，救援人员到达身边时，一定要冷静，全力配合救援人员。

（四）火灾

火灾是指在时间或空间上失去控制的灾害性燃烧现象。在各种灾害中，火灾是最经常、最普遍的威胁公众安全和社会发展的主要灾害之一。

心理叙事

家里年仅三岁的孩子在家玩打火机，结果引发大火。事故造成房屋严重损毁，当时在家的男童、太奶奶和5岁姐姐均被烧伤，其中男童的伤势最严重。他因呼吸道被烧伤，已经做了气管切开手术，目前仍处于昏迷状态，后期还需要进行多次手术。男童和姐姐都是留守儿童，平时都是由爷爷和太奶奶照看。事故发生时，小孩的爷爷不在家。爷爷表示，他也不知道小孩的打火机是从哪来的。

（消息来自东方头条网）

案例分析

儿童因为好奇心玩打火机，因为缺乏安全意识，对火的危险性意识不够，加上照看人时间和精力有限，没有及时进行相应的安全教育和制止，造成了悲剧的发生。5—12岁是儿童最爱玩火的年龄。这个年龄阶段正是儿童开始注意身边事物的时期，他们对事物感到好奇，探索欲极强。火这一事物神秘且多变，恰恰能够满足他们的好奇心。“爸妈或爷爷奶奶不让玩火，我偏玩。”有时候儿童不是不知道玩火危险，但是这个时期的孩子具有很强的逆反心理。当某事被禁止时，特别是监护人只做出禁止而不做解释时，更可能引起儿童的逆反心理。由于年龄小，儿童在灾难骤降、生命受到威胁时，他们的身体和心理都显示出明显的弱势。在惊慌失措的情况下，在缺乏基本的消防常识和基本的自防自救的能力的前提下，很容易失去判断力，胡冲乱撞，从而在烟火中受到伤害。加之部分看护人的安全防范意识薄弱。例如：一些居民外出时把儿童锁在屋内无人看管，这时如果发生火灾，后果不堪设想。

插入板块

当遇到火灾时，儿童应该怎么做？

1.思考清楚逃生路线，如果火灾难以扑灭，要在第一时间逃离火场，到达安全场所后，及时拨打火警电话119进行报警。

2.如果火场充满烟雾，可用湿毛巾、口罩等蒙住口鼻，匍匐撤离。如果身上着火，应立即脱掉衣服或就地打滚，把火苗扑灭。

3.如果不幸被火困室内，要尽量待在阳台、窗口等容易被人发现的地方。如果难以被别人发现时，应晃动颜色鲜明的东西或者敲击东西，发出求救信号。

4.公众场所遇到火灾，要保持镇静，不盲目跟从人流胡乱冲撞，以免发生踩踏事件。

5.逃生注意事项:冒险跳楼逃生。发生火灾时,当选择的逃生路线被大火封死,火势愈来愈大、烟雾愈来愈浓时,人们就很容易失去理智。此时,切记不要跳楼、跳窗,而应另谋生路,万万不可盲目采取冒险行为,从高处往低处逃生。特别是高层建筑一旦失火,人们总是习惯性地认为,只有尽快逃到一层,跑出室外,才有生的希望。殊不知,盲目朝楼下逃生,可能自投火海。因此,在发生火灾时,有条件的可登上房顶或在房间内采取有效的防烟、防火措施后等待救援。在突遇火灾时,人们总是习惯向着有光、明亮的方向逃生;而这时的火场中,光亮之地正是火势愈演愈烈之处。因此,盲目跟着别人逃生不是可行之举。常见的盲目追随行为有跳窗、跳楼,逃(躲)进厕所、浴室、门角等。克服盲目追随的方法是平时要多了解与掌握一定的消防自救与逃生知识,避免事到临头没有主见。从进来的原路逃生,这是许多人在火灾中逃生会发生的行为。因为大多数建筑物内部的道路出口一般不为人们所熟悉,一旦发生火灾时,人们总是习惯沿着进来的出入口和楼道进行逃生,当发现此路被封死时,已失去最佳逃生时间。因此,当进入一幢新的大楼或宾馆等场所时,一定要对周围的环境和出入口进行必要的了解与熟悉,以防万一。

(五)烫伤

烫伤是由无火焰的高温液体(沸水、热油、钢水)、高温固体(烧热的金属等)或高温蒸气等所致的组织损伤。常见的低热烫伤,是因为皮肤长时间接触高于体温的低热物体而造成的烫伤。烫伤的程度,一般分为三度。一度伤,烫伤只损伤皮肤表层,局部轻度红肿、无水疱、疼痛明显;二度伤,烫伤是真皮损伤,局部红肿疼痛,有大小不等的水疱;三度伤,烫伤是皮下,脂肪、肌肉、骨骼都有损伤,并呈灰或红褐色。

心理叙事

一个活泼可爱的小女孩，因为奶奶照顾不及，不慎跌入热汤中，受伤后奶奶听信当地私人小诊所的介绍，却因治疗不规范导致小女孩应激性消化道出血，生命极度垂危。在得讯回家的妈妈一再坚持下，将小女孩转到某医院烧伤科就诊，目前孩子创面正在康复中。

（消息来自好大夫网）

案例分析

生活之中处处有意外，案例中小女孩误跌入热汤中被烫伤。留守儿童看护者的时间、精力有限，所以对儿童的照顾有所不足。且加上儿童对危害的风险预知能力及应急处理能力往往不足，从而导致了悲剧的发生。

大人手拿热饮或热食时，不要抱小孩，以免烫伤；避免将热水杯、热水壶等放在儿童能够得到的桌子边缘；让儿童远离厨房，必要时可锁上厨房门；冬季使用热水袋保暖时，热水袋外边用毛巾包裹，手摸上去不烫为宜；注意热水袋的盖一定要拧紧，经检查无误才能放置于包被内，定时更换温水，既保暖又不会造成烫伤；给孩子洗澡时，应先放冷水后再兑热水，水温不高于40℃。热水器温度应调到50℃以下，因为水温在65℃—70℃时，两秒钟内就可能使幼儿严重烫伤。暖气和火炉的周围一定要设围栏，以防烫伤；将可能造成烫伤的危险品移开或加上防护措施。如热水瓶、熨斗等电器用具要放在孩子够不到的地方。家庭成员要定期进行急救知识培训，并检查落实情况。时常提醒儿童，防止被烫伤。

发生烫伤后，首先应该脱离热源，用冷水浸泡或冰敷；禁止涂刺激性强的药物，以免加重创伤面积对后面的治疗造成影响；被硫酸或碱等化学物质烧伤后，要使用大量流动水进行冲洗；当烧伤情节严重时，要及时采取急救措施，拨打120急救电话；严重烫伤者，在转送途中可能会出现休克或呼吸、心跳停止，应立即进行人工呼吸或胸外心脏按压。

引起留守儿童意外伤害的因素很多，如上述交通意外、食物中毒、溺水、火灾、烫伤等。意外伤害已经成为危害儿童安全的严重问题，受经济、文化和生活习俗的影响，我国留守儿童的意外伤害发生率较高、增长速度快、死亡率也较高。意外伤害越来越明显地成为影响留守儿童生命安全、生活质量和身体健康的重要因素。儿童意外伤害有其发生、发展的规律，有与其相匹配的危险因素，是完全可以预防的。因此，一定要对留守儿童意外伤害高度重视。

预防与应对措施

1.家庭

家长和监护者一定要提高留守儿童的安全意识，加强对儿童的安全管理和监护。要高度重视儿童意外伤害的危害，时刻保持警惕，加强对家中物品的安全管理和对儿童的看护。例如，要多叮嘱儿童一些有关交通安全的事情，增强孩子们的交通安全意识；当家长发现孩子误食有毒物质时，要保持冷静，要及时催吐，必要时要洗胃，带儿童去正规医院进行医救；家长要教育儿童提高安全意识，选择值得信赖的安全食品，购买食品时首先要留意生产日期、保质期、厂名、厂址等信息；食用蔬菜、水果等食品时要做彻底清洁工作；尽量不食用剩饭剩菜，如需食用应该保证食物没有变质，而且要加热食用；不去购买没有卫生许可证的小摊贩的食物；养成良好的卫生习惯，如饭前便后洗手等；加强身体锻炼，提高自身的免疫力；监护人要定期检查室内电线、电器开关、插座是否发热，防止因为电线过热、老化引起电器起火；不携带移动大功率电器；电器故障请专业人员进行修理；电器或线路着火，首先切断电源。

2.学校

家庭和学校是儿童积累生活经验或常识的重要生活环境。由于留守儿童的父母在外打工，照看人有时忽视了对孩子们的交通和食品安全知识教育，所以这时学校要起到一定的补偿作用，在这方面多采取一些措施、方法给孩子们讲授交通安全知识。例如，开展相关交通规则、安全常识的课程或讲座，让同学们了解交通规则的常识，做到严格遵守交通规则，包括如何安全地过马路：观察来往的车辆，确认安全后方可通过；过马路走斑马线，不翻越马路上的安全防护栏；等待红绿灯的指示，绿灯后确认路面安全后方可通过等；在过没有指示灯的路口时，注意要以“让”为主，不抢行；在避让转弯车辆时，不要靠车辆太近，多注意观察车辆的指示灯标志，如左转向灯亮时，表示车辆要左转；右转向灯亮时，表示车辆要右转；不乘坐存在危险因素的交通工具。

学校领导和老师要重视火灾预防和应对技巧的学习与宣传，开设消防安全知识课程，教导儿童爱护消防工具，学会使用消防器材。每学期要开展消防演练及逃生练习，增强儿童的逃生能力。同时要和家庭做好相互配合的工作，做好儿童不在校时的安全防范工作。

学校的领导、老师以及工作人员在应对火灾事件时，要尽一切努力降低人员伤亡，保护人员的生命安全为指导原则，冷静思考有效避害方法，做到灭火及撤离两种方法同时进行的考虑。安抚好学生惊慌的情绪，有序组织学生撤离事故发生区。在事故发生的第一时间拨打火警电话119，请专业消防人员进行灭火。

3.社区

社区要创造健康环境，远离粗俗痞陋。应尽量避免社会不良因素的影响，创造良好的社会生活环境，减少粗俗丑陋对儿童的负面影响，避免儿童产生负面的心理体验和心理压力，让留守儿童在健康、宽松、积极的环境中成长。

社区可以针对留守儿童开展安全讲座，并对留守儿童的监护者和老师开展针对留守儿童人身安全保护的相关活动。如果发生安全事故，要积极主动地提供帮助，尽其所能争取把事故发生的危害减少到最小。

参考文献

[1]陈旭.留守儿童的社会性发展问题与社会支持系统[M].北京:人民出版社,2013.

[2]邓琼芳.读懂孩子的心:青少年常见问题心理解析[M].北京:北京工业大学出版社,2010.

[3]范方.留守儿童家庭教育策略[M].长沙:中南大学出版社,2008.

[4]黄希庭,郑涌.心理学导论(第三版)[M].北京:人民教育出版社,2015.

[5]李少聪.农村留守儿童心理及行为问题疏导[M].西安:第四军医大学出版社,2011.

[6]李颖超.留守儿童安全防范手册[M].北京:群众出版社,2013.

[7]柳友荣.留守儿童成长指导手册[M].合肥:安徽大学出版社,2016.

[8][美]马歇尔·卢森堡.非暴力沟通[M].阮胤华译.北京:华夏出版社,2018.

[9]上官子木."留守儿童"问题应引起重视[J].神州学人,1994(6):39.

[10]王俊.心灵有约——留守儿童心理健康读本[M].兰州:甘肃科学技术出版社,2015.

[11]杨元松.中国留守儿童日记[M].南京:江苏文艺出版社,2012.

[12]叶敬忠,杨照.关爱留守儿童——行动与对策[M].北京:社会科学文献出版社,2008.

后记

于此，这本书就结束了。正如前文所说，大部分人在看待留守儿童这一群体时，都贴上了“问题儿童”的标签，实际上两者并不等同。每个儿童在成长过程中都会遇到各类问题影响其身心发展，只是相较而言，其他儿童比留守儿童会拥有更多的资源去解决问题。近些年来，社区心理学在国内兴起，西南大学作为发起单位在其中承担了系列的基础性工作，从居民成长的角度推进社区治理和发展，也是其中的一个重要命题。由此，为促进家庭、学校和社区对留守儿童的积极关注，帮助他们健康成长，达成社区心理学发展的使命和任务，就构成了写这本《留守儿童社区心理健康服务》的初衷。

本书的写成经历了两个阶段。本书写作开始于2018年，是响应社区心理学对留守儿童的关注为动因的。毕重增和任志林规划了本书的内容框架，并邀请关注留守儿童、对社区心理学有一定理解的研究者撰写文稿，他们是额尔德妮、何蓉、黄金华、惠昱歌、李子萱、刘亚楠、单燕杰、任晏妮、詹赫和张旭。每位作者都至少完成了一节文稿，统稿工作由两位主编共同承担，毕重增负责第一章至第五章，任志林负责第六章至第十章。2021年立项国家出版基金后，主编邀约五位作者对书稿进行了进一步的完善，刘亚楠负责第一章，张然负责第二章、第三章，额尔德妮负责第四章、第六章，胡霞负责第五章，李子萱负责第七章、第十章，单燕杰负责第八章、第九章。新疆艺术学院的崔经伟、方鑫、谢盛辉为本书创作了插图。我指导的研究生李音童、李雪珂、薛文惠、王玉娟、徐畅骎、尹江昊、尹宏亮、白雪、邱晰、卫朝选等对书稿进行了充分的阅读和反馈，在此一并致谢。

在写作过程中，我们阅读了众多与留守儿童有关的研究报告、著作、新闻报道。与这些文献的对话，加深了我们对留守现象的认识，让我们更加理解了貌似简单的留守问题背后复杂的过程以及人们为改善留守儿童处境所做出的努力和贡献。在此，我们向所有本书引用文献的作者致谢，并对以各种形式关心和参与帮助留守儿童健康成长的个人、团体和机构致敬。正是现实中人们通过各方面、各种途径的参与，真切实践了社区心理学生态、系统、人文和行动的理念。

最后，感谢本书创作过程中的每一位支持者。由于水平所限，本书存在不足与疏漏在所难免，敬请广大读者批评指正。感谢每一位读者，我们会将大家的支持、鼓励与批评化作动力，在留守儿童与社区心理学结合的这个主题上做得更好。

幸福是生活的目的，希望每一位留守儿童、每一个读者，都能体验幸福快乐的生活。

毕重增

2022年3月12日